Si vous le répétez,
je démentirai…

Jean-Claude Maurice

Si vous le répétez, je démentirai…

Chirac, Sarkozy, Villepin

PLON
www.plon.fr

ISBN : 978-2-259-21021-8

A mon père

« Le plaisir requiert un esprit libre. »

Roger Vailland

PROLOGUE

Méfiez-vous des murs et des lampes

Au départ, je voulais me raconter. Je me suis vite aperçu que ça n'intéressait pas grand monde. Alors j'ai décidé de raconter les autres, piètre subterfuge puisque cela revient à raconter un peu de soi-même, en creux, par la bande. Le principe est simple : une nouvelle d'aujourd'hui entraîne un souvenir, une nostalgie, un remords, un commentaire. Normal que les temps se télescopent, pas seulement ceux des conjugaisons.

A Bercy, en 1993, Nicolas perce déjà sous Sarkozy. Il recrute et veut m'entraîner dans sa geste. A l'Elysée, dix ans plus tard, Chirac lance tout à trac : « Je vais vous confier un secret, mais si vous le répétez, je démentirai. » Voici encore Villepin et ses orages trop désirés. Tour à tour flamboyant, agaçant et touchant, il s'englue dans l'affaire Clearstream comme s'il illustrait le titre d'un de ses livres, *Le Soleil noir de la puissance*. Voici Jean-Luc Lagardère, un grand patron qu'on affirme proche du pouvoir. Paternellement, il me met en garde : « Chirac se dit mon ami, ne le croyez pas ! » Entre-temps, l'épouse d'un ministre de Mitterrand ouvre la porte à Silvio Berlusconi : elle est à moitié nue. Une autre femme, iranienne celle-ci, s'immole par le feu devant le siège de la DST. Ils sont quatre à avoir allumé la mèche : Chirac, Sarkozy, Villepin et le juge Bruguière. Raison d'Etat.

Un grand tout du n'importe quoi ? Si tout semble désordre, aucun rapprochement n'est gratuit. Michel Field parlerait d'une « mise en abîme corrigée par la mise en perspective ». Je vous propose plus simple, une folle carambole où tout s'entrechoque et se répond. Et tout cela je l'ai vécu, recueilli, souvent noté. Quand la mémoire faisait défaut, certains se chargeaient de la rafraîchir. Reste la grande question : où se cache la clé de cette boîte à télescopages ?

Certains verront dans ces récits, dont toutes les citations entre guillemets ont bel et bien été prononcées, la confirmation que tout n'est que jeu de rôle et imposture. C'est la vie. On croit élire Bonaparte, on se retrouve avec Badinguet. Rien de nouveau depuis Chateaubriand pour qui « presque toujours, en politique, le résultat est contraire à la prévision ».

Face à ces personnages qui m'ont tous séduit à des degrés divers, j'ai tenté d'appliquer le principe d'un hussard météore, Jean-René Huguenin : « Rien de ce que je conquiers ne me possède. Je ne suis que curieux. Je scrute. J'explore. » Pour découvrir que lorsqu'on croit savoir on ne sait jamais tout, qu'il faut du temps pour faire la part de l'ombre et du reflet.

« Méfiez-vous des murs et des lampes », conseillait Jean Cocteau qui s'y connaissait en faux-semblants et autres traversées des miroirs. Alors, traversons !

TROIS POLITIQUES

Chirac hors des Chodron

Une dizaine d'entretiens privés avec un chef de l'Etat suffisent-ils à vous le faire connaître ? Petite esquisse d'un personnage faussement extraverti, chaleureux, parfois cynique, et qui sait comme personne protéger « son » secret.

« Vous êtes venu comment ? Vous avez une voiture ? On va vous raccompagner. »

Jacques Chirac met fin à notre premier entretien. Durant plus d'une heure, je n'ai pas posé le quart des questions que j'avais préparées. Heureusement, d'autres rencontres suivront, une dizaine. Ce vendredi, venu à l'Elysée en métro, j'en repars dans la voiture présidentielle, conduite par un chauffeur qui m'a, sans discussion, installé à l'arrière.

Vanité, vanité, un doux sentiment de puissance m'envahit. Direction Levallois-Perret, le siège du groupe Hachette Filipacchi Médias (HFM) auquel *Le Journal du dimanche* appartient. Il y a deux entrées. Je me fais déposer devant celle qu'emprunte la direction, rue Baudin, espérant qu'on me verra descendre de la limousine officielle. « Caramba ! Encore raté ! », dirait Anne. Quelle idée aussi de se prendre pour ce qu'on n'est pas !

Je me dis qu'il est très fort, le Président. Il vous met dans sa poche, faisant partager un instant l'illusion de la puissance.

Tu y goûtes et, bientôt, tu veux du rab. J'ai peut-être tort : son invite était subite, directe, naturelle. De cette attention aux autres, j'ai ensuite été le témoin quand il interrompait un entretien pour prendre au téléphone des nouvelles d'un ami hospitalisé. Finalement, pas de quoi en faire un fromage. J'étais à pied, il avait une voiture. Le geste gratuit ne lui coûtait rien. Mais il l'a fait. Très fort. Je me raisonne : ferait beau voir qu'une balade en limo me transforme en féal ! N'empêche, ravages de la fatuité, ce retour à Levallois j'y pense encore.

« Why me ? » Cette interrogation, que son ami l'industriel François Pinault souhaite voir inscrite sur sa tombe, je me la pose à mon retour de l'Elysée. Pourquoi moi ? Pourquoi ce traitement, ces quatre-vingts minutes volées au service de l'Etat pour un premier tête-à-tête que je n'ai pas sollicité ?

Je suis le directeur de la rédaction du *JDD* dont l'influence grandit. Je sais que le Président, qui apprécie surtout la presse régionale, lit mes éditoriaux. Les apprécie-t-il, comme il le confiera plus tard, au point de vouloir me connaître personnellement ? Ou songe-t-il à m'ambiancer ?

En tout cas, cette première rencontre doit beaucoup aux rapports... exécrables qu'entretiennent alors l'Elysée et le groupe de presse HFM. Trois mois auparavant, un article de *Paris Match*, dirigé par Alain Genestar, a mis le feu aux poudres. Une enquête comme on en trouve tous les étés sur les vacances des politiques. Cette année-là, pour Chirac, c'est l'île Maurice.

On s'attend à une double page quadri, simili paparazzi, comprenez des photos autorisées mais prises au téléobjectif, comme l'intimité dévoilée d'un couple présidentiel sur transat. Rien qui fâche... sauf que le reportage photo est accompagné d'un article de Valérie Trierweiler, journaliste spécialiste de la gauche, qui deviendra plus tard la compagne de François Hollande.

Une vraie enquête comme on en trouve dans les grands magazines américains, tel *Vanity Fair*. Cela change des chromos estivaux sur nos excellences à la plage. On y apprend le coût, prohibitif pour un Français moyen, de la suite occupée par le Président, le fait qu'il a des liasses de billets de banque dans sa poche (pour acheter des tapis de valeur) et même que la masseuse de l'hôtel est pour lui aux petits soins. Là, certains lisent entre les lignes qu'on flirte avec la gâterie.

Aussitôt, l'Elysée proteste auprès de la direction du groupe Hachette Filipacchi Médias. Et, relevant quelques erreurs, sur les fameux tapis notamment, dénonce la désinformation, soupçonne une entreprise de déstabilisation... Le plus embarrassant, ce n'est pas l'accorte masseuse mais l'argent, le coût du périple exotique, les biftons en pagaille, façon mafioso ! Pour Chirac, il s'agit d'une déclaration de guerre de Lagardère, le patron du groupe de presse, qui l'a « trahi » en faveur de son Premier ministre.

Si Jean-Luc Lagardère – comme Bouygues, *Le Monde* et d'autres – a fait d'Edouard Balladur son favori pour l'élection présidentielle, il n'est pour rien dans l'« affaire de l'île Maurice ». Il me le confie quelques jours plus tard : « J'ai été très étonné et très embarrassé en découvrant cet article, qui n'est pas dans la tradition de *Match*... »

Malgré les messages et les dénégations transmis à l'Elysée, Chirac n'en démord pas. On a voulu salir son image à l'approche de l'élection. Jamais homme politique, jamais président n'a été traité de la sorte, ni ses vacances épluchées ainsi par *Paris Match* qui, d'ordinaire, traite l'« été des politiques » avec cette délicieuse futilité qui fait son charme. Qu'il soit le premier « bénéficiaire » d'une forme de journalisme d'investigation, inédite dans ce magazine, n'est pas neutre. La volonté de nuire est manifeste et le crime signé.

Remonté comme un coucou, Chirac ne porte pas plainte. Il faut lui rendre cette justice, il se comporte ici, comme en d'autres occasions, en vrai républicain. Un président n'est pas susceptible d'être poursuivi durant l'exercice de son mandat. Cette prérogative que lui accorde la Constitution a une contrepartie – non écrite, morale – qui lui interdit de poursuivre devant les tribunaux, quels que soient le préjudice ou l'outrance de l'attaque.

Avant lui, ni de Gaulle lors de l'indépendance algérienne, ni Giscard lorsqu'il a embouti une voiture de laitier à 4 heures du matin au retour d'une nuit extra-élyséenne, ni Mitterrand avec les photos de Mazarine, sa fille cachée, n'ont eu recours à la justice. Chirac suit leur exemple.

A peine élu, son successeur, Nicolas Sarkozy, n'éprouvera pas le même scrupule. Plutôt que de faire démentir catégoriquement, le nouveau Président veut saisir la justice contre le confrère imprudent, Airy Routier, qui soutient sans preuve qu'il a adressé, huit jours avant d'épouser Carla Bruni, un texto à son ex-femme Cécilia : « Si tu reviens, j'annule tout. » Certains s'amusent d'un quinquennat qui commence par une caleçonnade, d'autres regrettent que, par sa plainte, le néo-Président rompe avec la tradition que tous ses prédécesseurs ont respectée. Finalement, Routier adresse une lettre d'excuses à Carla qui annonce que Nicolas renonce à poursuivre. Le vaudeville et le mélange des genres continuent. Un président de la République française annonce qu'il va attaquer en justice et c'est sa nouvelle épouse qui répond qu'il se désiste…

Bref, Chirac ne porte pas plainte contre *Match* mais il fait savoir son courroux. Lagardère, Genestar, le directeur de l'hebdo, et le groupe HFM, tous tricards désormais. Eté torride, climat tendu. La nature ayant horreur du vide, chacun de part et d'autre, à l'Elysée, chez HFM, s'emploie à renouer les fils.

Je suis au bon moment à la bonne place, le plus présentable en situation, sans contentieux ni avec la droite, ni avec la gauche. Dans un édito sur les emplois fictifs de la Mairie de Paris, j'ai bien pris la défense de Michel Roussin – sans contester les poursuites contre le directeur de cabinet de Chirac alors maire de Paris, je m'étonnais que la justice fasse surtout payer les lampistes, suivez mon regard – mais le Président n'en a pas pris ombrage. On lui conseille de me voir.

C'est un tête-à-tête particulier mais c'est le *JDD*, l'un des fleurons du groupe HFM, qu'il reçoit. Un signe qu'on passe de l'état de guerre à la paix armée.

A cet entretien de circonstance, d'autres succéderont, toujours à son initiative, preuve qu'il y trouve de l'intérêt, peut-être du plaisir. Je peux parler de tout. Il répond sur tout, précisant dans un sourire quand le sujet devient chaud : « C'est off, bien sûr. » Traduisez : « Faites-en le meilleur usage. Sans guillemets. » Le chef de l'Etat ne m'accordera aucune interview officielle, encore moins à *Match* évidemment. « Je ne connais pas la rancune, mais j'ai de la mémoire », dit-il.

Ces conversations me permettront d'écrire « A l'Elysée, on pense que... », sans crainte d'être démenti. Quand on se veut affirmatif, autant tenir l'info de la bouche du cheval. Aujourd'hui, je m'interroge : est-ce que je connais le vrai Jacques Chirac ? Fût-il sincère, un politique vous instrumentalise toujours. Au moins puis-je témoigner de ce que j'ai vu, entendu, pressenti derrière un silence, ressenti devant un emportement. On ne joue pas la comédie dix heures durant.

« Ces criminels de Monsanto »

Deux fois, deux fois seulement, je l'ai vu s'échauffer, lui qui prend si grand soin à ne donner prise à aucun emportement, lui, l'« agité » décrit méchamment par Valéry Giscard d'Estaing, que nombre d'années de débats politiques ont conduit à cette ascèse devenue une seconde nature : la dissimulation des sentiments.

La première fois, c'est lors d'une discussion sur les organismes génétiquement modifiés dont les cultures de plein champ posent problème. Il ne rejette pas le progrès que représentent les OGM, notamment pour les traitements thérapeutiques. Sans parler de « moratoire », comme José Bové, il souhaite qu'au nom du principe de précaution on procède à une vaste consultation d'experts, « sérieux et indépendants ».

Principe de précaution, la grande affaire. Le spectre de Laurent Fabius, Premier ministre poursuivi dans l'affaire du sang contaminé, hante désormais toutes les décisions touchant à la santé publique. Lui, Jacques Chirac, est le président de la République, le protecteur, le garant de la santé des gens. Il ne sera pas celui dont le gouvernement autorisera la mise sur le marché d'un produit suspect.

Pour autant, il s'irrite du comportement des ayatollahs, ceux qui, surfant sur les peurs, veulent tout interdire et geler la recherche dans leur quête rousseauiste d'un retour à l'homme-nature. Savent-ils, ceux-là, que si on soumettait notre bonne vieille pomme de terre de supermarché aux mêmes études de toxicité que celles imposées aux OGM, elle serait probablement interdite à la vente, certaines pouvant contenir des substances neurotoxiques, comme les glyco-alcaloïdes ?

Il estime féconde cette polémique sur les OGM en ce qu'elle pose, au grand jour, le problème de la toxicité de tous les aliments. Mais, de grâce, qu'on laisse les experts trancher. Difficile de garder la tête froide quand on sait que le risque zéro n'existe pas et que règne la confusion. N'a-t-on pas vu s'opposer au sein d'une même famille, les Bové, le père et le fils, le premier, un scientifique, faisant savoir qu'il ne partageait pas les préventions du second, porte-parole de la Confédération paysanne et des anti-OGM !

« Il ne faut pas rejeter le progrès, reprend le Président. Il faut simplement être prudent. » Puis, n'y tenant plus, il lâche le morceau : « Surtout, il ne faut pas laisser le champ libre à ces criminels de Monsanto. Cette multinationale qui ne pense qu'au fric veut mettre l'agriculture mondiale en coupe réglée. »

Monsanto, c'est pourtant un joli nom. Celui d'une femme, Olga Monsanto. En 1901, le sympathique John Queeny, originaire du Missouri, baptise du patronyme de sa femme

Olga une entreprise qui s'installe rapidement au premier rang de la production de saccharine. Aujourd'hui, il est loin le temps de la Monsanto, bienfaitrice des diabétiques. Au fil des années, de rachats en fusions, la firme américaine est devenue un géant de l'industrie agro-alimentaire et des biotechnologies végétales. Côté jardin, Monsanto c'est un désherbant efficace, de multiples semences aux performances reconnues, accroissant la productivité, résistantes aux maladies. Côté arrière-cour, c'est le tristement célèbre « agent orange » contenu dans les bombes défoliantes que l'armée américaine balançait sur le Vietnam. Dr Jekyll et Mr Hyde.

« Et vous savez, bien sûr, ce qu'ils ont imaginé, continue Jacques Chirac. Des graines destinées au tiers-monde que les paysans ne peuvent réutiliser car elles sont stériles. Le but est de contraindre ces agriculteurs déjà défavorisés à en acheter de nouvelles chaque saison. Ils veulent rétablir le servage ou quoi ? Ce n'est pas seulement fou, c'est criminel. On ne peut laisser faire. »

Je me fais l'avocat du diable, dis qu'il s'agit d'une entreprise capitaliste, américaine de surcroît, que le profit est son moteur et… Il m'interrompt.

« Je n'ai rien contre le profit et je ne fais pas d'antiaméricanisme primaire ; l'entreprise serait néerlandaise ou moldo-valaque, je réagirais de la même façon. On me dit qu'elle consacre 10 % de son chiffre d'affaires à la recherche. Eh bien, redoublons de vigilance, car si une partie de ces travaux consiste à surendetter les paysans d'Afrique ou d'Amérique latine et conduit à les asservir davantage, c'est le progrès qu'on dévoie. Vous verrez que demain, ayant contrôlé le végétal, leurs recherches sur l'ADN des animaux les mèneront à vouloir breveter le vivant… »

Bref, si OGM il doit y avoir, c'est tout sauf Monsanto. Il faut favoriser une alternative avec des firmes françaises, européennes, « remettre de l'éthique dans la machine », refuser que le progrès soit « confisqué par des marchands irresponsables ».

Il est si remonté qu'en comparaison un José Bové démontant son McDo fait figure d'enfant de chœur.

Devant cette condamnation, moins des OGM que d'un « capitalisme sauvage sans éthique ni morale », je me demande comment la droite libérale peut le croire un des siens. Usurpateur ? Et pourquoi me faire le témoin de sa colère ? Il ne joue pas. Ce n'est pas de la communication. Il sait que de cet entretien on ne trouvera pas la relation avant longtemps...

« Toujours plus à ceux qui ont le plus »

Le deuxième emportement a lieu fin 2005. Le Président s'agace contre... sa majorité. Certains députés ne sont pas chauds pour voter « sa » taxe sur les billets d'avion destinée à alimenter un fonds en faveur du tiers-monde. Il fait téléphoner, il téléphone lui-même, pour battre le rappel des grognons, des indécis et des rebelles. Cette taxe, c'est son idée. Il l'a vendue à tous les chefs d'Etat lors des sommets, visites officielles (comme en Chine) et autres rencontres bilatérales. Une marotte, une obsession ? Non, le dernier combat de son quinquennat avant de quitter la scène. Et voilà que des godillots ruent dans les brancards ou traînent les pieds !

« Quand j'entends certains rechigner, la moutarde me monte au nez. Ils sont aveugles et irresponsables. Nous sommes face à une bombe à retardement. En Afrique, la population pour ses deux tiers a moins de vingt-cinq ans, 450 millions d'Africains ont moins de dix-sept ans, le désert gagne, la pauvreté s'accroît et certains, chez nous, ne veulent rien voir. Ils croient que les retombées de cette situation ne pourront les atteindre. Mais nous sommes déjà frappés. Quelle cécité ! Ils dénoncent avec raison l'immigration sauvage, mais lorsqu'on leur propose de voter une mesure d'ailleurs insuffisante qui s'attaque aux racines du mal, ils discutent, mégotent ou se défilent. [...]

« On berce les Français d'illusions avec des arguments sécuritaires. On renforce les contrôles aux frontières. Très bien, j'y suis favorable mais, soyons lucides, cela ne résout rien. Trop étendues, les marches de l'Union sont perméables. On stoppe ici cent immigrants, il en passe cent autres ailleurs. C'est en Afrique qu'il faut agir, aider les populations à vivre, c'est-à-dire d'abord à ne pas mourir. [...]

« Le produit de la taxe ne sera pas versé aux gouvernements – on a connu trop de... déperditions dans le passé – mais à un fonds spécial, sanitaire. Les deux cents millions d'euros récoltés permettront de lutter contre le sida, la tuberculose, le paludisme. Dans le même temps, les pays riches doivent doubler l'aide au développement : cent cinquante milliards de dollars par an serait un minimum... »

Voilà cinquante ans, un célèbre éditorialiste de *Paris Match*, Raymond Cartier, lançait un slogan isolationniste : « La Corrèze plutôt que le Zambèze. » Il était salué par la droite, vilipendé à gauche, notamment par mon directeur au Centre de formation des journalistes, Philippe Vianney, fondateur de Défense de la France dans la Résistance.

Etonnant retournement : aujourd'hui, à l'Elysée, un président étiqueté à droite, jadis élu de Corrèze, dézingue le théorème de Cartier, rejoint Vianney, plaide pour la solidarité de la Corrèze avec le Zambèze, de la France envers l'Afrique.

« Nos destins sont liés. Continuons à nous replier sur nous-mêmes, et notre petit confort ne sera que transitoire. Et tout ça nous pétera bientôt à la figure. La solidarité des pays riches ? On ne peut affirmer les vertus du libéralisme et s'asseoir indéfiniment dessus. Sinon, il va s'effondrer, leur beau système libéral. »

Je sursaute en entendant Chirac prononcer « leur » à propos du système libéral. Comme si ce n'était pas le sien ou qu'il s'en désolidarisait. Quel dédoublement de personnalité ! La conclusion est encore plus détonante, comme un faire-part explosif glissé par le facteur Besancenot dans une boîte aux lettres de Neuilly.

« On fabrique du profit à l'usage exclusif de quelques-uns. On donne de plus en plus à ceux qui ont déjà le plus : ça ne marchera plus longtemps. Car les riches sont minoritaires et vont évidemment le rester. D'un côté la prospérité exponentielle des uns, de l'autre une Afrique laminée, non, tout ça ne durera pas. »

Oh ! là, là ! Qu'est-ce qui lui prend, au Président, lui qui, d'ordinaire et par fonction, rassure et donne l'impression – parfois au-delà de toute vraisemblance – que la situation est sous contrôle ? Il ne dit pas « Dormez, bonnes gens » mais « Réveillez-vous », comme si une ligne invisible venait d'être franchie. La situation lui échappe-t-elle à ce point ? Et surtout, qu'envisage-t-il avec cette sombre prémonition ? La fin apoplectique du libéralisme ventripotent dans une crise financière mondiale, car « les arbres ne montent jamais jusqu'au ciel » ? Ou sa fin violente devant la révolte des gueux, qu'ils viennent du tiers-monde ou de « chez nous » ?

Si sa phrase concerne d'abord les rapports Nord-Sud et l'aveuglement de l'Occident, elle renvoie aussi à la situation française, quand il dénonce les stock-options et parachutes dorés des grands patrons du Cac 40 rapportés au pouvoir d'achat qui s'érode pour les moins fortunés.

« Toujours plus à ceux qui ont le plus, tout ça ne peut que péter un jour... »

« Jules Moch ? Une couille molle »

Ce n'est pas la première fois que Jacques Chirac me tient ce discours altermondialiste sur le tiers-monde et sur l'aveuglement suicidaire du capitalisme. Mais la schizophrénie a ses limites. S'il crée une taxe solidaire, que fait-il pour enrayer la baisse du niveau de vie ? Pas grand-chose. Pour remettre en question les avantages exorbitants des P-DG, surtout ceux qui ont failli ? Rien. Comment peut-il assumer le grand écart entre ses convictions profondes – qui réclament des décisions vigoureuses, douloureuses, impopulaires – et sa volonté de ne rien bouleverser, d'éviter les affrontements dans une société au tissu social déjà bien fragile ? Où est le vrai Chirac ?

Première erreur, je lui pose la question de manière triviale : « Mais où habitez-vous, monsieur le Président ? »

Il ne comprend pas le sens « où vous situez-vous vraiment ? » que je donne au verbe « habiter ». Deuxième erreur, je crois bon de préciser : « On vous présente comme l'héritier du gaullisme, mais n'êtes-vous pas l'ultime incarnation du radical-socialisme français, celui du petit père Queuille, qui a conduit la IVe République à l'impuissance ? »

La réaction est épidermique. Il ne se formalise pas de l'adjectif « ultime » qui sent sa fin de race. En revanche, il ne supporte pas qu'on caricature le radicalisme, encore moins qu'on résume Henri Queuille à son célèbre aphorisme, repris par Edgar Faure : « Il n'y a aucun problème assez urgent en politique qu'une absence de décision ne puisse résoudre. »

« Vous vous trompez. Ce procès est injuste. Henri Queuille était un véritable homme d'Etat. Croyez-moi, beaucoup s'imaginent l'être, peu le sont. » Les dix minutes suivantes, j'ai droit à une défense et illustration, façon *Très Riches Heures du duc de Berry*, du radicalisme à la française et surtout du père tranquille Henri Queuille, trente-deux fois ministre, trois fois président du Conseil.

« Ce n'était pas seulement un sage mais aussi un homme d'action. C'est lui qui, à l'issue de délicates négociations, a créé la SNCF, recevant les félicitations des deux bords, de Camille Chautemps et de Léon Blum. »

Le radicalisme selon Chirac ? « Agir sans diviser, sans mettre le pays à feu et à sang. Mais aussi prendre ses responsabilités, surtout lorsque ça coûte, lorsque c'est difficile. Souvenez-vous d'octobre 1948. Il fallait tenir. Il a tenu. »

Il est gentil, le Président : en 1948, j'avais cinq ans ! Heureusement, j'ai eu de bons professeurs.

Octobre 1948, la grève des mineurs n'est pas seulement dure, elle est violente. Elle s'accompagne d'affrontements, de saccages, de pillages. A partir de revendications légitimes – abrogation du décret relatif au licenciement de 10 % du personnel des Houillères du Nord, échelle mobile des salaires et augmentation des retraites –, un climat insurrectionnel gagne tous les bassins miniers. Nouveauté : le Parti communiste français appuie la grève, ce qui n'était pas le cas les deux années précédentes[1] !

1. De 1945 à mai 1947, le PCF participe au gouvernement aux côtés du Parti socialiste (SFIO) et du Mouvement républicain populaire (MRP), parti bourgeois. Les dirigeants du PCF occupent alors les ministères de l'Economie nationale, de la Production industrielle et du Travail. La politique du PCF est d'arrêter les grèves ou d'en dissuader les ouvriers, autant pour préserver son alliance gouvernementale avec la bourgeoisie que pour gagner la « bataille de la production », nécessaire pour relever le pays. C'est l'époque du surréaliste slogan communiste : « La grève, c'est l'arme des trusts ! »

En avril 1947, une vague de grèves, partie de Boulogne-Billancourt, est lancée par des militants trotskistes, qualifiés de... « gaullistes-trotskistes-anarchistes » par un PC débordé qui ne peut plus condamner le mouvement au vu de son ampleur. A ce moment, les ministres PC sont exclus du gouvernement, mesure inévitable depuis le lancement de la « guerre froide » entre l'Est soviétique et l'Ouest. Un mois auparavant, Harry Truman, président des Etats-Unis, a proclamé sa doctrine de la « résistance à la subversion », conduisant à l'éviction des ministres staliniens des gouvernements européens (italien, belge et français).

« Libérée de sa participation contraignante au gouvernement, la direction du PCF va dès lors se servir de la combativité ouvrière pour redorer son blason et pour faire pression sur la bourgeoisie » *(cf. Pouvoir ouvrier,* section française de la LICR, février 2001). Elle lance des actions, notamment dans les bassins houillers, à condition que ces actions restent maîtrisées par l'appareil de la CGT et isolées les unes des autres. Dépassé par l'aspect insurrectionnel pris par le mouvement, le PCF refuse d'appeler à la grève générale. Cette « trahison », selon le vocabulaire trotskiste, permet à la répression de s'exercer. Six morts, des arrestations, des licenciements secs (trois mille) sans préavis ni indemnités. Certains mineurs sont même expulsés de leur logement, propriété des Charbonnages. En 2005, des familles de mineurs intenteront une action en justice réparatrice pour licenciement abusif. La première audience devrait avoir lieu en 2009.

Le climat insurrectionnel gagne. Le gouvernement Queuille renonce à s'attaquer au principal bassin houiller (Nord et Pas-de-Calais) et concentre ses efforts sur la Loire et sur le Gard. Scènes de guerre civile : des mineurs ripostent en attaquant les forces de l'ordre venues faire évacuer les puits des mines occupées et assurer la sécurité des biens. On voit des ouvriers rester maîtres du terrain, capturer des gendarmes, avec un colonel à leur tête. L'autorité de l'Etat est défiée.

Le gouvernement doit réagir rapidement, prendre des mesures exceptionnelles pour éviter que l'incendie ne se propage au pays tout entier et que la revendication ne débouche sur la subversion. On décide, preuve que la situation est grave, de faire appel à la troupe : rappel de trente mille militaires de la classe 47. Il faut surtout répondre à la provocation, au défi que constitue ce représentant de la force publique retenu prisonnier, il faut le libérer par tous les moyens. Les ravisseurs, et ceux qui seraient tentés de les imiter, doivent savoir que les forces de l'ordre auront désormais toute liberté d'agir. Pour les gendarmes, c'est « l'autorisation de tirer après les sommations d'usage ».

Au ministère de l'Intérieur, on trouve un ministre de gauche, Jules Moch, et un secrétaire d'Etat de droite, Raymond Marcellin (Centre national des indépendants), qui découvre ici sa vocation et repère les lieux. Marcellin sera ministre de l'Intérieur vingt ans plus tard, durant... six ans (1968-1974) dans les gouvernements Pompidou, Couve de Murville, Chaban-Delmas et Messmer ! Lorsqu'en 1968 il succède à Christian Fouchet, jugé trop pusillanime face aux événements de Mai, le général de Gaulle salue sa nomination d'un « Enfin Fouché, le vrai ! » en référence à l'autoritaire ministre de la Police de Napoléon Bonaparte.

En 1948, c'est Jules Moch le ministre, Jules Moch, membre de la SFIO, ancêtre du Parti socialiste. SFIO signifie Section française de l'Internationale ouvrière et c'est Moch, de l'Internationale ouvrière, qui doit autoriser les représentants de la loi à tirer en dernier recours sur les ouvriers ravisseurs et sur les émeutiers ! Moch hésite. Il n'est pas opposé à la mesure, il refuse d'en endosser la responsabilité.

Cette responsabilité, c'est le sage et bienveillant Henri Queuille, président du Conseil, qui la prend en adressant une lettre officielle à son ministre de l'Intérieur. Une fois « couvert », Moch donne l'ordre.

« Cette lettre, vous la trouvez au musée Queuille, à Ussel, dit Chirac. Elle révèle qui était le véritable homme d'Etat. Pas cette couille molle de Jules Moch en tout cas. »

Etonnant Chirac, lui qui n'a pas de plus grande hantise que le déchirement du tissu social, l'obsession de la bavure (comme celle qui aboutit en 1986 à la mort de l'étudiant Malek Oussekine), le voilà qui justifie le recours à la force. Aurait-il, lui, donné l'autorisation de tirer ? Pas sûr. Une chose est certaine, il a toujours tout fait pour ne pas se retrouver dans un tel cas de figure. Face à des événements gravissimes, il faut prendre ses responsabilités. « Cela ne va pas sans cas de conscience ni déchirement. » L'autorité de l'Etat était bafouée, un militaire prisonnier, la subversion menaçait, Queuille n'a pas tergiversé, consentant un désordre pour éviter un désordre plus grand encore. « Et on veut le faire passer pour un pleutre et un irrésolu ! Il a assumé dans des circonstances difficiles, dramatiques, rétablissant l'ordre républicain. »

A ce moment, il pense aux six morts, le prix de l'ordre républicain, aux ouvriers victimes de l'engrenage fatal, à la nécessité de syndicats forts, « ceux qui revendiquent mais qui savent aussi gérer un conflit, éviter les débordements insensés ».

Jacques Chirac vénère peu de gens en ce monde. Il en est deux qui figurent dans son panthéon, tous deux radicaux, tous deux élus de Corrèze. Le premier fut son parrain, Henri Queuille. Et le second, son ami Henri Belcour. Dans *Le Venin de la mélancolie*, Denis Tillinac consacre aux obsèques du bon docteur Belcour des pages superbes, précieuses pour qui veut comprendre le vrai Chirac.

« Face au cercueil, la veuve Marie-France, ses quatre enfants, leur famille. De l'autre côté de l'allée, un autre veuf : Jacques Chirac, accompagné de son épouse. L'impavidité de son visage est inhabituelle, pour qui a appris à le connaître. Il serre les dents pour maîtriser son émotion. Ici, tandis que le peuple ussellois bénit au goupillon le docteur Belcour, le Président ne préside pas aux obsèques officielles. Il enterre son seul ami et prend le deuil d'une aventure commune [...].

« Sans la complicité de Belcour, Chirac n'aurait pas rencontré son destin. En tout cas, pas celui d'un homme d'Etat. Les journalistes parisiens ne peuvent savoir les glas que sonnent ces funérailles de province dans le cœur d'un homme qui, depuis des lustres, en dissimule les états avec un mélange variable de trivialité et de faux épanchements. Nous sommes quelques-uns à savoir qu'une porte se referme dans son dos, et qu'il ne la rouvrira jamais. Chirac n'aime pas se retourner sur ses pas[1]. »

Et de raconter comment l'énarque Chirac découvrait la vraie France, rétive aux autorités, peu accessible aux modes de Paris, et s'y sentait bien. Pour mener campagne, Chirac « descendait à Ussel nuitamment à bord d'une 403 hors d'âge en se demandant pourquoi Pompidou et Juillet l'avaient embarqué dans cette galère électorale. Il ne se sentait aucune inclination pour la politique, il rêvait d'être directeur de l'Aviation civile ; son bureau à Matignon était couvert de modèles réduits. Mazeaud, qui se présentait à Limoges, avait servi d'intermédiaire. Car il fallait séduire le docteur, c'était un préalable. Et Belcour avait renâclé avant de consentir au don de sa personne. Après, ça devenait plus facile : on racolait les notables à l'unité, ils n'avaient rien à lui refuser. »

1. Denis Tillinac, *Le Venin de la mélancolie*, La Table Ronde, 2004.

C'est ainsi qu'un Chirac graine de techno virait sa cuti au tréfonds d'une France laborieuse et dure au mal, qui allait à son agonie mais l'ignorait encore. Ce qu'il aimait, « de cour de ferme en comptoir d'estaminet », c'était rencontrer le vivant, la vérité des gens. Ce labourage débouchait sur l'inopiné : le filoutage en 1967 d'une circonscription de gauche, première étape d'une longue marche sur l'Elysée !

Cette amitié inconditionnelle, sans concession, sans nuage, n'allait plus se démentir entre Belcour et le jeune loup pour lequel il avait sacrifié sa candidature et dont il observait à distance l'irrésistible ascension : présidence du conseil général (1970), appel d'Egletons (1976) en prélude à l'assaut pour fonder le RPR, Mairie de Paris, Matignon. « Mais Chirac restait député d'Ussel et, quand le ciel se faisait nuageux, il appelait son complice pour mieux comprendre. Belcour osait lui dire à l'occasion qu'il se plantait dans les grandes largeurs : il avait beaucoup de dons mais pas celui de la diplomatie. Jamais homme d'influence ne fut si peu courtisan. Quelle aubaine pour Chirac ! »

La deuxième référence de Chirac, on l'a vu, c'était Henri Queuille, l'homme d'Etat et député d'Ussel, que seuls des ennuis de santé empêchèrent de succéder à Vincent Auriol à la présidence de la République en 1954. Alors que le Congrès réuni à Versailles s'éternisait, beaucoup de députés et sénateurs pressaient Queuille de se présenter pour sortir de l'impasse. Pensant que sa forme physique le handicaperait, Queuille fit preuve d'une grande sagesse : il s'abstint. Ce qui fut sans doute regrettable, car il vécut encore plus de seize ans et c'est le transparent René Coty qui s'installa à l'Elysée.

Surprenant Henri Queuille qui présente la particularité d'avoir été le « parrain » de deux hommes politiques français que l'Histoire opposera à maintes reprises : en 1946, il conseille à François Mitterrand de se présenter dans la Nièvre. En 1965, il propose à Jacques Chirac de lui succéder dans sa circonscription de Corrèze. Et si les deux « filleuls » étaient les deux faces d'une même pièce ?

Mitterrand-Chirac, itinéraires croisés

On a souvent opposé les deux hommes. A juste titre. On oublie ce qui les rapproche, leur itinéraire commun et… inversé. Ils viennent de la même France, la moyenne bourgeoisie, ils ont tous deux été repérés par le même sage du radicalisme et c'est un même opportunisme – celui qui n'exclut pas ensuite les convictions, la robe oblige le moine – qui en a fait les champions de camps opposés sous la Ve République. Ils auraient très bien pu gouverner ensemble. Ils l'ont fait, d'ailleurs, mais dans une cohabitation conflictuelle et théâtrale qui obligeait chacun à raidir la posture. L'imposture ?

De gauche, Mitterrand ? Au départ, tout plaide pour le contraire : son éducation, son barrésisme, sa quête quasi religieuse et jamais démentie des racines, de la roche de Solutré à la montée vers la basilique de Vézelay, son flirt avorté avec Vichy avant de basculer dans la Résistance. Oui, tout plaide pour qu'il incarne un centre droit moderne, humaniste.

Mais ni de Gaulle (leur rencontre à Londres fut un fiasco) ni la droite ne veulent de lui, en tout cas au premier rang. Il cherche un territoire où l'herbe est plus verte, trouve son pré carré au centre gauche, l'UDSR, avant que se présente l'opportunité d'une fulgurante OPA sur la SFIO moribonde de Guy Mollet. Voilà comment un familier du couvent de l'Assomption se retrouve leader incontesté d'une gauche unie, communistes compris.

Gaulliste, Chirac ? Jeune homme, il distribue *L'Humanité Dimanche,* milite contre la bombe atomique, tracte pour l'appel de Stockholm, confie au jeune Michel Rocard qu'il préfère le PSU à une SFIO « décidément trop à droite »… Il s'embarque sur un bateau pour les Etats-Unis, fait le chauffeur et la plonge dans un resto (imagine-t-on Mitterrand en stage linguistique chez McDo ?), promet des fiançailles à une piquante Américaine à taches de rousseur alors qu'il est déjà engagé avec Bernadette. Revenu à Paris, le rebelle est vite sommé de rentrer dans le rang, de ne pas tout gâcher : un beau parti avec une Chodron de Courcel, l'Ena, une carrière de grand commis de l'Etat que protégeront les relations industrielles et avionneuses de son père.

Avec son mariage, avec son entrée dans le « chaudron », il contente sa famille. Il « fait une fin », comme on dit. La fin de ses années d'apprentissage auxquelles, avec fougue, il tourne désormais le dos. Il est comme ça, Chirac. Il n'oublie jamais rien mais, lorsqu'une page est tournée, il passe à la suivante avec le même appétit.

Son choix de Bernadette, qu'il n'aura pas à regretter, et surtout leur mariage, sont les symboles de ce destin qui bascule. A la cérémonie nuptiale de celui qui vendait *L'Humanité Dimanche*, on rencontre des représentants du monde de la finance, de la diplomatie, de la haute fonction publique et de l'armée. Dans son homélie, le prêtre, un parent des Courcel, ne peut s'empêcher de rapprocher le sabre du goupillon, comme si « Jacky », si fringant dans son uniforme d'officier, incarnait « l'esprit valeureux des croisades décimant les infidèles[1] ».

La politique, alors, il n'y pense pas. D'autres vont y penser pour lui. Sa famille, le vieux Queuille, un Premier ministre, Georges Pompidou, et son conseiller Pierre Juillet. Voici comment, plongé dans le chaudron et recentré dans ce droit chemin que balise l'establishment, adoubé par un vieux radical et par Matignon, l'ex-étudiant antinucléaire prend d'assaut une circonscription de gauche dans son beau costume de droite. Une droite qui en fait son champion quand il réussit, lui aussi, son OPA. Une OPA sur le parti gaulliste qui le conduira à l'Elysée bien des années plus tard, avec le soutien discret mais efficace de François Mitterrand. Un soutien attesté par Michel Charasse, ancien ministre du Budget,

1. Marguerite Basset, *Jacques Chirac, une éternelle jeunesse*, J.-C. Gawsewitch éditeur, 2005.

sénateur socialiste du courant « cigares et bretelles », et homme de confiance du feu Président.

Que Mitterrand éprouve de l'aversion pour Edouard Balladur, l'« étrangleur ottoman », de nombreux témoins l'attestent. Mais rien ne l'oblige à prendre parti dans le combat fratricide qui déchire la droite. S'il aide Chirac, c'est sans doute pour des raisons domestiques – la continuité de l'Etat paravent de la continuité des affaires –, c'est surtout pour une raison plus profonde : il sait, comme lui, d'où vient Chirac.

Cette collusion, alors peu connue de l'opinion, apparaît comme une reconstitution de ligue dissoute entre deux hommes que tout oppose en apparence mais qui ont la concorde radicale en commun, le souci, après avoir fait triompher leur camp, de ne pas déchirer le pays.

Profondément, aucun des deux n'incarne le changement (Mitterrand ne l'incarna que dix-huit mois, de 1981 à 1983) et tous deux, devant la montée de la mondialisation qui les privait un à un des leviers de commande, ont finalement géré comme des conservateurs d'hypothèques, navigué au plus près, accompagnateurs de fin de siècle, ultimes avatars d'un radical-socialisme plus porté à la conservation qu'à la réforme musclée, préoccupé par la préservation de la cohésion nationale plutôt que par son déchirement...

Mitterrand a pratiqué la bête Chirac. Il l'a joliment « travaillé », comme on dit d'un taureau qu'on agace. Mais, au fond, il sait qu'il n'y a pas photo entre Chirac et Balladur, que seul le premier peut limiter les dégâts du libéralisme, et... ne pas déboulonner dès demain sa statue.

Ils étaient sur la même ligne de départ, ils se retrouvent à l'arrivée. L'hommage que rend Chirac à Mitterrand défunt est l'un des plus beaux textes qu'un président ait jamais écrit sur son prédécesseur. Pas besoin de nègre qui tienne la plume pour ces lignes qui ne doivent rien à la formalité mais tout à l'émotion et à la reconnaissance.

Où se trouve la clé du coffre pour Mitterrand et Chirac ? Dans leur jeunesse, évidemment. J'en suis persuadé quand j'entends Chirac rajeunir en cabossant Monsanto. Il s'est enfin retrouvé. Trop tard ?

« Je vais vous dire un secret... Si vous le répétez, je démentirai »

Si le jeune Chirac ne se destinait pas à la politique, une fois lancé il en apprit vite les recettes et les ficelles. Pour séduire et convaincre, il n'utilisait pas la télévision. Il ne l'aimait guère, trouvant qu'elle renvoyait de lui une image caricaturale et saccadée, comme dans ces films de patronage quand la pellicule décrantée dérape.

Heureusement, vint sa fille Claude. Elle « l'humanisa », contrôla ses sorties, ses voyages, bientôt aidée par Jacques Pilhan que François Mitterrand lui céda aimablement pour contrer Balladur, l'« ami de trente ans ». La télé, il l'utilisait pour les allocutions officielles, millimétrées, avec prompteur, sur fond de parc élyséen et de drapeaux français et européen. Ou pour des interviews formellement désespérantes : un bureau, deux ou trois pékins dans des fauteuils pour les questions. Lui, si peu solennel, avait le respect de la fonction, n'aurait jamais accepté, comme Mitterrand, de répondre à un animateur qui aurait eu la fesse posée sur un bureau en parlant chébran.

Pourtant, la familiarité et la trivialité ne lui faisaient pas peur. Il les réservait à la sphère privée, hormis quelques exceptions notables. Evoquant Margaret Thatcher, qui s'était montrée d'une rare intransigeance lors d'une négociation européenne, il avait lancé à ses collaborateurs : « Mais qu'est-ce qu'elle veut cette mégère ? Mes couilles sur un plateau ? » De la saillie, la presse écrite avait fait ses choux gras. Aucune télévision ne l'avait enregistrée. « Heureusement, me confie-t-il, car si cette phrase reflétait bien mon agacement, elle n'était pas digne de ma fonction. »

Aujourd'hui, il le confirme, le moyen de communication qu'il préfère, c'est la rencontre, le labour du terrain. Il garde la nostalgie de sa première campagne en Corrèze, la connivence avec le paysan qu'on prend par l'épaule en lui demandant des nouvelles de sa vache et surtout « s'il a un bon plassous » (des économies). Ou l'arrêt-buffet qui, l'alcool aidant, se prolonge dans ce bar tenu par un ancien de l'Armée secrète, au croisement de deux routes, près de l'église d'Ussel.

« Et la Mairie de Paris, vous croyez que je l'ai gagnée en montrant ma binette sur le petit écran ? Non, avec Bernadette on a fait du porte-à-porte, et pas dans le XVIe arrondissement qui nous était déjà acquis. Nous sommes allés dans le XIXe. Et sans déploiement de police, évidemment. Certains prédisaient le pire ; ils ne comprenaient rien. Avec Bernadette [deux fois citée, preuve que, ce jour-là encore, elle l'a bluffé], on a pris chacun une tour, on a sonné à tous les étages. Pour se présenter, écouter les doléances et convaincre. »

Il regrette à haute voix que la jeune génération s'exonère de ce parcours du combattant. « Prendre une tour avec les dents, qui ferait ça aujourd'hui ? »

Je hasarde trois noms : Juppé ? Villepin ? Sarkozy ? « Pas sûr. Peut-être Sarkozy... Mais à Neuilly, il n'y a pas de tours. »

D'évidence, il ne voit pas son ministre atteindre en solitaire et sans dommage le douzième étage d'une barre de La Courneuve.

Ce labourage de notable radsoc, ce porte-à-porte, ce « ferme-à-ferme » qu'il affectionne avec sa « paluche automatique », ne sont-ils pas obsolètes à l'heure du satellite et d'Internet ? Il les revendique : « On ne peut prétendre diriger un pays sans le rencontrer les yeux dans les yeux. Pour un homme politique, c'est aussi nécessaire que l'air qu'il respire. »

A l'Elysée, on n'a guère le temps de labourer. Respire-t-il moins bien ? Il ne veut pas qu'on dise que le pouvoir isole. « C'est vrai, chaque fonction a ses contraintes, mais je rencontre beaucoup, je sais ce qui se passe et je sais ce qu'on dit, je mesure les attentes... »

Avec cette phrase convenue, le mal du pouvoir est bien là. Avec ces « attentes » qu'il mesure – et pourquoi pas avec un pied de géomètre ? –, il parle soudain creux comme d'autres parlent du nez. De loin. En président. J'en déduis qu'il regrette le bon vieux temps, l'arrêt copains-bitures sur la route d'Ussel. Oui, alors c'était bien.

Comme on parle de Juppé (« L'un de nos rares hommes d'Etat ») et de Villepin (« Son discours à l'Onu rend fier d'être Français »), je lance la question qui fâche. « Qui a eu la calamiteuse idée de la dissolution en 1997 ? »

Il réfléchit un instant, puis lâche cette phrase d'un cynisme superbe et inattendu : « Je vais vous dire un secret. Mais si vous le répétez, je démentirai... »

D'abord, il ne fait pas porter le chapeau de la dissolution au seul Villepin. Il veut qu'on dise que la dissolution est une œuvre collégiale ! Certes, le secrétaire général de l'Elysée – qui n'est déjà pas manchot à l'époque et critique en termes de cavalerie la pusillanimité des députés de la majorité – est au premier rang de la manœuvre. Mais, autant que lui, le Président. Autant qu'Alain Juppé, le Premier ministre, assure-t-il. En me forçant, je veux bien croire à une culpabilité partagée, mais de là à parler de secret révélé ! Il y vient.

« Le secret, c'est qu'il fallait sauver notre majorité d'une défaite cuisante. Tous les instituts de sondage la prédisaient si nous maintenions les élections législatives à leur terme normal. Reportez-vous à la situation de l'époque. Lorsque j'ai été élu en 1995, je n'ai pas dissous l'Assemblée. Nous y avions la majorité absolue. Nous pouvions engager de profondes réformes. C'est ce qu'Alain Juppé a entrepris courageusement. »

Sans attendre, en effet, le gouvernement Juppé présente en 1995 un plan renforçant le contrôle de l'Etat sur l'assurance maladie et augmentant les prélèvements sociaux, mesures auxquelles il ajoute, ce qui met le feu aux poudres, l'alignement des retraites du secteur public et des régimes spéciaux sur celles du privé. Manque d'explication, de concertation ? Débutent trois semaines de manifestations – rassemblant près de deux millions de personnes à leur apogée – et une grève de trois semaines à la SNCF et à la RATP. Le pays est paralysé. Selon les sondages, une large partie de l'opinion – la même qui réclamait les réformes – soutient les grévistes. Finalement, Alain Juppé renonce au volet retraites de son plan.

« Depuis ce retrait, reprend Jacques Chirac, le gouvernement est encalminé. Il lui est difficile, voire impossible, d'engager d'autres réformes d'envergure pourtant tout aussi nécessaires sans qu'il soit relégitimé par le suffrage universel. »

Voilà pour la version officielle, à laquelle le Président ajoute, sous le sceau de ce secret qu'il démentira le cas échéant, la vraie raison de la dissolution.

« Début 1997, tous les indicateurs montraient que la majorité parlementaire courait au désastre. Et il lui restait un an de mandature. Plus le temps passait, plus la défaite s'annonçait cuisante. Il fallait agir vite, sortir du blocage, précipiter les élections sous peine d'être laminés. »

Le 21 avril 1997, à la télévision, un Jacques Chirac en costume gris clair, comme pour persuader qu'il n'annonce pas un enterrement mais espère une renaissance, déclare aux Français : « J'ai décidé, au risque de vous surprendre, de dissoudre l'Assemblée nationale. » Formidable, ce « au risque de vous surprendre », témoignage de lucidité, de cynisme et d'humour. Il poursuivait : « La France a besoin d'un nouvel élan, cet élan ne peut être donné que par l'adhésion clairement exprimée du peuple français. »

En juin, le peuple parle. Comme prévu, le scrutin est serré, la gauche l'emporte mais la droite sauve les meubles. Ironie du système électoral : il n'a dépendu que d'un report de 0,6 % des voix du Front national au second tour pour que la gauche passe. Pour Chirac, la dissolution n'est pas un « acte manqué » mais un moindre mal, une décision réfléchie et bénéfique au final ! Il a demandé au peuple de trancher, voilà pour la démocratie. Précipitant les élections, il a permis à la droite d'échapper à une dégelée magistrale l'année suivante, voilà pour la boutique[1].

« Certains députés, surtout ceux qui ont perdu leur siège, n'ont pas compris ma décision. Ils auraient été encore plus nombreux à ne pas être élus ou réélus si on n'avait pas anticipé les échéances. »

Bref, cette dissolution qui aboutit à la victoire de la gauche n'est pas une défaite. Chirac sort de la nasse, sauve l'essentiel et préserve l'avenir. La droite est en situation de rebondir demain, ce qu'elle fera, puisque le mistigri de la dette, des déficits sociaux et du chômage vient d'être démocratiquement refourgué à l'adversaire.

Devant l'analyse du « secret révélé », on hésite entre féliciter l'artiste et... dénoncer une réécriture de l'Histoire qui fait de lui, après coup, le vainqueur d'une bataille perdue. Jusqu'au moment où on lit Jean Baudrillard[2]. Pour le sociologue, pas de doute non plus, il ne s'agit pas d'un acte manqué. Et s'il ne perçoit pas l'opération sauvetage, en revanche il a pleinement conscience de l'opération mistigri.

« Un président dissout sa propre majorité absolue pour refiler le pouvoir à une gauche qui ne s'attendait visiblement pas à ce cadeau empoisonné, mais qui est bien forcée de le prendre. Cette situation, Chirac ne l'a pas expressément voulue (le saura-t-on jamais ?), il a manifestement tout fait pour

1. Cette version de la dissolution de convenance est confirmée par Dominique de Villepin. « Oui, c'est l'une des raisons de la dissolution. Il fallait éviter une catastrophe électorale en 1998 » (automne 2007).

2. *Libération* (18 juin 1997).

cela : comme téléguidé depuis deux ans par cet échec "improvisé". En fait, sa décision de dissoudre est un faux acte manqué, la victoire de la gauche un faux acte réussi.

« Dans cette course-poursuite pour se débarrasser du pouvoir, Chirac a parfaitement réussi : il s'est délesté d'une majorité encombrante et d'une chambre introuvable. Tout comme Mitterrand s'était débarrassé du PS après avoir réglé son compte au PC. Rien de tel qu'une cohabitation pour faire faire le sale travail social à la gauche, celle-ci étant mieux placée pour faire avaler des couleuvres au peuple, comme elle le fit sous Mitterrand en 1983. Quant à Chirac, ayant subi la cohabitation sous Mitterrand, il va pouvoir en bénéficier en sens inverse avec Jospin. Se réservant le domaine international, il se retrouve dans la position présidentielle idéale, qui est au fond toujours restée celle de la République française, une monarchie constitutionnelle. »

En confiant son « secret », Jacques Chirac semble assez fier de la manœuvre. Sur le plan tactique, rien à dire. Il a sauvé sa majorité d'une Berezina. Sur le plan moral, pareil : il n'a pas échangé une victoire électorale contre un plat de lentilles lepéniste. Une fois encore, il a refusé de pactiser avec le Front national, une constante chez cet homme qu'on dit changeant. Mais que dire de la politique !

En racontant son exploit, digne de Machiavel et de Mitterrand réunis, Jacques Chirac fait, sans s'en apercevoir, l'éloge de l'impuissance. Alors c'est ça, la politique ? Au premier coup de Trafalgar, on replie les gaules ? Une réforme nécessaire provoque le blocage du pays par des syndicats qui représentent moins de 10 % des salariés, l'opinion pourtant majoritairement favorable à la mesure s'alarme et hop ! on recule, puis on s'esbigne.

Reculer n'est pas honteux : il y des retraites stratégiques. Ce qui pose problème, c'est l'abandon de poste, le cadeau du pouvoir à l'adversaire en attendant qu'il se prenne lui aussi les pieds dans le tapis. On ramassera la mise au prochain tour.

Baudrillard porte un regard sévère sur l'opération : « Le fond du problème n'est pas tant celui de la dissolution de l'Assemblée nationale que celui de l'autodissolution du peuple, qui ne continue d'aller voter que pour se décharger de ses responsabilités. S'il y a longtemps que le peuple en use ainsi, c'est la première fois que la classe politique elle-même est prise de l'envie de se débarrasser du pouvoir. Que les représentés du peuple fassent défaut, c'est déjà grave, mais que les représentants eux-mêmes se défaussent, alors c'est l'exercice même du pouvoir qui est en cause. »

Mais faut-il être plus royaliste que le président de la République puisque tout s'est passé, sinon au mieux du moins comme prévu ? Jospin, victime de la cohabitation et de lui-même, permet la réélection de Chirac, et la droite reprend à la gauche la majorité à l'Assemblée. Et tourne manège. Et la réforme des régimes spéciaux de retraite peut bien attendre encore dix ans.

Une influence quasi nulle

Etre dépositaire d'un « secret » ne fait pas de vous un confident. Je ne suis pas un de ses « visiteurs du dimanche ». Encore moins un conseiller. Autant dire que ce chapitre sera court. Mon influence ? Voisine de zéro. Je le comprends lors de sa réélection triomphale en 2002.

Tous les sept ans, chaque soir d'un deuxième tour d'élection présidentielle, *Le Journal du dimanche* publie une édition spéciale avec la photo pleine page de l'élu, son score, un édito, des reportages, des commentaires. Un petit exploit technique puisque, une heure à peine après l'annonce du résultat, le journal est vendu à la criée sur les Champs-Elysées ; ça fait de belles images pour les journaux télévisés quand des supporteurs en liesse brandissent devant les caméras la une affichant le héros du jour ; ça confirme le journal dans son rôle de témoin privilégié de l'histoire nationale.

D'ordinaire, on prépare deux éditions selon que l'un ou l'autre des candidats l'emporte. En 2002, pas de suspens. En éliminant Jospin, le premier tour a scellé le sort du second. Dans le duel Chirac-Le Pen, il n'y a que deux inconnues : le taux de participation et le score de Chirac. A 20 heures, je donne le bon à tirer. La photo du vainqueur est accompagnée d'un pourcentage digne d'une république bananière : 82 %.

Dans mon édito, je souligne que les 82 % des voix qu'il a obtenues (record historique) obligent Jacques Chirac plus qu'elles ne le couronnent. De nombreux Français de gauche ont voté pour lui afin de barrer la route à Le Pen. Ce qui peut surprendre, ce n'est pas que Chirac soit alors l'incarnation d'une union sacrée – il est légitime dans ce rôle, toutes ses déclarations, tous ses actes, depuis longtemps et sans ambages, parlent pour lui, témoignent de son rejet viscéral de l'exclusion, du racisme, de l'antisémitisme et de la xénophobie –, non, ce qui étonne, c'est l'ampleur de la victoire.

J'écris que ce n'est pas la victoire d'un camp sur un autre mais celle d'une certaine idée de la France. L'élection prouve que l'immense majorité des Français se retrouve sur l'essentiel. Il ne faut pas laisser orphelins ces 82 % qu'ont rassemblés des circonstances inédites qu'on ne reverra pas de sitôt.

J'ai dû écrire cet édito en moldo-valaque, car c'est tout le contraire que fait Jacques Chirac. Il confisque la victoire de tous au seul profit de son camp, et compose un gouvernement monocolore. L'union sacrée n'a fait qu'un petit tour, congédiée par un président plébiscité comme rassembleur mais redevenu illico chef de meute. Et qui s'en va sans attendre retrouver l'ami Gaston Flosse. Bonjour le symbole.

Politiquement, il n'entre aucun cynisme dans cette décision de fermeture. Chirac n'aime pas la nouveauté qu'il assimile à l'aventure. Il veut avoir ses marques, savoir où il va. « C'est déjà assez difficile de diriger un pays avec un gouvernement homogène, si en plus on y associe la carpe et le lapin ça devient vite une pétaudière, ça tire dans tous les sens, c'est bien vite ingérable », dit-il.

Autant de bonnes (ou mauvaises) raisons pour ne rien changer, repartir comme avant. Et tourne manège. Chirac n'est pas un homme d'ordre mais de commodités. Il veut une France apaisée, avec ses partitions connues, la droite, la gauche, les syndicats. Il n'a pas trahi tous ceux qui ont voté pour lui, non, il a seulement déçu un espoir, refusé de profiter d'une victoire de circonstance pour donner un nouvel élan au pays. Il avait toutes les cartes en main, il ne les a pas rebattues.

Alors, un quinquennat pour rien ? Non, car il a mis à profit ce cadeau du destin pour apurer quelques comptes. Il reconnaît la responsabilité de l'« Etat français » dans la déportation de Juifs avec son beau discours du Vél' d'Hiv'. Mitterrand, on croit comprendre pourquoi, n'a pas osé. Il rend leur honneur aux harkis en reconnaissant ce que la France leur doit, elle qui les a abandonnés en Algérie ou parqués tels des réfugiés dans le Sud-Est. Comme des lépreux dans une maladrerie. Là, ce n'est pas seulement le président de la République qui me parle mais le lieutenant sur son piton d'un djebel qui règle sa dette en se délivrant d'un lancinant et douloureux remords, pourtant collectif.

Côté négatif, ce souci d'apaisement, de « ne pas déchirer le tissu social fragile » reçu en héritage, ce refus des conflits – étonnant de la part d'un homme décrit comme un va-t-en-guerre – conduit à l'immobilisme, à la réforme homéopathique, à la cogestion des tensions. Que de fois, surtout à la fin de son quinquennat, n'a-t-il pas mis en garde un Premier ministre : « Attention ! Soyez prudent. Les Français, je les connais bien, ils ne sont pas prêts à accepter une telle réforme. »

Plus qu'un quinquennat de combat, il aspire à une sortie sans heurt. Après lui viendra, en contrecoup, le temps des barbares et du chamboule-tout compulsif. La voie libre pour Sarkozy.

« Je voulais me protéger »

Nos rencontres, dans son grand bureau au premier étage du palais de l'Elysée, lui, toujours à la même place, sur une chaise, tournant le dos au parc, ont lieu la plupart du temps le vendredi en fin de journée ou le samedi matin. Dans ce dernier cas, cela ne m'arrange guère car le samedi est jour de bouclage au *JDD*. Mais lorsqu'on vous annonce, trois jours avant, que « le Président veut vous voir », on rapplique.

Je ne suis pas là pour donner mon opinion. Pourtant mes questions l'intéressent, moins par leur pertinence que parce qu'elles témoignent des préoccupations des Français. Je suis une sorte de baromètre, comme le coucou d'une pendule de grand-mère, qui sort pour annoncer le beau temps, qui rentre quand l'orage menace. Je ne suis pas encarté, je ne sais pas pourquoi il me fait confiance, mais je suis là. On le dit agité, je le découvre pudique, respectueux de votre libre arbitre. Jamais il n'essaie de vous embrigader. Il explique, teste parfois un argumentaire, livre quelques clés. A vous d'en faire le meilleur usage.

Ce sont des moments privilégiés, feutrés, hors du temps. Des Champs-Elysées voisins, on devine à peine la rumeur, comme si les bruits de la ville s'abîmaient en traversant le feuillage des grands arbres du jardin. Pas gai gai, l'endroit. Il faut dire que le rituel décourage le plaisantin.

De la grille d'entrée, un garde républicain vous conduit jusqu'au perron, mais sans emprunter la ligne droite. Evitant les graviers, il marche sur le trottoir latéral. Au sommet des marches, un autre gendarme prend la relève. A gauche, le grand escalier. Un soir, j'y croise Bernadette qui engueule – qui « tance », c'est plus convenable – le préfet Bernard Niquet, son factotum. Deux tringles du tapis sont mal fixées (« C'est dangereux ») et le tapis lui-même donne par endroits des signes de fatigue (« Ce n'est pas digne. Faites-moi arranger tout ça le plus vite possible »). Qu'on se le dise, Bernadette peut être pète-sec et déplaisante, mais l'Elysée est une maison tenue. Ennuyé d'avoir été le témoin d'une scène que je juge humiliante, je passe sans la saluer, je le regrette aussitôt.

Au premier étage, un autre militaire et un huissier en tenue. Ils ont l'air perdus derrière leur petit bureau placé à un angle de ce palier où pourraient loger un couple et ses deux enfants. Ils font penser au *Désert des Tartares.* Ils attendent. Ils n'attendent d'ailleurs que vous pour mettre un peu d'animation et faire bruisser un air qui semble ici raréfié à dessein.

L'huissier vous conduit, « pour patienter », jusqu'au petit salon attenant. Et vous aussi, vous attendez. Vous vous prenez à respirer plus vite, moins stressé par la rencontre à venir que par une sorte d'angoisse de fin de vie qui vous saisit dans ce salon silencieux. Pour un peu, on demanderait à saluer le défunt.

Heureusement, « Il » arrive. L'huissier justifie sa livrée et son salaire en lançant un sonore : « Monsieur le Président de la République ». Comme on n'est que trois dans la pièce, personne ne peut se méprendre. D'emblée, tout dans son attitude dément la froideur des lieux. Large sourire, main tendue. Puis, vous prenant le coude, il vous invite à traverser le grand salon qui jouxte son bureau.

Formels au début, les entretiens prennent un tour décontracté au fil des minutes. Il s'autorise parfois ces gestes familiers qu'il s'interdit en public. Lorsqu'il se sent vraiment à l'aise, il remonte son pantalon bien au-dessus du nombril, presque jusqu'aux aisselles. Il ressemble aux paysans de Bourgogne de mon enfance portant leur sous-ventrière. C'est cocasse, ça sent le terroir.

Il ne manque jamais de vous offrir à boire. Jouant à contre-emploi, je commande un Perrier. La légende va en souffrir, je ne l'ai jamais vu une Corona à la main. Parfois un thé, ou un tonic mais bien tassé en gin. Pendant de longues années, les journalistes l'ont considéré comme un rustre et un analphabète. « Cela m'arrangeait, confie-t-il, amusé. On me présentait comme un agité, un beauf, un inculte tout juste bon à siroter une bière en visionnant un western, un paquet de chips à la main. » Longtemps, il a laissé dire. « Je voulais me protéger. » Ne rien révéler de soi, de personnel, prenant sans doute un malin plaisir à cacher sa vraie nature. « Passer pour un imbécile aux yeux des crétins est une jouissance rare », disait-il.

Devenu président, il a consenti à se dévoiler un peu. Non pas pour étaler sa science car « c'est bien connu, la culture c'est comme la confiture, moins on en a, plus on l'étale ». Non, il lui fallait gommer cette fausse image d'aculturé qui, si on la laissait perdurer, dévaluerait la fonction présidentielle. Alors, cédant à la pression des communicants, il s'est résolu à livrer quelques passions moins triviales que la trinité télé, western et Corona.

Au début, certains ont souri devant son enthousiasme pour des peuplades au nom exotique, parfois inconnues comme les Taïnos, parfois oubliées comme les Inuits. Avant de découvrir qu'il ne s'agissait ni d'une lubie ni d'un coup marketing mais d'une véritable connaissance de civilisations en danger, et de leurs arts.

Evidemment, je n'y coupais pas. Un samedi matin, il est en retard au rendez-vous. Il s'est fait ouvrir son musée préféré, le Guimet, pour y admirer des « merveilles » dont toutes ne sont pas exposées. « Je n'ai pas vu le temps passer », s'excuse-t-il. Et pour se faire pardonner, il me confie ses premiers bonheurs du jour, un masque, un bouclier, une lance. Il retrace leur origine. Chaque objet a une histoire, raconte un peuple, une tribu, une coutume. Il en connaît l'origine, le lieu de la découverte, il date avec précision les périodes. « Encore que pour la lance, les experts ne sont pas tous d'accord. »

Une autre fois, alors qu'on parle de la Chine, il se lève pour prendre, sur le côté de son bureau, un long cylindre de bois dont il sort avec précaution, comme s'il s'agissait d'une relique, une sorte de parchemin calligraphié. Déplié, il mesure au moins cinq mètres.

« Un cadeau. Une rareté. » Non par la longueur mais par le texte, les idéogrammes plutôt, dont il traduit certains avec application. S'ensuit une comparaison des arts selon les dynasties de l'Empire du Milieu. Il s'adresse à vous, oubliant que vous n'êtes ni sinologue ni Malraux.

« Encore qu'André Malraux était fantaisiste – brillant mais fantaisiste – en matière d'art asiatique. Il s'y connaissait autrement mieux en art africain. » J'ai retrouvé ce même jugement chez Pierre Péan[1].

Chirac critique d'art ? Non, il ne porte jamais de jugement sur la valeur artistique d'un objet, sur la beauté d'une œuvre. Il vous laisse juge. « Tous les goûts sont dans la nature, les mauvais aussi, hélas ! » Pas plus qu'il n'établit de hiérarchie entre les objets, les statues, les armes ou les ornements. Au-delà de l'esthétisme – même s'il a ses préférences –, ce qui l'intéresse dans une œuvre c'est son histoire, sa genèse, ce qu'elle représente pour l'homme qui l'a créée, le témoignage sur un savoir, une civilisation. Il cite son ami Jacques Kerchache : « Les chefs-d'œuvre du monde entier naissent libres et égaux. »

Je ne connais pas le vrai Jacques Chirac, ce dont je suis certain, c'est que l'une des clés pour le comprendre est là : dans la petite statue Uli du nord de la Nouvelle-Irlande qui a séduit avant lui André Breton.

Dans la statue anthropomorphe du XIe siècle venue du Mali, effigie d'un royaume pré-dogon, sévère et rude comme un objet roman, dont le bras rescapé se lève vers le ciel.

Dans la couronne « lado » d'Indonésie, transmise de père en fils avec le trésor familial, bijou magique qui assure la prospérité du village et préside aux sacrifices d'animaux.

Dans cette statue de pierre de Sumatra qu'un époux magicien fit ériger en souvenir de sa femme : elle est belle, hiéra-

1. Pierre Péan, *L'Inconnu de l'Elysée*, Fayard, 2007.

tique et nue, parée de ses plus beaux bijoux, tenant deux boîtes sur ses genoux, l'une pour le bétel, l'autre pour la chaux, et, dans son chignon en pierre des Toba-Barak, une fente permet d'accueillir un rameau sacré les jours de fête. Autant de témoignages précieux qui figureront bientôt dans ce musée du quai Branly dont Stéphane Martin prépare l'ouverture. Le quai Branly, sa grande œuvre.

C'est dans cette passion pour les civilisations d'hier que se comprend sa défiance, pour ne pas dire plus, envers l'impérialisme américain. Dans mes cahiers à spirales, j'ai noté qu'il haussait les épaules lorsque je lui parlais de cet antiaméricanisme que lui reprochaient ses adversaires atlantistes.

« Vous ne comprenez pas... Je ne suis pas antiaméricain. Par bien des côtés, j'admire les Etats-Unis dont nous serons toujours les alliés quoi qu'on dise. Non, je hais tous les impérialismes. Pour étendre leur influence et imposer leur puissance, ils sont contraints, c'est dans leurs gènes, de combattre tout ce qui est différent, de raboter les diversités. Moi, je ne veux pas qu'une lumière s'éteigne. »

Au « choc des civilisations » qu'il dit redouter, il oppose le « dialogue des cultures, le meilleur gage de paix dans un monde dangereux ». Normal, dans ces conditions, qu'il se soit opposé à la guerre américaine en Irak. On va voir pourquoi, et surtout dans quelles conditions.

Bush, l'Irak, Gog et Magog

Bruits de bottes au Moyen-Orient en ce début d'année 2003. Lorsque je pénètre dans le bureau présidentiel, Jacques Chirac vient d'avoir George Bush senior au téléphone. « Nous avons toujours eu d'excellents rapports. C'est un ami... » Comprenez qu'avec Junior, ce n'est pas la même chose.

Les temps sont difficiles. La France n'a pas la cote aux Etats-Unis. Les chaînes de télévision, surtout Fox News de

Rupert Murdoch (d'origine australienne, ce magnat des médias est, comme beaucoup de naturalisés, ultranationaliste pour son nouveau pays), diffusent en boucle des images de manifestants déversant dans les caniveaux le contenu de bouteilles de vins français. Une campagne de dénigrement (*french bashing*) fait fureur contre l'allié indocile qui menace d'user de son droit de veto à l'Onu contre la proposition américaine d'envahir l'Irak, et, qui plus est, refuse de participer à l'invasion.

Le Président sait que la majorité des Français soutient sa position, mais il s'inquiète des répercussions si le *french bashing* continue. Lorsque je pénètre dans son bureau, il vient juste de raccrocher son téléphone. Une longue conversation avec son « ami » George Bush père. Un lien utile, car avec le fils à la Maison-Blanche, le dialogue passe moins bien. Heureusement, nos diplomates Levitte, La Sablière, Gourdeau-Montagne, maintiennent le contact à New York, à Washington. Mais la crise est là.

Chirac a donc expliqué la position française à son « ami » (« Un véritable allié est celui qui vous dit la vérité en face lorsqu'il pense qu'une erreur va être commise »), la nécessité du recours à l'Onu. Il n'a pas demandé à son ami de calmer son fiston – « cela n'aurait pas été convenable », convenable est un adjectif qu'il emploie souvent –, il lui a fait savoir combien était injuste la campagne antifrançaise. George Bush père en est convenu, a exprimé ses regrets et a dit… son impuissance. En raccrochant, le Président français a aussi la confirmation de ce qu'il pressent depuis plusieurs jours.

« La guerre d'Irak aura bien lieu, me dit-il. Plus personne ne pourra l'empêcher, c'est une question de jours. » Une guerre envisagée dès l'arrivée de Bush Jr à la Maison-Blanche. « Et pas pour les raisons alors invoquées », confie Chirac.

Que les Etats-Unis soient intéressés par le pétrole irakien n'est pas niable, que le complexe militaro-industriel pousse à une intervention armée, c'est somme toute naturel, ça fait marcher le commerce et la firme Halliburton, dont le vice-président Dick Cheney était l'un des dirigeants, se retrouve au premier rang des bénéficiaires. Pourtant, la vraie raison de la guerre, non exclusive des deux premières, est ailleurs.

Jacques Chirac l'a appris, le mois précédent, de la bouche même de Bush Jr. Une révélation reçue d'abord avec étonnement puis, renseignement pris, avec effroi. Lors de cette conversation téléphonique visant à convaincre son homologue français de se joindre à la coalition, George Bush Jr a utilisé un argument singulier, affirmant que… « Gog et Magog sont à l'œuvre au Proche-Orient et que les prophéties bibliques sont sur le point de s'accomplir ».

Sur le moment, Jacques Chirac, stupéfait, ne réagit pas. Il sait Bush religieux, mais il a du mal à comprendre que le Président de la première puissance du monde soit à ce point fondu des Ecritures qu'il batte le rappel des duettistes Gog et Magog pour justifier son combat ! Chirac s'en ouvre à ses conseillers, d'abord portés à sourire. Il les charge de l'éclairer plus précisément sur Gog et Magog.

Un jour plus tard, George Bush récidive, prononçant ces deux noms mystérieux lors d'une conférence de presse sur « l'axe du mal ». L'Elysée consulte d'urgence un spécialiste. Pas en France, mais en Suisse, pour éviter d'éventuelles fuites. C'est Thomas Römer, professeur de théologie de l'université de Lausanne, qui est mis à contribution[1]. Son rapport a de quoi glacer le sang.

Gog, prince de Magog, c'est l'Apocalypse. Ce personnage apparaît dans la Genèse, et surtout dans deux des plus obscurs chapitres du Livre d'Ezéchiel, prophétie d'une armée mondiale livrant bataille finale à Israël. Un conflit voulu par Dieu qui doit, terrassant Gog et Magog, anéantir à jamais les ennemis du peuple élu avant que naisse un monde nouveau[2].

---

1. Revue *Allez savoir* (UNIL, septembre 2007).

2. George Bush Jr n'est pas le premier président américain à avoir cherché une incarnation de Gog et Magog sur terre. En son temps, Ronald Reagan

Pour un esprit français, l'évocation de Gog et Magog pouvait prêter à rire. Chirac, lui, ne rit pas. Cette parabole d'une apocalypse annoncée pour réaliser une prophétie l'inquiète et le tourmente. Il s'interroge aussi sur l'inculture religieuse des esprits cartésiens, sur notre méconnaissance des Ecritures à l'heure où les soubassements religieux sont beaucoup plus déterminants qu'on ne veut le croire dans les décisions politiques et militaires. George Bush Jr est un *reborn*, il est « né à nouveau » lorsque la foi l'a sauvé de l'alcoolisme. Les Ecritures sont ses Tables de la Loi. Dieu, il ne le cache pas, l'a investi d'une mission.

Jacques Chirac dès lors ne n'y trompe pas. Le Président américain a sommairement décrypté les Ecritures : une armée mondiale islamiste fondamentaliste menace le monde occidental qui soutient Israël. Les attentats du 11-Septembre contre les tours de Manhattan en sont la preuve. Il faut répliquer à cet « axe du mal ». Dieu est avec nous.

Chirac : « Lutter contre le terrorisme, nous le faisons, mais pas question que la France s'engage dans un choc de civilisations. Il n'y a de pire impérialisme que l'impérialisme religieux. Il n'est pas question que nous participions à une guerre sainte. Or, c'est bien dans une nouvelle croisade qu'on veut nous entraîner. De plus, en frappant Saddam Hussein, les Etats-Unis, croisés du monde occidental, se trompent sur deux points.

« Ils se trompent d'abord de cible. Saddam n'est pas un chef d'Etat à citer en exemple mais il n'a rien à voir avec al-Qaida, au contraire. Ils se trompent ensuite de stratégie. Ils inversent l'ordre des facteurs. Ils pensent sécuriser une partie du Proche-Orient avec une occidentalisation démocratique d'un pays dont l'exemple vertueux serait contagieux et désarmerait les tensions, alors qu'il faut d'abord résoudre l'origine de tous les maux, le problème israélo-palestinien. »

---

avait estimé que la guerre froide et l'existence de la bombe atomique rendaient réalisable la prophétie d'Ezéchiel ! Mais il n'était pas allé jusqu'à envahir l'Union soviétique.

Il doute que la création d'un Etat palestinien face à Israël conforté dans ses frontières « sûres et reconnues » suffise à assurer la paix du monde. Ce dont il est certain, c'est que seul le règlement de ce problème peut désarmer les tensions dans toute la région, enlever aux islamistes radicaux une justification à leur combat.

Au lieu de quoi, dans un mois la guerre va éclater. Il s'en prend à ces irresponsables de néoconservateurs. « Ils vont mettre la région à feu et à sang. Ils ne comprennent rien à rien et sont d'une inculture crasse en ce qui concerne un Orient déjà compliqué. Demandez-leur de vous citer le nom d'un poète arabe. C'est tout juste si pour eux l'affrontement entre chiites et sunnites ne renvoie pas à une finale d'un Super Bowl du Moyen-Orient ! »

Et d'énumérer tout ce qui va se passer ! « Vous verrez : ils vont mener une guerre de Pandore, la gagner rapidement [*ça mettra deux semaines de plus que ce qu'il prévoyait*], mais le plus dur alors commencera. Sunnites et chiites vont se déchirer. Après l'invasion, une guerre civile fera plus de victimes civiles que les combats de la guerre éclair. Al-Qaida trouvera en Irak un terrain de manœuvres qui lui est jusqu'ici interdit. Dans un an, il faudra envoyer des renforts. Et dans trois ans, quand trois mille GI seront morts, ils n'auront le choix qu'entre le retrait ou l'envoi de nouvelles troupes. »

« *Mais où étaient les armes de destruction massive ?* »

« Mais refuser d'intervenir en Irak n'est-ce pas, que vous le vouliez ou non, soutenir un tyran ? »

Chirac : « On n'impose pas la démocratie par les armes. La politique de la canonnière renvoie au XIXe siècle. La guerre n'est que l'ultime recours. Il existe bien d'autres moyens d'intervenir. L'Onu, par exemple, qui peut infliger des sanctions, décréter un embargo. »

Toute la stratégie du président français est d'obliger George Bush à passer par la case Onu. Comme le président américain ne peut décemment avancer la raison d'une croisade religieuse devant une assemblée regroupant des pays de confessions différentes, il va devoir trouver autre chose. Ce seront les ADM, les armes de destruction massive que le despote est censé préparer en secret.

Et Jacques Chirac le prend au mot. Puisque Saddam détient ces armes effrayantes et prépare la bombe atomique, il existe un moyen de contrôle : laisser travailler les experts de l'AIEA, cet organisme de l'Onu chargé d'inspecter les nations à risque pour éviter la prolifération nucléaire.

« Je suis en contact permanent avec Hans Blix [*ce diplomate suédois dirige l'AIEA avec son adjoint Mohammed el-Baradei, qui bientôt lui succédera*]. J'ai les rapports de nos services qui font un excellent travail et recoupent leurs informations avec des services de pays arabes [*il ne cite ni la Libye ni... l'Iran, pourtant interrogés*]. Tout indique que l'Irak souhaite devenir une puissance nucléaire mais qu'elle n'est pas en situation de fabriquer la bombe. Il lui faudrait de l'uranium, l'enrichir, ça ne se fait pas sur une table de cuisine, ça laisse des traces. »

Il ne croit pas à l'existence de cet arsenal apocalyptique. « Je pense qu'on s'illusionne sur la puissance de Saddam. Evidemment, il en rajoute sur l'état de ses forces, jouant sur la fierté nationale. Mais il sait que son armée sera vite laminée si elle s'oppose à la coalition. Selon un récent rapport de l'AIEA, Saddam a bien produit dans le passé du gaz VX ainsi qu'un autre gaz proche du gaz moutarde, le théodiglycol, mais il n'est plus en mesure d'en produire aujourd'hui, grâce justement aux inspections de l'Onu. »

Dans sa croisade pour un règlement pacifique, Chirac le reconnaît, il n'est pas aidé par l'attitude de Saddam.

« Il joue les matamores, flatte la fierté nationale des Irakiens en affirmant qu'il a tous les moyens de se défendre et des fusées pour frapper Israël. Ces rodomontades, même si elles sont destinées à son opinion publique, sont suicidaires. Avec d'autres pays, nous avons fait passer un message.

– Il en a tenu compte ?

– Il vient de faire, enfin, un signe de bonne volonté en détruisant devant les médias quelques exemplaires de ses missiles al-Hussein, dérivés des Scud, mais ce geste tardif ne changera rien. Et puis, je ne suis pas naïf, il lui reste encore des missiles mais pas en nombre suffisant.

« Quant à la bombe, c'est du bluff. Demain, je ne voudrais pas être à la place de ceux qui, par idéologie ou par aveuglement, soutiennent la nécessité d'une guerre pour cause de destruction des ADM. Cette raison, rien ne la valide aujourd'hui, c'est un prétexte. »

Ce qui le désespère – « mais je n'en suis pas surpris » – est que certains, en France, plongent tête baissée dans la manip américaine. Qui sont-ils ? Il ne cite aucun nom mais conseille de se reporter aux déclarations des pro-guerre. J'en ai retenu deux.

Celle du député de droite Pierre Lellouche à Arlette Chabot : « Chacun sait que, depuis vingt-cinq ans, Saddam accumule les armes de destruction massive[1]. »

Celle de Bernard Kouchner qui dit « Non à la guerre, non à Saddam », mais n'en justifie pas moins le prétexte américain : « Qu'on arrête de me bassiner avec le fait qu'on recherche des armes de destruction massive ; ça fait vingt ans qu'il en fabrique. » Il ajoute imprudemment : « 80 % des Français contre la guerre en Irak ! Je me suis senti très seul d'un coup dans ce pays de pensée unique[2]. »

Qu'aurait-il voulu, Bernard ? Que 80 % de ses compatriotes veuillent faire la guerre pour trouver ces armes introuvables, que les Américains victorieux n'ont d'ailleurs jamais découvertes. Si je m'arrête sur ces déclarations, c'est qu'elles répondent à deux motivations différentes.

1. France 2, février 2003.
2. Interview par Martine Bellinos, Télévision suisse romande, avril 2003.

Pour Lellouche, c'est l'atlantisme, le soutien aveugle et sans faille non pas aux Etats-Unis mais à l'administration républicaine, le regret que la France ne colle pas plus fidèlement au grand allié qui défend nos valeurs. Pour Kouchner, c'est la défense des droits de l'homme, la nécessité de débarrasser la planète d'un tyran criminel, responsable du gazage de villages kurdes.

Curieux, quand même, que ces deux hommes qui font référence aux ADM pour justifier leur position ignorent superbement ce qui ne conforte pas leur thèse : les résultats infructueux des enquêteurs de l'AIEA.

« Peu importe le prétexte, reprend Chirac. Bush veut la guerre, il la fera. Et tous les moyens seront bons pour la justifier. »

Dont la désinformation, orchestrée par l'administration républicaine. Avec, notamment, cette histoire d'uranium que Saddam aurait fait acheter au Niger... Les agents de la CIA n'ont aucune preuve de cet achat. Mais le directeur de l'Agence, George Tenet, se rendant aux raisons du secrétaire à la Défense Donald Rumsfeld, laisse dire. La Maison-Blanche confie cette « info » aux Britanniques. Et c'est Tony Blair, Premier ministre de Sa Gracieuse Majesté, qui, le premier, reprend le « tuyau » de Tenet et rend publique cette histoire d'achat d'uranium. Une raison supplémentaire pour justifier l'engagement des troupes britanniques dans la coalition.

Sur le coup, la « révélation » sur l'uranium nigérien ne fait pas les gros titres de la presse française. Elle n'échappe pas aux guetteurs de l'Elysée. La France, *via* Areva, est impliquée dans l'exploitation de l'uranium au Niger. Pour l'instant, l'« info » indique seulement que c'est le Niger qui a vendu l'uranium à Saddam mais, demain, une chaîne américaine soudainement inspirée, Fox News par exemple, peut consacrer une de ses diatribes antifrançaises à notre présence industrielle dans ce pays... et suggérer que Paris n'est pas étranger à la livraison...

Qu'importe que l'information soit fausse, le but aura été atteint, et l'allié indocile placé en position d'accusé, sommé de démentir, de se justifier, etc. Une manip dont il est toujours délicat de se sortir. Jacques Chirac n'est pas surpris, il est ulcéré. « Ils sont vraiment prêts à tout ! »

Paradoxalement, il n'aura pas à communiquer pour démonter la tentative d'intoxication. Un Américain va s'en charger, et pas n'importe lequel. Il s'appelle Joseph Wilson. Il est ambassadeur, connaît bien le Proche-Orient. Lors de la première guerre d'Irak, après que Saddam Hussein avait envahi le Koweit, il était « chargé d'affaires » à l'ambassade américaine de Bagdad.

Dans un retentissant article, « *What I Didn't Find in Africa* » (Ce que je n'ai pas trouvé en Afrique), publié par *The New York Times*, l'ambassadeur accuse le gouvernement américain d'avoir menti dans l'affaire de l'uranium nigérien, et d'amplifier les informations des services de renseignement pour justifier l'invasion de l'Irak

Tempête à la Maison-Blanche qui, dès lors, met tout en œuvre pour discréditer le diplomate. On rappelle d'abord qu'il est proche du parti démocrate. Le journaliste Robert Novak, « instruit » par Robert Armitage, secrétaire d'Etat adjoint, révèle que Wilson, s'il a bien enquêté en Afrique, n'a jamais travaillé pour la CIA, mais que sa femme, Valerie Plame, spécialisée dans les armes de destruction massive, appartient, elle, à l'Agence, et que ses sources sont deux fonctionnaires haut placés de l'Administration.

Le contre-feu devient une bombe. Les hommes de Bush, dans leur volonté de nuire à la réputation d'un ambassadeur dont ils ne pouvaient contredire les affirmations, ont été trop loin. Ils ont révélé l'identité et la fonction de sa femme. L'*Intelligence Identities Protection Act* qualifie de crime fédéral le fait de « révéler l'identité d'un agent, crime passible de dix ans de prison et/ou 50 000 dollars d'amende ».

L'affaire débouche devant la justice, passionnant la presse, laissant indifférente la majorité de l'opinion. Personne n'est accusé de la fuite mais, faute de pouvoir inculper le vice-président Dick Cheney, le procureur Patrick Fitzgerald fait tomber Lewis Libby, son secrétaire général et assistant pour les affaires de sécurité intérieure : dans l'affaire Wilson-Plame, il a menti pour protéger son patron.

Le 6 mars 2007, Lewis Libby, l'élève du théoricien faucon Paul Wolfowitz à l'université de Yale, le fondateur de *Project for the New American Century* (Projet pour le nouveau siècle américain), est reconnu coupable d'entraves à la justice et de faux témoignage dans l'affaire Wilson-Plame. Le 2 juillet 2007, la cour d'appel refuse de suspendre sa peine d'emprisonnement.

Et que s'est-il passé ?

Le jour même, George Bush annonce qu'il use de sa prérogative présidentielle de « clémence » : Irving Lewis, dit *Scooter,* Libby est dispensé de prison. Dieu est clémence. Bush Jr aussi, avec les siens.

Cet épisode de l'uranium nigérien met en évidence le rôle que joue la CIA en se taisant lorsque l'administration Bush divulgue des informations fausses ou grossièrement exagérées. Ce que Valerie Plame constate sobrement devant la Chambre des représentants : « En tant que professionnelle, je suis extrêmement peinée de la politisation rampante et insidieuse de notre service de renseignement. » L'épisode révèle aussi que « les hommes du Président » ne reculent devant aucun moyen pour justifier l'intervention.

Conclusion de Chirac : « Il va falloir redoubler de prudence. »

Les molosses de l'ambassadeur

L'administration Bush enfume également la diplomatie britannique. Je le constate en rencontrant l'ambassadeur de Grande-Bretagne à Paris, sir John Holmes. Rien à voir avec Sherlock, on le constatera.

Dans un édito sur ces armes de destruction massive introuvables, j'ai évoqué certains articles de journaux anglais qui qualifient Tony Blair de « caniche de George Bush ». Trois jours plus tard, l'ambassadeur me convie à déjeuner. J'emmène avec moi trois autres journalistes de la rédaction. Ils ne sont pas déçus du voyage.

Sympathique, John Holmes, et amoureux des bêtes comme tous les Anglais. Lui donnait dans les molosses, deux énormes boules blanches qui régnaient sur la résidence et le jardin du faubourg Saint-Honoré, à quarante mètres de l'Elysée. Je ne me souviens plus de leur nom, simplement qu'on avançait à pas comptés lorsqu'ils fonçaient sur nous. En réalité, ils étaient joueurs, très affectueux, et... ils bavaient beaucoup. Notamment sur les deux collaborateurs de l'ambasssadeur. Les chiens se frottaient contre leur pantalon, y laissaient de longues traces blanchâtres. Les deux hommes, qui devaient faire la fortune du pressing voisin, enduraient leur calvaire avec un flegme remarquable.

La diplomatie est une rude école de savoir-vivre, et sans doute une ascèse. Au début du repas, ces deux conseillers tentaient de dissimuler avec leur serviette les dégâts vestimentaires. Paternel, l'ambassadeur s'inquiétait des dommages. L'un répondait : « *Don't worry* », l'autre : « *It doesn't matter* » (« Ne vous inquiétez pas », « Ça n'a pas d'importance »). Notre conversation fut moins policée.

L'ambassadeur trouvait « injuste et surtout non fondé » le qualificatif de « caniche » appliqué à son Premier ministre. Je lui disais qu'il était dans son rôle en défendant Tony Blair mais qu'il serait plus judicieux qu'il s'en prenne aux journaux anglais, dont certains très sérieux, qui avaient l'audace de proférer une telle contrevérité. Je m'abstenais de donner dans l'humour pataud en faisant remarquer que le terme de « caniche » ne saurait être désobligeant pour qui aime tant les animaux, ça n'aurait pas été « convenable ».

Ce dont John Holmes voulait me persuader, c'était de la « sincérité » de Tony Blair. Son Premier ministre « n'était pas suiviste, il était profondément persuadé de la nécessité d'une intervention ». Faisant un gros effort sur moi-même, je voulais bien convenir de la « sincérité », quand sir John Holmes crut bon de pousser son avantage. « Non seulement Tony Blair est sincère mais l'intervention est justifiée. Tous les renseignements que nous avons, de la CIA, de nos propres services, montrent que Saddam possède des armes de destruction massive. »

Dès lors, les hostilités pouvaient commencer faubourg Saint-Honoré. « Mais de quoi parlez-vous ? Les inspecteurs de l'AIEA ne trouvent rien. Doutez-vous de leur compétence ? Vous citez vos services, mais ils collaborent avec les services français. Ils ont les mêmes sources, sur place en Irak, et auprès des services de pays arabes. Ils aboutissent tous au même constat. »

Je resservais ce que j'avais appris le mois précédent à l'Elysée : « Saddam possède des armes, des fusées, il les montre même complaisamment, mais il n'a rien qui s'apparente à un arsenal de destruction massive. Aucune information officiellement estampillée par vos services n'en fait état. C'est curieux. »

Sir John Holmes n'en démordait pas.

« L'engagement britannique est un acte souverain et justifié, Saddam a fabriqué en secret ces armes effrayantes. Vous en aurez bientôt la preuve lorsque la coalition les découvrira, une fois Bagdad tombé. »

Je répétais qu'il était dans son rôle, qu'il l'assumait fort bien mais, avec tout le respect que je lui devais, que ses arguments étaient controuvés.

« Vous reviendrez déjeuner dans six mois. Vous conviendrez alors que j'ai raison. »

En quittant la résidence, Michèle Stouvenot, qui était de l'expédition, inspectait sa robe. Elle constatait avec soulagement qu'elle avait échappé à l'affection des deux boules blanches. Sur le trottoir, elle me disait que j'avais bien fait de choisir journaliste parce que, côté diplomatie, ce n'était pas encore ça.

Bagdad tombé, aucun GI ne découvrait ces fameuses ADM. Il n'y aurait pas de second déjeuner. Huit mois après, sir John Holmes et ses molosses étaient rappelés à Londres. Il avait fait le job.

Et Chirac le sien. C'est sans doute lors de cette crise qu'il s'est révélé à son meilleur. De bout en bout. Après la chute de Bagdad et la capture de Saddam dans son trou à rat, alors que commencent les attentats et les affrontements entre communautés, la première chose qu'il me confie, oubliant tout ressentiment, ce n'est pas « Je vous l'avais bien dit », mais « Bon, maintenant qu'on a échoué à éviter la guerre, il faut aider les Américains à gagner la paix, empêcher que le chaos s'étende, rassurer l'Iran pour que les mollahs ne jouent pas aux cons. Il faut refermer la boîte de Pandore. »

– Les Américains vous en seront-ils reconnaissants ?

– J'en doute, et ce n'est pas le problème. Il faut agir vite. Avec les Russes, les Allemands et les Anglais. Il faut réparer les dégâts, aider à la reconstruction de l'Irak, remettre l'Onu dans le jeu, pas l'Otan. Pour que cette guerre n'ait été qu'une erreur, pas un choc de civilisations ».

Avant de me raccompagner, il ajoute :

« Tout à l'heure, j'ai dit qu'il ne fallait pas que les mollahs jouent aux cons. Je voulais dire qu'il fallait éviter que Téhéran joue la carte du pire. »

C'était plus « convenable ».

Villepin et les orages trop désirés

A Téhéran, les secrets d'une rencontre diplomatique. L'immolation d'une réfugiée iranienne, victime de la Realpolitik française envers le régime des mollahs. Mieux que le discours de l'Onu, la leçon du Rio Branco. A son « ami » Colin Powell, le ministre lance : « Vous êtes des alliés difficiles à aider. » Itinéraire d'un marathonien antichaos lesté par le boulet Clearstream.

« Mais qu'est-ce que tu fais là ? Tu as tout entendu ? C'est pas croyable ! J'espère que tu vas tout oublier. Il en va de notre crédibilité. »

Dominique de Villepin sort de la salle de conférence où, pendant quatre-vingt-dix minutes, les diplomates iraniens et français ont abordé les questions chaudes du moment (l'Irak, le nucléaire, les moujdahidines). Il découvre ma présence. J'ai tout vu, tout entendu, tout noté, sagement assis un mètre derrière lui.

« Comment ont-ils pu te laisser entrer ? »

C'est qu'il s'en est dit, des choses surprenantes ! J'en ai livré quelques-unes dans un article après mon retour à Paris[1].

1. *JDD* du 27 mars 2003.

J'en ai tu une autre qui, deux mois plus tard, allait déboucher sur une rafle géante en France et sur l'immolation par le feu de femmes iraniennes réfugiées ! Mais commençons par le commencement.

« Regarder dans le rétroviseur, c'est inefficace »

Le 19 mars 2003, à 21 h 57, quelques heures après l'expiration de l'ultimatum de George Bush à Saddam Hussein, les premières bombes pleuvent sur Bagdad. Dix-neuf jours plus tard, les GI font leur entrée dans la capitale irakienne. Devant les caméras de CNN, la statue de Saddam est mise à terre par une centaine de Bagdadis qui crient des slogans hostiles au tyran. Une centaine, pas plus. On est loin de la liesse populaire promise par Washington.

L'opinion irakienne est traversée de sentiments contraires : le soulagement après la chute du despote, la fierté nationale blessée par une occupation étrangère et la peur de la guerre civile entre les sunnites minoritaires, qui soutenaient Saddam, et les chiites majoritaires, privés jusqu'ici du pouvoir.

Comme Chirac l'a prévu, les attentats commencent. Fin 2007, on dénombrera quatre-vingt mille victimes civiles (chiffre du *National Priorities*), très peu du fait des troupes de la coalition, la quasi-totalité du fait de la guerre interreligieuse.

La France, interdite de toute possibilité d'action en Irak, tenue à l'écart par l'administration Bush, ne veut pas demeurer hors jeu dans cette nouvelle séquence. Elle met tout en œuvre pour circonscrire l'incendie, pour éviter, comme Chirac le redoute, « que le chancre s'étende et que toute la région s'embrase avec l'entrée en lice d'Etats voisins qui voudraient profiter de la situation pour régler de vieux contentieux ».

Pour cela, la France a une arme, sa diplomatie, et un chevalier blanc, Dominique de Villepin. Il est à son affaire, lui qui ne semble jamais si déterminé et radieux que lorsque se lèvent ces « orages désirés » chers à Chateaubriand se dressant sur l'îlot du Grand Bé, affrontant les éléments.

Quinze jours après la chute de Bagdad, le ministre des Affaires étrangères embarque à Orly. Une course contre la montre de deux jours (22/24 avril 2003) avec pour objectifs Ankara, Amman et surtout Téhéran. Je suis du voyage avec deux confrères – Erwan Jouhaud (Agence France-Presse), Joseph Limagne (*Ouest-France*) – et avec l'écrivain Daniel Rondeau, invité personnel de Villepin.

L'Airbus de l'Etec (Escadron de Transport, d'Entraînement et de… Calibration) est frappé de la cocarde tricolore. A bord, il règne une ambiance Casque bleu. A l'avant, une chambre avec cabinet de toilette, puis un carré de conférence de huit places qui sert aussi de salle à manger. A l'arrière, douze rangées de sièges où s'installent les diplomates, une traductrice, les deux officiers de sécurité et un spécialiste des communications qui, depuis un réduit, genre placard à balais, envoie et reçoit les télégrammes chiffrés du Quai, diffuse les dernières dépêches de l'AFP.

Justement, une dépêche est apportée au ministre. Le secrétaire d'Etat américain Colin Powell déclare que la France subira les « conséquences » de son opposition à Washington. Villepin s'étonne que son « ami » ait pu tenir de tels propos. « Pourquoi sanctionnerait-on un pays pour son respect de la légalité internationale que représente l'Onu ? »

Quelques minutes plus tard, après que l'Elysée a rappelé aux convenances, nouveau Télex : la Maison-Blanche dément les propos prêtés à Powell. Affaire classée. Diplomatie, incessant combat.

« L'important, confie Villepin, ce n'est pas de regarder dans le rétroviseur, c'est inefficace. Il y a plus urgent. Aidons les Américains à gagner la paix. Concentrons nos énergies pour, tous ensemble, résoudre les problèmes. Ils ne manquent pas : l'aide humanitaire, la sécurité de l'Irak, son intégrité territoriale. »

Il ne cache pas la satisfaction que lui inspire la démarche des huit pays voisins (Arabie Saoudite, Turquie, Iran, Syrie, Jordanie, Koweït, Bahreïn, Egypte) qui, réunis à Riyad, viennent d'appeler au retrait de la « force d'occupation » et de réclamer pour les Irakiens le droit à l'autodétermination.

Villepin évite tout ce qui peut froisser les Etats-Unis. Il ne parle pas des « forces d'occupation » mais des « troupes de la coalition ». C'est la même chose, mais ça évite de titiller inutilement Junior. Il redoute la tentation américaine de livrer aux Irakiens un gouvernement clés en mains. Il sort une maxime inédite : « La meilleure façon de faire, c'est de ne pas le faire soi-même. » Il se refuse à commenter la déclaration jordanienne, à laquelle il souscrit pourtant, évoquant « le danger de voir l'occupant capter l'héritage et les richesses irakiennes ». La meilleure façon de dire est de laisser dire les autres.

Il confie : « La liberté d'un peuple ne se divise pas. Elle se définit par son identité et son indépendance. Il faut éviter que l'Irak, conçu par Washington comme un laboratoire et une vitrine de la démocratie, ne devienne un piège en faisant resurgir les antagonismes régionaux, religieux. Quand les dangers menacent, il faut être plus rapide que le chaos. Pourquoi croyez-vous que je coure comme un lapin ! »

L'infatigable « lapin » en question renvoie à la publicité pour les piles électriques Duracell. Voilà trois mois, une consœur l'a comparé à l'infatigable mammifère alors qu'il parcourait le monde, de capitale en capitale, pour fédérer un front du refus et contraindre les Etats-Unis à passer par la case Onu. « Infatigable », il veut bien. « Lapin », il apprécie modérément. « Marathonien antichaos serait plus juste », corrige-t-il. Toujours simple dans ses comparaisons !

On atterrit à Ankara, première étape. La Turquie, bien qu'accueillant des bases militaires américaines sur son sol, a déçu la Maison-Blanche. Son parlement, à trois voix de majorité, a refusé aux coalisés l'ouverture d'un front nord contre l'Irak.

Le courant passe avec le Premier ministre Recep Tagyip Erdogan et surtout avec le ministre des Affaires étrangères, Abdullah Gull, toujours souriant derrière sa moustache de paysan anatolien, qui deviendra bientôt président de la République. Erdogan et Gull, deux figures importantes de cet islam modéré qui vient de remporter les élections, deux hommes qui réitèrent le souhait d'une adhésion rapide de leur pays à l'Europe.

J'ai connu un Villepin moins bien disposé envers cette adhésion. Aujourd'hui, il y voit une nécessité. Il faut aider la Turquie, qui refuse de s'aligner sur Washington, n'engage pas ses troupes dans la guerre, fait le service minimum envers George Bush en concédant seulement le survol de son territoire à l'US Air Force. Il faut conforter cette position modérée, responsable.

La maturité dont fait preuve la Turquie plaide pour qu'on ne rejette pas sa demande d'intégration européenne. « Toutes vos positions récentes renforcent l'intérêt pour l'élargissement », dit Villepin à Gull. Il ne promet ni date ni accélération du processus, réaffirme la position de principe de la France, la promesse de Chirac. « Oui, si les conditions sont réunies. »

Rejeter la Turquie, c'est prendre le risque de la voir se radicaliser, la parquer honteusement en lisière. Villepin en rajoute : « La Turquie est un porte-avions puissant et fiable sur le Moyen-Orient et sur l'Asie centrale. Mieux, c'est un choix stratégique pour une Europe qui ne saurait être consanguine. »

Trois ans plus tard, Nicolas Sarkozy, dont l'inculture en matière de politique internationale commence à inquiéter, c'est-à-dire un alignement sur les « néocons » de Washington, aura cette phrase apparemment frappée au coin du bon sens géographique : « Si la Turquie était en Europe, ça se saurait. » L'ennui est que depuis longtemps la Turquie participe de plein droit aux instances européennes telle l'OCDE !

Sarkozy plaide pour un partenariat économique privilégié avec la Turquie, mais récuse toute idée d'adhésion. Chirac, lui, refuse ce rejet de principe, humiliant pour le postulant. Il sait que la route sera longue, difficile. Il s'en remet au peuple français qui dira dans dix ans, par référendum, s'il souhaite voir la Turquie intégrer l'Union. Espérant que, d'ici là, les mentalités auront évolué ou qu'on aura créé une formule inédite d'Etats associés...

La querelle n'est pas vaine, elle oppose deux conceptions de l'Union. Celle de Chirac, c'est une Europe autour d'un noyau dur mais ouverte, multiethnique, multiconfessionnelle. Une Europe utopique à court terme mais qui n'injurie ni l'avenir ni les nations qui, remplissant les conditions du ticket d'entrée, souhaitent la rejoindre ou s'y associer. S'enrichir des différences.

On aurait dit à mon grand-père – il avait « fait 14-18 » et, depuis, il « bouffait du Boche » à tous les repas – que son petit-fils irait donner des concerts en Allemagne avec sa manécanterie ou qu'il accueillerait pour les vacances son correspondant teuton, il serait mort d'apoplexie.

L'Europe de Sarkozy est réaliste, qui refuse de s'étendre indéfiniment, plus consommable immédiatement. Elle renvoie à un club fermé, aux « racines chrétiennes de l'Europe », termes qu'il n'osera formuler qu'une fois élu président. On peut s'interroger : Sarko serait-il toujours aussi réfractaire à l'adhésion de la Turquie si ce pays était une grande nation catholique, apostolique et romaine ?

Comme Sarkozy, la majorité des Français est imperméable à la géostratégie, aux mouvements tectoniques qui invitent, autant que la géographie, à ne pas négliger l'histoire des nations, les glissements progressifs qui ont forgé leur identité. Dire qu'il faut faire une pause dans l'élargissement est une idée recevable et largement partagée. Affirmer que les frontières de l'Europe ne sont pas extensibles à l'infini, sous peine de dissoudre son identité avant que ses nations la forgent, est une évidence. Mais, à défaut d'intégrer la Turquie, il faut l'arrimer à l'Union qui a besoin, aux marches de l'empire, d'un pays fiable, fier et puissant, qui soit un sas, un rempart et une vitrine.

Ce qui choque le plus, ce n'est pas le rejet sarkozien de la Turquie – encore qu'il soit vite revenu sur ses premières déclarations – mais la référence chrétienne qui l'explique, comme celle d'un nouveau croisé rejetant l'Infidèle. L'affaire est mal partie entre, d'un côté, un président qui ne sait pas la différence entre sunnites et chiites, on le verra, et, de l'autre, des Français qui croient que Turcs et Iraniens sont des Arabes puisqu'ils sont musulmans ! Même ignorance, même combat, même rejet.

Cette nuit-là à Ankara, l'ambiance est chaleureuse entre les deux délégations. Pas sûr qu'à ce moment Villepin pense que l'adhésion de la Turquie à l'Europe soit une idée « vendable » aux Français dans l'immédiat. Ce dont il est persuadé, c'est de la nécessité de ne pas désespérer Ankara, de se poser en ami, de conforter la résistance turque à l'aven ture irakienne, de persuader Ankara de ne pas profiter de l'occasion pour « régler » le problème kurde… « La diplomatie c'est l'art de dégoupiller le présent en espérant préparer l'avenir. » Un qui ne dégoupille pas grand-chose, c'est l'ambassadeur de France. On le rencontre le lendemain matin. Il ne parle ni de la guerre ni de l'Irak mais de ses mémorables scènes de chasse en Anatolie…

Le convoi, toutes sirènes hurlantes, trace vers l'aéroport ; Villepin est satisfait. Il a resserré les liens, désamorcé deux sujets de contentieux qui auraient pu plomber sa visite : le génocide arménien et l'affaire du voile islamique interdit dans les écoles en France.

L'inauguration à Paris d'une stèle commémorant le génocide, terme que récusent les Turcs, a été ressentie comme une agression. « C'est une décision de la Mairie de Paris », indépendante du gouvernement, répond Villepin. Plutôt faible, l'argument a un mérite : il n'aborde pas le fond. Quant à la demande d'éclaircissement des Turcs sur le voile en France, elle tombe au plus mal pour nos hôtes.

En Turquie aussi, ça tangue. Dans deux jours, c'est la fête nationale. La presse locale bruisse d'une crise annoncée. Au nom du respect de la laïcité, la hiérarchie militaire et le président de la République, Ahmet Nedcet Sezer, menacent de ne pas participer à cette « fête de la Constitution et de l'Enfance » si la femme du président du Parlement y participe en portant le voile.

« L'Etat laïc et le voile... chez eux aussi », constate Villepin en souriant.

Il demande, pervers : « Ankara, ça t'a plu ? » Evidemment, je n'en ai rien vu. La petite demi-heure de temps libre a seulement permis d'acheter des pistaches pour un ami que Jean-Marie Périer appelle « Oncle Dan ».

J'ai plus de chance avec Amman. L'ambassadeur Jérôme Casa est jeune, performant – il est de gauche –, et nous avons deux heures pour découvrir la ville, le temps que Villepin rencontre le roi Abdallah II de Jordanie. Nous ne sommes pas autorisés à assister à l'entrevue. Dommage, le souverain a spécialement interrompu sa participation à des manœuvres militaires. Il est en tenue de combat. Le treillis, les manœuvres, la Jordanie se prépare au cas où...

Deux heures pour Amman, c'est peu mais la parenthèse est bienvenue. On monte en trombe à la Citadelle et, soudain, tout s'apaise. L'air est doux, balayé par un vent léger. D'un bleu mat, le ciel n'est parcouru que par les chevelures des nuages d'altitude. Le canon tonne en Irak, le souverain hachémite revient de manœuvres en tenue de camouflage.. et tout ici respire la sérénité des temps disparus.

Sur ce mont dominant la ville, on se sent citoyens du monde, héritiers de civilisations qui racontent, par strates, une histoire commune. Les fouilles révèlent des ruines datant du milieu de l'âge du bronze (IIe millénaire avant Jésus-Christ) et de l'âge du fer (Ier millénaire avant Jésus-Christ). Voici les vestiges de l'Empire romain avec le temple d'Hercule, érigé sous l'empereur Marc Aurèle, dont plusieurs colonnes ont été reconstruites. Le portail monumental du palais omeyyade renvoie aux Arabes ottomans et l'église byzantine témoigne d'une influence qu'on retrouve, plus éclatante encore, à Madaba la « Cité des Mosaïques » sur la Route des Rois. Avec le temps, ces civilisations qui retrouvent leur identité ne font plus qu'une lorsqu'un ouvrier jordanien burine son bloc de pierre, paisible et serein, sans nous prêter attention, indifférent au fracas lointain.

Que raconte-t-elle, cette roche millénaire ? Rome, Byzance ou Philadelphie, la ville de Ptolémée devenue Amman aujourd'hui ? Les trois assurément.

On savoure la halte avant que la frénésie nous rattrape. On retrouve Villepin lors de sa conférence de presse avec le ministre des Affaires étrangères jordanien. On l'accompagne pour sa rencontre avec les ONG françaises qui œuvrent dans la région. A nouveau l'agitation, le branle-bas des départs en catastrophe (on est toujours en retard), les portières qui claquent, le convoi, les motards, les sirènes, la course dans les couloirs de l'aéroport sans que nous arrête un douanier ou un fonctionnaire de l'immigration. Miracle des voyages officiels, on retrouve dans l'Airbus nos passeports dûment tamponnés.

Villepin débriefe sa rencontre avec Abdallah : « Sur l'Irak, la convergence est totale. Il est très reconnaissant de la position de la France. Si le conflit s'étend, la Jordanie sera en première ligne, le premier des dominos menacés. Nous avons surtout parlé du conflit israélo-palestinien. Comme l'identité, la justice ne se divise pas. On ne peut pas vouloir faire cesser l'injustice qu'est la guerre d'Irak sans se préoccuper de cette autre injustice dont les Palestiniens sont les victimes. C'est la raison de notre appel commun pour que soit mise en œuvre rapidement la feuille de route. »

Pour relier Téhéran, l'Airbus doit faire un détour. Quatre-vingts minutes de vol supplémentaires. Le survol du territoire irakien est interdit par l'armée américaine. Même à

32 000 pieds. Il ferait beau voir que Washington fasse une exception pour l'avion à cocarde tricolore.

« Finalement, ce n'est pas plus mal, lance un des membres de la délégation, pince-sans-rire. Avec Villepin à bord, on était bon pour la bavure. »

« Vous ne connaissez pas Nizami ? »

Villepin invite les journalistes à partager son dîner. Il parle avec admiration de l'Iran. Pas du régime des mollahs, évidemment, mais de la Perse, l'une des civilisations les plus anciennes du monde. Dans la vallée de Gorgan, des sites néolithiques attestent de la pratique de l'agriculture voilà sept mille ans. A Jiroft, on bâtissait déjà des villes il y a cinq mille ans, bien avant les civilisations égyptienne et grecque.

On ne coupe pas à son couplet sur la littérature locale. Ah, la poésie persane ! « Elle est très renommée et s'illustre dans tous les genres, épique, historique, philosophique ou amoureux. Pour tenter de connaître un peuple, il faut savoir ce qu'il écrit, ce qu'il lit, ce qu'il pense et surtout comment il se rêve. Les romanciers et les poètes le disent. »

Vient alors l'interrogation qui terrifie. « Comment, vous ne connaissez pas Nizami ? »

On est tous désolés, mais non.

« Si vous voulez comprendre l'Iran, sa fierté et son rapport au monde, écoutez Nizami : *L'Iran est le cœur et l'univers le corps / De cette parole, le poète ne ressent ni humilité ni remords.* »

Curieux comme cet homme qu'on dit impulsif et ombrageux ne se dévoile vraiment que lorsqu'il récite un poème, raconte un écrivain. Au point qu'emporté par la magie des mots et des stances, il semble alors parti dans un autre monde, vous oubliant en route. La littérature n'est pas un antidote à sa cavalcade, ni une respiration dans sa course folle. A ce moment précis, il est vraiment lui, en quête d'une vérité que la diplomatie et le pouvoir ne lui révéleront jamais, en quête de ce « désir de l'autre » qui le rend si singulier dans le paysage, si étonnant, et au final attachant.

On voudrait partager sa passion pour tous ces « voleurs de feu » dont il cite les noms en rafale comme un pénitent à confesse – « Et Ferdowsi, vous connaissez ? » – mais l'avalanche de ces génies dont on ignorait jusqu'à l'existence nous submerge. On crie intérieurement grâce. Il s'en rend compte et revient au job.

Des mollahs « vertueux et cultivés »...

L'Iran d'aujourd'hui, avec ses quatre-vingts millions d'habitants, est un pays jeune, très éduqué et qui, mollahs ou pas, revendique fièrement ses origines, Cyrus le Grand et Parthes réunis. Il se sent investi par l'Histoire d'une responsabilité sur toute la région, la revendique, entend la faire respecter. Ses armes : le pétrole, la menace nucléaire et le prosélytisme religieux. Qu'on le veuille ou non, c'est un passage obligé pour tout règlement des conflits.

« Et puis n'oublions pas que l'Iran des mollahs est une démocratie – particulière et encadrée, je vous l'accorde, mais le peuple vote. On ne peut à la fois dénoncer le despotisme d'un Saddam Hussein et ne pas respecter la sanction démocratique, hélas encadrée, d'une population. »

On sent bien que ce régime n'est pas sa tasse de thé, mais un diplomate ne choisit pas ses interlocuteurs. A ce moment, je me demande à quoi pense Villepin en atterrissant à Téhéran, capitale d'un pays qui prêta la main aux Syriens dans l'assassinat de notre ambassadeur à Beyrouth, Louis Delamarre... Aussi douloureux que cela soit, ne pas regarder dans le rétroviseur. « Ne rien oublier. Se concentrer sur la séquence. Remplir la mission. Contenir le chaos. »

Je fais remarquer que la démocratie iranienne est vraiment particulière, plutôt compliquée à comprendre pour le Français moyen.

« Je doute que le Français moyen s'intéresse au fonctionnement du régime iranien, dit-il. Ce n'est pas du mépris de sa part, seulement de l'ignorance. Ce n'est pas moins regrettable. »

Les diplomates, eux, ont intérêt à connaître les arcanes d'un système dont le pouvoir n'est pas là où on l'imagine. Rencontrer le président de la République islamique d'Iran n'est jamais inutile, mais pas vraiment nécessaire pour régler un conflit international ! Il n'est que le troisième personnage de l'Etat. Il peut être démis du jour au lendemain. Alors, qui commande ? On est là aux marches de cet « Orient compliqué », d'autant plus ténébreux que la religion s'en mêle.

L'Iran a deux particularités uniques au monde : c'est le seul Etat officiellement chiite de la planète, et sa république est une théocratie. Conséquence : le pouvoir, censé émaner de Dieu, est confié au clergé. Pour autant, la Loi fondamentale de 1979 instaure un suffrage universel aussi avancé (on peut voter dès l'âge de quinze ans) que dirigé.

Le personnage exécutif le plus important est le Guide suprême de la révolution ou Guide suprême. Elu pour une durée indéterminée par l'Assemblée des experts (qui peut aussi le révoquer), il commande aux armées, dirige les services de renseignement, est seul habilité à déclarer la guerre, peut démettre le Président sous certaines conditions. Le Guide est le seul membre de l'exécutif à devoir appartenir impérativement au clergé.

Le président de la République est, lui, chargé d'appliquer la Constitution et d'exercer une partie du pouvoir exécutif à l'exclusion de celle confiée au Guide suprême. Il ne peut se présenter à ce poste qu'après autorisation du Conseil des gardiens, une assemblée de douze juristes dont la moitié est nommée... par le Guide.

C'est ce même Conseil des gardiens qui autorise l'éligibilité des candidats à l'Assemblée législative et celle des candidats au très important Conseil des experts. Ce dernier Conseil ne siège qu'une semaine par an. Il est composé de quatre-vingt-six membres du clergé, réputés « vertueux et cultivés », ce qui, ici, n'exclut pas les commissions. Elus pour huit ans au suffrage universel, ces membres peuvent destituer le Guide, ce qui n'est encore jamais arrivé. N'oublions pas le « Conseil de Discernement de l'intérêt supérieur du régime », composé de six membres religieux du Conseil des Gardiens de la révolution, des chefs des pouvoirs, législatif, judiciaire et exécutif, et d'une dizaine de personnalités. C'est le très important Conseil consultatif du Guide.

On le constate, dans ce régime enchevêtré et religieusement consanguin, le pouvoir ne peut échapper aux mollahs qui contrôlent toutes les candidatures. Mais ce suffrage universel sérieusement balisé en amont n'empêche ni les Iraniens de voter, ni un clivage d'exister, celui qui sépare les islamistes intransigeants des mollahs modérés. C'est ce mouvement de balancier entre les deux courants que les chancelleries suivent à la loupe.

Dans l'avion qui l'emmène à Téhéran, Dominique de Villepin pronostique que l'invasion américaine en Irak, outre qu'elle n'aide pas les mollahs modérés iraniens, signe le coup d'arrêt de la timide libéralisation qu'ils accompagnent depuis trois ans. L'Iran, que Washington a inscrit en troisième position (derrière l'Irak et la Corée du Nord) dans sa liste des « forces du Mal », se sent menacé. Sa réponse ne peut être que la radicalisation.

Sur le plan intérieur d'abord. En jouant du réflexe nationaliste et en faisant pencher le balancier du côté des intransigeants. Ce qui conduira effectivement, à terme, à l'élection de Mahmoud Ahmadinejad à la présidence de la République.

Sur le plan extérieur ensuite. Pour détourner l'attention, l'Iran a tout intérêt à « pousser les feux », multiplier et attiser les autres conflits de la région : armement des chiites irakiens qui veulent prendre leur revanche sur les sunnites protégés de Saddam Hussein, feu vert donné au Hezbollah au Liban, au Hamas palestinien, etc. Pour Villepin, c'est là le grand danger, que la région s'embrase et que le chaos s'étende.

Aux dirigeants iraniens – le ministre des Affaires étrangères Kharrazi, le président de la République Khatami (intransigeant) et l'ex-président, l'influent Rafsandjani (modéré) –, il va dans quelques heures proposer une autre approche qui n'ira pas sans une contrepartie. Il ignore alors que cette contrepartie aura une conséquence dramatique en France.

Il fait nuit noire sur Téhéran. L'Esteghlal Grand Hôtel est un cinq étoiles version iranienne, avec son hall impersonnel d'inspiration nettement soviétique. La fiche remplie par le client précise qu'il est situé Chamilan Crossroads, preuve que l'Occident du Grand Satan n'est pas complètement rejeté. Si par mégarde les GI débarquent un jour, ils ne pourront pas se perdre : les adresses des lieux importants de la capitale sont mentionnés en persan et en anglais.

Pas le temps de profiter de l'Esteghlal de Chamilan Crossroads. Arrivés à 2 heures du matin, on en repart à l'aube. Fraîcheur tonique d'un matin de l'hiver iranien. Un pâle soleil fait briller les neiges des monts Alborz qu'on découvre en sortant de l'hôtel. On est attendu à 8 h 30 au ministère des Affaires étrangères.

Véronique, la chargée de communication de Villepin, a mis sur sa tête un fichu, à la manière des paysannes du Berry. Les autorités tolèrent que les femmes étrangères ne portent pas le voile, mais elles doivent sortir la tête couverte (la chevelure est un attribut sexuel). Elles doivent porter une tenue « décente », des vêtements longs, de couleur sombre de préférence, pas un décolleté, pas une jambe nue à l'horizon, bref, rien qui rappelle qu'une femme est une femme, ni qui puisse détourner l'homme de son labeur, de sa mission et d'Allah. Véro a la mine sombre. Elle s'en veut de porter ce pantalon blanc qui la fait remarquer comme une Suédoise en pays bantou.

Les deux délégations sacrifient au rituel de la photo officielle. La séance terminée, on nous demande de quitter la salle. La réunion va commencer. J'ai oublié ma serviette sur une chaise. Je rentre, la cherche, la récupère, veux rejoindre mes confrères. Trop tard, les portes se referment. Deux barbus barrent le passage. Ils m'indiquent une chaise libre derrière la délégation française. Pas de doute, ils me prennent pour un diplomate. De second rang, certes, mais diplomate.

Alors, docilement, je m'assois et je sors mon carnet de notes.

La chasse aux moudjahidines

Les deux délégations se font face autour de la longue table de bois sur laquelle sont posés deux drapeaux, l'iranien et le français. Dix-huit personnes se regardent en silence. Trois seulement prennent la parole : Kamal Kharrazi, le ministre des Affaires étrangères, Dominique de Villepin et l'interprète. En bout de table, Bruno Le Maire. Le conseiller spécial de Villepin a encore son visage poupin qu'un passage à Matignon contribuera bientôt à émacier. On en reparlera.

D'entrée de jeu, Kamal Kharrazi renouvelle l'invitation faite à Jacques Chirac d'effectuer « bientôt » une visite d'Etat en Iran. Villepin remercie. Il transmettra. Peu probable que l'invite soit honorée. Depuis les attentats de Paris et les affaires Gordji et Naccache, les rapports avec l'Irak se sont normalisés, les affaires ont repris et prospéré, mais Chirac n'oublie rien. Aucune chance qu'il fasse ce geste assimilé à un quitus décernant un brevet d'honorabilité au régime des mollahs. En revanche, il veut aider l'Iran à sortir de son isolement pour peu que son gouvernement fasse preuve de responsabilité, de modération, et use de son influence pour assurer la stabilité dans une région électrique.

Au tour de Kharrazi de remercier.

« Je tiens à vous faire part de la satisfaction de notre gouvernement pour les récentes livraisons. Mais nous avons besoin de plus de matériels. »

Sursaut. Quelles livraisons ? Quels matériels ? Des armes ? Il s'agit pour la majorité de livraisons d'armes conventionnelles, de matériels de surveillance.

« Notre gouvernement, vous le savez, continue sa lutte résolue contre le trafic du pavot. Notre frontière avec l'Afghanistan, montagneuse, étendue, est très difficile à surveiller. Nous avons besoin d'équipements supplémentaires. Nous sommes prêts à accueillir Nicolas Sarkozy à Téhéran. »

Depuis des siècles, l'Iran est grand producteur et consommateur de drogues (cent tonnes mises sur les marchés intérieur et extérieur en 1920). Depuis la révolution, le nouveau régime a mis en place une politique répressive qui, sans éradiquer le trafic, donne des résultats : 25 % des saisies mondiales d'opium sont effectuées en Iran. Malgré ces efforts reconnus par la communauté internationale, la route du pavot afghan passe toujours par Téhéran. La capitale n'est pas seulement une étape avant la Turquie et les Balkans, c'est encore un lieu de consommation et de trafic.

Puis le ministre iranien fait la leçon. « La France, qui se présente comme le pays des droits de l'homme, accepte sur son territoire la présence et les agissements d'une organisation terroriste. C'est inadmissible, incompréhensible et très préoccupant concernant les rapports entre nos deux pays, d'autant que ces terroristes qui ont frappé l'Iran semblent jouir à Auvers-sur-Oise d'un statut d'exterritorialité. La lutte contre le terrorisme doit être sans discrimination. Déraciner ce phénomène anti-humanitaire ne pourra être garanti qu'avec la coopération de la communauté internationale. »

Cette dernière phrase est reprise le lendemain sur le site Internet de l'ambassade d'Iran à Paris. Ce que le site ne mentionne pas et qui, on le comprend, reste secret, c'est la surprenante réponse que Villepin adresse à Kharrazi : « Je peux vous annoncer que Nicolas Sarkozy prépare une opération à ce sujet. »

A l'évidence, la délégation française s'attendait à cette demande d'intervention de la part des mollahs contre les opposants au régime de Téhéran.

« Nous souhaitons que notre ambassadeur à Paris rencontre M. Sarkozy pour avancer sur ce dossier », insiste Kharrazi.

Pour Villepin, à ce moment, la résistance iranienne n'est pas la préoccupation première. De plus, l'OMPI (Organisation des moudjahidines du peuple iranien), qui se tient pourtant bien tranquille sur le territoire français, reste inscrite sur la liste des organisations terroristes. Qu'importe si cette inscription est considérée comme indue par une pré-enquête du Conseil de l'Europe qui la déclarera bientôt illégitime.

Pour l'heure, rien ne s'oppose à la requête du gouvernement iranien contre ces résistants de l'extérieur. Tout y incite au contraire : les intérêts pétroliers de Total, mais surtout la nécessité de conforter l'Iran dans son attitude modérée alors que le chaos menace. Donner satisfaction aux mollahs avec une simple opération de police argumentée en droit est un moindre mal que l'urgence commande.

Ce que Villepin ignore, ce sont les conséquences de cette « opération ». Elle aura lieu deux mois plus tard quand, *via* Sarkozy, le juge Jean-Louis Bruguière lancera la DST non pas dans un contrôle de routine de l'OMPI mais dans une rafle musclée qui se révélera calamiteuse sur le plan judiciaire et… dramatique pour une réfugiée immolée.

Après la sortie de Kharrazi sur la nécessaire union des démocraties contre le terrorisme – plaidoyer surréaliste venant de Téhéran ! – c'est au tour de Villepin de faire passer « un message clair sur la vigilance de la communauté internationale, notamment de la France, quant à la non-prolifération nucléaire et sur la nécessaire ratification par l'Iran du protocole additionnel de l'Agence internationale atomique ».

Kharrazi se veut rassurant. « Tous nos sites ont la *safe card*, le tampon de sécurité délivré par l'Agence de l'Onu dirigée par M. el-Baradei. L'Iran s'engage à informer l'AIEA de toutes nouvelles constructions ».

Villepin prend acte, précise qu'il ne suffit pas de prévenir l'AIEA des nouvelles constructions, il convient d'autoriser l'inspection de tous les sites, anciens et nouveaux par les experts de l'Agence.

Kharrazi : « L'Iran est un Etat souverain. »

Le nucléaire est un sujet « sensible » pour tous les Iraniens, mollahs ou pas. Un sujet de consensus. Toutes tendances confondues, l'opinion voit dans le nucléaire non seulement un moyen de diversifier les sources d'énergie, de préparer l'après-pétrole, mais surtout un instrument de puissance lui permettant d'affirmer son rôle prépondérant dans le concert des nations et surtout dans la région.

Pour la majorité des Iraniens, il s'agit du nucléaire civil. Mais quand bien même il s'agirait du militaire, pourquoi l'Iran ne se sentirait-il pas discriminé en constatant que d'autres pays – Israël, l'Inde, le Pakistan – se sont dotés non pas de simples centrales nucléaires mais de l'arme atomique en dehors du cadre du traité de non-prolifération (TNP) ? Pourquoi cet ostracisme alors que l'Iran a ratifié le TNP dès 1970, ce qui l'engage à ne pas fabriquer d'arme nucléaire ni essayer de s'en procurer ? Pourquoi continuer à entretenir le déséquilibre flagrant des forces au Proche-Orient en faveur d'Israël, seul détenteur de l'arme nucléaire dans la région ?

Evidemment, personne ne croit que l'Iran des mollahs ne cherche pas à fabriquer sa bombe. Tout porte à penser le contraire. Pour Villepin, l'Iran n'a rien à gagner en jouant la provocation. Il faut passer par l'Onu, permettre les inspections de l'AIEA, désamorcer tous les prétextes d'intervention des Etats-Unis, en révéler les arrière-pensées.

Dans cet Iran où le régime fait manifester aux cris de « A bas Israël ! », le ministre français insiste sur la « reconnaissance d'Israël dans des frontières sûres, au cœur d'une région pacifiée, à côté d'un Etat palestinien ». Il plaide aussi pour les droits de l'homme. Avec plus de crédibilité que son collègue

Kharrazi. Il s'émeut « officiellement, au nom du gouvernement français, du sort des dix Juifs arrêtés en juillet 2000 ». Accusés d'espionnage en faveur d'Israël, ils ont été jugés à huis clos et condamnés à de lourdes peines, de quatre à treize ans de prison ferme.

Les Iraniens savaient que la France plaiderait ce dossier. Ils ont préparé un geste dont ils réservent l'annonce à Villepin. Cadeau.

Kharrazi : « Ceux qui, parmi nos compatriotes juifs, étaient en prison à Chiraz sont désormais libres. »

Villepin : « Nous vous remercions de cette bonne nouvelle. »

Sur mon carnet, je souligne les deux mots – « nos compatriotes » – qui se rapportent aux juifs iraniens. Perse hier, Iran aujourd'hui, ce pays n'est pas antisémite. On ne trouve guère de traces dans son histoire de persécution ou de pogroms. Et pas de profanation de tombes juives comme régulièrement dans certains cimetières… français. Ici, l'ennemi n'est pas le Sémite mais Israël, l'Etat d'Israël qui opprime la Palestine. Parlez avec les gens de la rue à Téhéran, et vous ne percevrez aucun sentiment d'antisémitisme. En revanche, envers les Arabes !…

Il est temps de passer à l'Irak. Villepin insiste sur la responsabilité de l'Iran, grande puissance régionale, l'incite à la modération, à ne pas répondre à la provocation de Donald Rumsfeld affirmant que les Etats-Unis n'accepteront jamais que, *via* le chiisme, un régime à l'iranienne s'installe en Irak.

Sourire de Kharrazi. « L'Iran qui, ces derniers jours, a montré sa sagacité et sa maturité, n'a pas l'intention de s'ingérer. » Il sait que, dans leur aveuglement, les Américains, en déboulonnant Saddam, ont fait le jeu de leurs coreligionnaires chiites majoritaires en Irak. Il continue : « Dans les différentes villes d'Irak, les autorités religieuses savent se diriger elles-mêmes. Nous espérons que les Etats-Unis, dont la façon d'agir a créé des conditions très difficiles, écouteront les conseils de leurs amis : l'Irak confié à l'Onu. »

Villepin a compris : l'Iran, évidemment, ne va pas abandonner ses frères chiites irakiens, mais il n'en rajoutera pas. La déclaration de Kharrazi est d'une rare modération. Comme la France l'y invite, l'Iran ne regarde pas dans le rétroviseur. Jamais le mot d'« invasion » n'est prononcé par Kharrazi à propos de l'Irak. Il parle seulement des « conditions difficiles » créées par les troupes de la coalition. « Conditions difficiles » ? On ne peut dire moins d'une guerre et d'une occupation ! L'Iran est pragmatique, il vient de gagner la « guerre de Bush »... puisque les chiites vont remplacer les sunnites au pouvoir à Bagdad. Alors, pensons plutôt à l'« après », au « rôle central » que doit tenir l'Onu. L'Onu, un des leitmotive de la diplomatie française. Et, pour les mollahs, un moyen de gagner du temps.

Même convergence de vues avec ses deux autres interlocuteurs, le président réformateur Khatami et l'ancien président Rafsandjani, l'incontournable. Deux entrevues sans témoins... Finalement, cette troisième étape, annoncée comme la plus délicate, se révèle positive. L'Iran, cible programmée d'une nouvelle aventure américaine, se montre mesuré, raisonnable, et même coopératif avec sa référence aux Nations unies et la libération des « compatriotes juifs » emprisonnés. Autant de temps gagné sur le chaos. Trop beau ? Réaliste en tout cas : Paris, qui vient de promettre de frapper les opposants iraniens, va pouvoir finaliser des contrats pétroliers en cours.

En sortant de la salle, Villepin, Bruno Le Maire et l'excellent François Nicoullaud, l'ambassadeur de France à Téhéran, ancien directeur de cabinet de Pierre Joxe à l'Intérieur puis à la Défense, découvrent ma présence. Ils échangent un regard, incrédules.

« Comment, tu étais là ! dit Villepin. Bon, ce qui est fait est fait, mais tu n'as rien vu, rien entendu. » Il ne prodigue pas le même « conseil » à Daniel Rondeau qui, assis à mes côtés, a suivi les échanges. Daniel, lui, doit avoir le statut de témoin autorisé. Quelques jours plus tard, j'écrirai pourtant un long article résumant cette rencontre, n'omettant que la préparation de l'opération antimoudjahidines dont la révélation aurait été préjudiciable à la crédibilité de la diplomatie française.

Pour le reste, tout est fidèlement rapporté, qui illustre l'état des relations franco-iraniennes où chacun, dans ce moment crucial, a besoin de l'autre et qui témoigne de la théorie villepinienne selon laquelle « l'Histoire avance par séquences ».

La séquence actuelle, ce n'est ni le pétrole ni les échanges commerciaux – il n'en sera pas une seule fois fait mention au cours de la « rencontre officielle » –, mais la course contre la montre pour « gagner la paix », circonscrire l'incendie. De ce point de vue, le contrat est rempli. La France, malgré les ricanements des faucons pour son action de « trait d'union autoproclamé », poursuit sa mission.

« Etre efficace là où l'on peut, là où on est entendu », commente Villepin, pour une fois sobre, dans l'avion qui le ramène à Paris.

Un Télex. Les Etats-Unis demandent la levée des sanctions contre l'Irak conquis (ou libéré, c'est selon). Dans tous les cas, cette demande est surtout une manière de légitimer l'intervention américaine après coup. Un blanc-seing rétroactif. Or, l'arrêt d'une sanction ne peut être décidé que par l'organisme qui l'a imposée, l'Onu. La France fait un pas, se prononce non pas pour la levée immédiate des sanctions mais pour leur « suspension ».

Cette décision fait aussitôt l'ouverture des *Breaking News* sur CNN. Villepin se réjouit qu'aux yeux des médias américains l'action de la France soit prise en compte et présentée – « enfin » – de manière positive. A la Maison-Blanche, les faucons ne désarment pas. « C'est un geste insuffisant », affirme un Télex de Washington. Immédiatement suivi d'un appel téléphonique de Colin Powell qui assure « Dominic » du contraire : « C'est un signe positif de la part de la France. »

Réponse de Villepin : « Vous êtes des alliés difficiles à aider. »

« *Mon ami Colin Powell* »

Durant toute la crise, Dominique de Villepin est resté en contact étroit avec Colin Powell. Il l'admire, il le respecte. « C'est mon ami. Le sort injuste que lui a réservé l'Histoire me le rend plus cher encore. »

Le cas Powell l'a marqué. Je lui rappelle que son « ami » s'est pourtant illustré dans l'affaire de l'Irangate, quand, pour obtenir la libération des membres de l'ambassade américaine retenus en otages à Téhéran, l'administration Carter s'engagea à livrer des armes à l'Iran des mollahs !

Parmi ces fournitures, on recensait « l'expédition de deux mille huit cents missiles Tow » par la Defense Logistics Agency, via la CIA. Surréaliste et cynique opération – nom de code *October Surprise* – décrite par Yves Bonnet, ancien patron de la DST, dans un livre essentiel, *Nucléaire iranien, une hypocrisie internationale*[1]. Les règlements de ces livraisons, dont les premiers envois sont réalisés par l'entremise d'Israël – Tel-Aviv armant Téhéran ! – alimentent des comptes numérotés pour financer les Contras (les rebelles du Nicaragua) et… la guérilla afghane.

Stupéfiante situation qui voit les Etats-Unis financer leurs futurs ennemis talibans pour contenir les visées soviétiques, et Israël, aidant son parrain américain, se montrer bien peu regardant à l'endroit d'un régime iranien promettant sa destruction bien avant que le président Ahmadinejad ne le fasse.

Si la révélation de l'Irangate fait scandale aux Etats-Unis, coûtant leur poste à l'amiral Pointdexter et au secrétaire d'Etat Frank Carlucci, certains passent à travers les mailles du

1. Michel Lafon, Paris, 2007.

filet. Au premier rang, le lieutenant général Colin Powell. Directement impliqué dans la vente des missiles Tow, c'est pourtant lui qui est chargé de faire le ménage. Il obtiendra un avancement « mérité », avant de devenir le commandant en chef de l'opération *Bouclier du Désert*, le vainqueur de la première guerre d'Irak.

Je fais aussi remarquer que l'« ami Colin » s'est surtout illustré en mentant effrontément devant l'Assemblée générale de l'Onu. Je le revois exhibant un flacon qui ne contient que de l'eau minérale mais est censé prouver que Saddam Hussein fabrique en masse des armes chimiques. Je revois l'« ami Colin » commentant des photos satellite montrant une noria de camions, dont on ne sait ce qu'ils transportent, pénétrant dans un site qualifié d'ultrasecret. Et de conclure de cette caricature de soirée-diapos qu'on a ici la preuve que Saddam prépare sa bombe !

Villepin n'accable pas Powell. Au contraire, il prend sa défense, véhément.

« Comme beaucoup, Colin Powell a été intoxiqué par les faucons et par la CIA. La direction de la CIA, pour être précis. Depuis le 11-Septembre, elle ne rend publiques que les informations confortant la politique de l'administration Bush. Parfois, elle les invente. D'où ce délire sur les armes de destruction massive. »

Une digression. « Mais j'en prends le pari : d'ici peu, les Etats-Unis reconnaîtront leur erreur grâce aux commissions d'enquête. C'est la force de cette incomparable démocratie, qui ne hait rien tant que le mensonge et le parjure. On l'a bien vu avec Richard Nixon lors du Watergate et avec Bill Clinton dans l'affaire Monica Lewinski. On leur a reproché les faits, mais ils ne sont tombés qu'en raison du mensonge et des dissimulations. Ce sont les Américains eux-mêmes qui attesteront de la désinformation sur les ADM. Il suffit d'attendre. Parfois le temps semble long… »

Il ne faudra pas plus de neuf mois pour que, officiellement, la vérité apparaisse. Le 23 janvier 2004, David Kay, chargé de la recherche des ADM en Irak, démissionne, affirmant qu'il n'a pas trouvé trace de ces armes et que « l'Irak n'en a pas produit depuis la fin de la Première Guerre ». Colin Powell, enfin libéré, confirme. George Tenet, patron de la CIA, ne peut rester sur ce désaveu, il nomme un successeur à David Kay. Il s'appelle Charles Duelfer. Catastrophe, six mois plus tard, Duelfer confirme les conclusions de Kay. Quelque temps après, George Tenet quitte la CIA. Rideau.

Retour à Colin Powell. « Il est trop facile d'écrire l'Histoire sans prendre en compte les événements de l'époque, dit Villepin. Colin a fait son job. Les ADM étaient alors un prétexte pour certains mais une évidence pour beaucoup au sein du gouvernement américain. Dans tous les cas, ADM ou pas, il leur fallait sembler y croire pour emporter l'adhésion de l'Onu. Là, ils ont confié le mauvais rôle au plus crédible. »

Et l'ami Colin n'a pas mégoté. La CIA offre sur un plateau des images satellite de camions irakiens censés transporter des matières interdites. Il les présente à l'Onu. La CIA affirme que Saddam produit des gaz mortels. Pour en illustrer la dangerosité, Powell exhibe son flacon. Il ne dit pas qu'il contient un gaz fabriqué par l'Irak, mais qu'un tel volume peut provoquer des milliers de victimes.

« Mais pourquoi le défendre avec tant de force ?

– Parce que Colin Powell est un bon soldat, loyal quoi qu'il lui en coûte. La guerre d'Irak doit avoir lieu, il la justifie avec les arguments qu'on lui donne. Il est piégé mais, ensuite, jamais il n'incite au pire, jamais il ne participe au *french bashing*, au dénigrement de l'allié indocile. Il maintient, seul contre tous, le contact avec eux. C'est un véritable homme d'Etat.

– Quand même, sa mascarade devant l'Onu ! Comparée à votre discours sur la France, « ce vieux pays » qui dit la vérité du monde, il n'y a pas photo ?

– Ne vous méprenez pas. Mon discours a été bien accueilli, et longuement applaudi, ce qui était inédit. J'en suis heureux mais je n'en tire aucune gloire. Je n'avais guère de mérite, ce jour-là j'étais du bon côté de l'Histoire. C'était autant le diplomate qui parlait que le gaulliste, celui qui a *une certaine idée de la France,* de ses devoirs, de sa responsabilité. Moi, je pense surtout à Colin Powell, à son sens du devoir, au rôle que d'autres, plus machiavéliques, lui ont distribué. Ce n'était pas le sien, il a choisi de l'assumer. De ce jour, il savait sa carrière compromise. Il aurait pu devenir le recours, le premier candidat noir postulant à la magistrature suprême. Son passé de soldat, son expérience de diplomate, sa connaissance de l'Administration faisaient de lui un candidat idéal. Il a été atomisé par le système, par la CIA et par les *Bushmen* réunis. Un gâchis. Au fil des mois, j'ai vu se dégrader son humeur et son état physique. Dans un système qui ne pardonne pas, il avait le sentiment de trébucher sur la plus haute marche. »

Dans cet éloge du sacrifice – « Souffre et meurs sans parler » – et cet hommage à la victime collatérale, doit-on deviner l'une des clés de Dominique de Villepin ? Pas dupe, loyal, qui se trouvera embringué dans l'affaire Clearstream, la faisant prospérer, disent les juges, mais jurant ne pas en être l'instigateur, espérant qu'un jour on lui rende justice. Comme il la rend à son « ami » Colin.

La rafle d'Auvers-sur-Oise

22 mai 2003. Deux mois après la rencontre entre Dominique de Villepin et Kamal Kharrazi à Téhéran, Nicolas Sarkozy, ministre de l'Intérieur, reçoit place Beauvau l'ambassadeur de la République islamique d'Iran. Il s'appelle aussi Kharrazi. Comme jadis les Marouani dans le show-bizz en France, le patronyme Kharrazi est très répandu en Iran : ouvrez un tiroir, il en sort une douzaine.

L'ambassadeur s'enquiert auprès du ministre français de la date de l'opération contre l'OMPI. Il repart rassuré et télexe à Téhéran : « L'opération est prévue dans le courant du mois de juin. » Tout est prêt depuis plus d'un an, depuis que les services iraniens ont transmis à la DST la liste des opposants qu'ils souhaitent voir encrister ! Encore faut-il « habiller » l'opération en droit.

Quelques jours avant l'entretien Sarkozy-Kharrazi, un avocat mandaté par Téhéran a déposé une plainte contre des opposants iraniens résidant en France. Il les accuse d'avoir participé..., trois ans auparavant, à l'attaque de deux bâtiments officiels du régime (février 2000). Le juge Bruguière est à la manœuvre. Plus rien ne s'oppose à la rafle que va immédiatement dénoncer un collectif d'avocats français parmi lesquels Mes Mario Stasi, Henri Leclerc, ancien président de la Ligue des droits de l'homme, Pierre Champetier de Ribes, William Bourdon, Bernard Dartevelle, etc.

Début juin 2003, place Beauvau. A l'issue d'une interview de politique intérieure pour *Le Journal du dimanche*, Nicolas Sarkozy est, comme de coutume, satisfait de ses annonces. Il me prend par le bras. « Avec ça, tu vas faire de bonnes ventes. Je suis un bon client, hein ? »

En réponse, je pose à mi-voix la question qui n'a pas été abordée lors de l'entretien.

« C'est pour quand, votre opération contre les Moudjahidines du peuple ?

– Comment sais-tu ? »

Il semble persuadé que la fuite vient de l'Elysée. C'est faux, c'est une retombée du voyage à Téhéran, je ne le détrompe pas. J'ai beau être « son ami » comme il dit, il ne va pas jusqu'à me donner la date de la rafle. Il n'a d'ailleurs pas l'intention de faire convoquer les médias pour y assister. C'est secret, il n'est que l'exécutant d'une affaire d'Etat. Et puis, qui s'intéresse aux moudjahidines dans la France profonde ? Il reste silencieux jusqu'au sommet de l'escalier où l'on se quitte. En guise d'au revoir, il lâche seulement : « C'est pour bientôt. »

Quatre jours plus tard, le 17 juin 2003 au petit matin, l'opération spectaculaire est lancée à Auvers-sur-Oise contre le siège du Conseil de la résistance iranienne et contre treize domiciles de réfugiés politiques iraniens dans le Val-d'Oise et les Yvelines : cent soixante-quatre personnes sont arrêtées à l'issue de ce déploiement exceptionnel, « démesuré », selon Yves Bonnet, ancien patron de la DST[1]. Près de mille trois cents policiers et gendarmes, « pour certains spécialisés dans l'interpellation des plus dangereux criminels », ont été mobilisés.

En dénonçant cette rafle, le collectif d'avocats décrit « la brutalité de l'investissement des lieux où vivent paisiblement depuis plus de vingt ans des personnes qui ont dû fuir leur pays, l'Iran, où un régime sanguinaire et tyrannique les persécutait. Elles avaient trouvé refuge ici, non seulement en application de la Convention de Genève mais aussi parce que, comme le stipule le préambule de la Constitution française, *Tout homme persécuté en raison de son action en faveur de la liberté a droit d'asile sur le territoire de la République.* A Auvers ont d'abord résidé les militants des Moudjahidines du peuple iranien (OMPI), puis, à partir de 1994, tout à fait officiellement, le bureau du Conseil de la résistance iranienne (CNRI) ».

Malgré la perquisition minutieuse et musclée (antennes radio et télé détruites, saisie des ordinateurs), aucune arme, aucun document probant n'est découvert, permettant d'établir qu'il s'agit là d'une organisation terroriste.

« Par fourgons entiers, les interpellés sont conduits à Paris dans les locaux de la DST, le service de police qu'a désigné le juge Jean-Louis Bruguière pour instrumenter. Jamais dans

1. Yves Bonnet, *Nucléaire iranien, une hypocrisie internationale, op. cit.*

son histoire, même aux heures les plus sombres de la guerre d'Algérie, le service de contre-espionnage n'a connu pareil scénario », note Yves Bonnet[1] qui rappelle, incidemment, que le patron de la DST, Pierre Bousquet de Florian, a fait sa mobilité chez Elf et qu'il remplit auprès de Chirac les mêmes fonctions que, il n'y a pas si longtemps, Gilles Ménage auprès de François Mitterrand. « Il n'est donc pas envisageable que le Président n'ait pas donné son aval » à l'opération. Pour complaire à Téhéran. Raison d'Etat.

Les enquêteurs de la DST qui procèdent aux interrogatoires rendent leur liberté à cent trente et un interpellés. Dix-sept autres sont mis en examen. Les noms de seize d'entre eux figuraient sur la liste des opposants que Téhéran avait « ciblés » à l'intention du service français ! Et onze sont placés en détention. Là commence le drame.

Parmi les personnes emprisonnées se trouve Maryam Radjavi, présidente élue du Conseil national de la résistance iranienne, figure emblématique de l'opposition au régime des mollahs. Sa popularité est immense auprès des réfugiés, exilés et résistants. Pour tous les Iraniens d'Europe – ils seront plus de quarante mille à venir la soutenir et l'acclamer en juin 2007 à Villepinte –, la mise en détention de Maryam Radjavi signifie qu'on n'est pas en présence d'une simple opération de police mais d'une volonté de décapiter l'opposition iranienne. A la demande expresse de Téhéran.

Les méthodes de cow-boy du juge Bruguière ajoutent aux ressentiments. Le magistrat impose à Maryam Radjavi de « comparaître dévoilée, lui-même s'étant placé, dans son cabinet, sous la protection insolite de deux gardes du corps[2] ! ». Une tempête de protestations se lève, de la Ligue des droits de l'homme à l'abbé Pierre. Le désespoir gagne la base des militants et des exilés. Une jeune femme iranienne, Sedighe Modjarevi, s'immole par le feu devant les

1. Yves Bonnet, *op. cit.*
2. *Ibid.*

locaux de la DST ; elle meurt le lendemain, le 19 juin 2003, deux jours après la rafle. Deux autres femmes suivent son exemple. Sauvées de justesse. Tout comme Muhammad et Marzieh.

Panique chez Bruguière. Sa glorieuse « victoire d'Auvers » part en sucette et met le gouvernement à la peine qui, dans un premier temps, dénonce ces suicides comme le résultat de comportements sectaires. La preuve ? On va poursuivre en justice deux sympathisants iraniens de l'OMPI pour « incitation au suicide » de leurs trois compatriotes. Un contre-feu. Un double échec.

D'abord parce que le terme secte, jadis véhiculé à l'encontre de l'OMPI, a fait long feu. Alain Vivien, l'un des meilleurs connaisseurs du dossier et membre de la commission antisectes, compte parmi les défenseurs des résistants iraniens. Ensuite parce que le procès des deux « incitateurs », qui ne s'ouvrira qu'en… octobre 2007 devant la 16ᵉ chambre correctionnelle de Paris, tourne à la confusion de l'accusation.

« Je vous autorise à garder votre casquette », dit le président de la 16ᵉ chambre au témoin. Il s'appelle Muhammad. S'il lui est permis de ne pas se découvrir devant le tribunal, fait rarissime et geste de compassion, c'est qu'il s'avance à la barre en portant les stigmates de son calvaire. Une peau parcheminée, des moignons de doigts, des narines démesurément agrandies, un sourire sans lèvres. Le lendemain de la rafle, il s'est volontairement aspergé d'essence avant de s'enflammer. Personne ne l'a contraint. Pourquoi ce geste ? Pour protester contre le régime intégriste de Téhéran, par peur de la menace d'extradition brandie par la DST à l'encontre des opposants iraniens. L'extradition vers le Gabon est une filière déjà éprouvée…

« Toute ma vie, je l'ai passée à résister », murmure-t-il. Adepte d'une secte, Muhammad ? Sa réponse émeut, sortie de cette bouche sans lèvres : « Je suis un amoureux de la vie. »

Marzieh lui succède à la barre. C'est elle qui s'est immolée la première devant le siège de la DST. Son amie Sedighe est morte. Elle, elle en a réchappé, Brûlée à 47 %, elle a subi une dizaine d'opérations. Elle soutient les deux membres de l'OMPI qui, bien que qualifiés de « modérés », sont accusés d'avoir acheté un bidon d'essence non loin des lieux du drame et de l'avoir ensuite poussée au suicide.

« A travers leur procès, je ressens que c'est moi que l'on juge, dit-elle à la cour. On ne me reconnaît pas le droit de choisir mon destin. Or, cette décision, c'est la mienne. » Son immolation, c'est une réponse au régime des mollahs. Elle livre ses souvenirs comme autant d'accusations, « les pendaisons en place publique », « l'assassinat de mes frères iraniens », « les tortures infligées à mes amies d'école ». C'est aussi un cri pour dénoncer l'injustice faite à tous les opposants. « Je n'avais plus que ma propre existence pour parler. »

Contre les deux « incitateurs », le procureur de la République réclame des peines avec sursis. On sent que c'est pour la forme. « De simples conseils ne sauraient suffire pour un suicide... On n'est pas ici dans la manipulation mentale qui priverait la victime de tout discernement », dit-il. Deux phrases d'un réquisitoire-plaidoirie qui annoncent le non-lieu bientôt prononcé.

Le 19 juin 2003, deux jours après la rafle, l'urgence pour le gouvernement français est d'arrêter l'hécatombe des « martyrs », de mettre un terme à ces immolations qui font taches au pays des droits de l'homme. Il faut libérer Maryam Radjavi. Le calvaire de Jean-Louis Bruguière commence.

Quelques jours plus tard, désavouant le juge d'instruction, la chambre d'accusation de la cour d'appel de Paris ordonne la mise en liberté des personnes emprisonnées. Faute d'éléments concrets, les juges n'ont retenu à leur encontre que leur appartenance aux Moudjahidines, organisation figurant sur *la liste européenne des organisations terroristes,* alors que ces personnes sont membres du Conseil national de la résistance iranienne, organisation exclue, elle, de cette liste.

Pour le collectif d'avocats, « il est bien étrange que les autorités françaises feignent de découvrir cette situation alors que depuis plus de vingt-deux ans, elles étaient parfaitement informées de la présence, de l'engagement et des activités des résidents d'Auvers-sur-Oise, où passaient des milliers d'Iraniens en exil, des réfugiés, des personnalités politiques de tous pays, des journalistes. De plus, les services de police, la DST notamment, n'ont jamais cessé… d'assurer la protection des personnes qui vivent à Auvers, face aux menaces que font peser sur elles les services iraniens ».

Constatation ironique : « Cette protection des services français permettait aussi, évidemment, une surveillance et une observation constantes. Or, il n'a jamais été constaté la moindre activité illicite… Nul n'ignorait que ces réfugiés politiques ne se résignaient pas, et voulaient continuer à résister au régime qui fait régner la terreur dans leur pays tout en menaçant la paix du monde. »

Dès le départ, la justice administrative française, « moins complaisante que la justice antiterroriste[1] », découvre la vacuité du dossier : aucune arme autre que des micro-ordinateurs, dont les fichiers ne révèlent rien de probant, n'a été saisie à Auvers. Aucun document secret non plus. Les premières mesures d'expulsion sont annulées. Au fil des mois, la baudruche du coup de filet antiterroriste se dégonfle et les décisions de non-lieu tombent les unes après les autres. Il faut se rendre à l'évidence : aucune charge relative aux deux chefs d'accusation – participation à une entreprise terroriste et financement du terrorisme – n'est avérée.

Reste à sauver la face après la Berezina.

A Auvers, une somme non négligeable – neuf millions d'euros – a été saisie. Incapable de démontrer que cette somme concourt au financement d'actes terroristes – le

1. Yves Bonnet, *op. cit.*

CNR iranien affirme qu'elle sert en partie à soutenir les quatre mille réfugiés iraniens regroupés dans le camp irakien d'Ashraf, camp placé... sous contrôle américain ! –, on envisage de requalifier l'accusation en des poursuites de droit commun. Les deux premiers chefs d'inculpation ayant fait pschitt !, on en lance un troisième à l'issue tout aussi incertaine mais qui a le « mérite » pour Téhéran de priver la résistance de son argent et de ses ordinateurs pour de longs mois encore.

Pour le collectif d'avocats, « une décision générale de non-lieu, mettant fin à cette procédure qui s'apparente à une véritable persécution, s'impose. Il en va de la légitimité et de la crédibilité de la justice française ».

Cinq ans après, l'inscription de l'OMPI sur la liste des organisations terroristes a été annulée par la Cour européenne de justice. La Grande-Bretagne, à l'origine de cette inscription, a été contrainte par la cour d'appel de Londres de retirer l'OMPI de sa liste. La France fait de la résistance. Comme président de l'Union européenne au second semestre 2008, Nicolas Sarkozy n'a rien fait pour que s'applique en France la décision de la Cour de justice. Il tance Téhéran pour son programme nucléaire, mais il satisfait le régime des mollahs en poursuivant toujours ses opposants.

Les beaux contrats de Total

Non-lieu général ou pas, la rafle d'Auvers a permis de geler les avoirs des opposants iraniens depuis cinq ans, de les priver de moyens d'action – cinq ans après, malgré la vacuité du dossier, malgré le jugement du tribunal administratif de Pontoise déclarant que rien n'établissait que ces résistants aient eu *un comportement sur le territoire national de nature à porter atteinte à la sûreté de l'Etat et à la sécurité publique* – les ordinateurs, dont on a analysé en vain les disques durs, ne sont toujours pas restitués.

Reste à s'interroger : pourquoi cet ostracisme du gouvernement français envers l'opposition iranienne ? Pourquoi ce brusque changement d'attitude envers la résistance au régime des mollahs au début de l'année 2003 ?

Pour des raisons économiques, assure le Conseil national de la résistance iranienne. Et de fournir une chronologie apparemment confondante. Depuis 2002, les échanges commerciaux franco-iraniens ont connu une remarquable embellie (exportations en hausse de 28 %) La France est le troisième fournisseur de l'Iran derrière l'Allemagne et les Emirats arabes unis.

Février 2003 : inauguration du site gazier off-shore de South Pars associant le groupe français Total, le malaisien Petronas et le russe Gazprom. Mai 2003, un mois avant la rafle, signature d'un protocole d'accord économique entre la France et l'Iran. François Loos, ministre délégué au Commerce extérieur, signe à Téhéran un accord de « protection des investissements » favorable aux entreprises françaises. Selon l'article 4, la France dispose d'une priorité absolue dans toute activité économique et commerciale en Iran.

12 juin 2003 : les compagnies pétrolières Total (France) et BP (Grande-Bretagne) sont retenues pour un contrat d'exploitation du gisement de Bangestan évalué à 2 milliards de dollars. 22 juin 2003, cinq jours après la rafle d'Auvers, bien que le groupe britannique BP ait été le mieux-disant concernant la phase 12 du gisement gazier de Pars, c'est Total qui emporte l'appel d'offre.

Les résistants iraniens sont remarquablement informés. Sur ce qui se passe dans leur pays, d'abord. Pas seulement grâce aux réfugiés qui, sur le chemin de l'exil, font étape à Auvers-sur-Oise, mais aussi grâce aux complicités dans l'appareil d'Etat iranien. Apparemment au plus haut niveau, comme en témoignent des documents qu'ils remettent benoîtement aux journaux français pour appuyer leurs dires.

Etonnants résistants, qui fonctionnent en binôme : un communicant parlant remarquablement le français et un

« politique » qui insiste sur le message à transmettre. Ils sont bien habillés, extrêmement polis, prennent rendez-vous dans les rédactions des grands quotidiens nationaux, laissant à leur départ un monceau de documents que vous ne savez par quel bout prendre. Un télex secret du ministère des Affaires étrangères, un livre blanc sur les moudjahidines et sur les persécutions frappant leur Conseil national de la résistance (« un intitulé qui renvoit au CNR de Jean Moulin », insistent-ils), des exemplaires de *La Revue parlementaire* qui, en France, évoquent leur combat, recensent leurs soutiens dans la classe politique. Sans oublier les discours – « très importants » – de leur leader Maryam Radjavi, leur icône.

Chaque fois, ils repartent en insistant sur l'injustice faite à leur mouvement, dénonçant la « conjuration » des grandes nations européennes qui, par intérêt ou pragmatisme, jouent Téhéran plutôt que la résistance, refusant de le reconnaître comme l'alternative démocratique au régime intégriste.

Pour expliquer cette conjuration, les moudjahidines fournissent obligeamment un mémo (« La face cachée des accords ») établissant, depuis 1997, la chronologie des contrats passés entre Total et le régime iranien. Vous êtes priés d'en déduire que toutes les décisions politiques prises par Paris sont directement liées au développement de ces accords économiques. Pour séduisante qu'elle soit, l'explication n'emporte pas totalement la conviction.

Que, depuis 1997, la France, bien naïve jusque-là, ait développé des liens commerciaux avec le régime des mollahs n'est pas niable. Il y avait du retard à rattraper, ne serait-ce que par rapport à… l'Italie. Et pourquoi laisser le champ libre à la Grande-Bretagne, à la Russie, à la Chine, voire aux faux-nez des… Etats-Unis, alors que Téhéran cherche à faire d'une pierre deux coups : sortir de son isolement en signant des contrats avec des groupes étrangers ? Sous l'impulsion de Christophe de Margerie, futur président de Total, la compagnie française s'est engouffrée dans la brèche avec une réussite qu'envient encore ses concurrents.

Petit bémol à l'intention de ceux qui ne verraient dans la percée iranienne de Total qu'un avatar du chiraquisme pétrolier : le premier grand accord a été signé en 1997, lors de la présidence du modéré Ali Akbar Hachemi Rafsandjani. D'une valeur de 2,4 milliards de dollars, il aurait, selon la résistance iranienne, donné lieu à des faits de corruption. Un tel accord conclu lors d'un période sensible – à une époque où les pays européens rappellent leurs ambassadeurs suite au « verdict de Berlin » dans l'affaire de l'attentat contre le restaurant kurde Mykonos[1] – ne peut qu'avoir été autorisé par Matignon, occupé alors par Lionel Jospin.

« *Les yeux dans les yeux* »

Une belle affaire. En compagnie du russe Gazprom et du malaisien Petronas, Total (qui détient 40 % du consortium) obtient l'exploitation du champ gazier off-shore de Pars-Sud. En février 2004, toujours avec Petronas, Total s'associera avec la Compagnie nationale du pétrole iranien (NIOC) pour l'exploitation d'une usine GNL (gaz) à Pars-Sud (valeur : deux milliards de dollars).

La lutte contre la résistance iranienne était-elle la condition *sine qua non* à la signature de ces contrats ? La vérité est plus balancée. Que la France ait depuis vingt ans veillé à développer son commerce avec l'Iran, à protéger ses approvisionnements en matière d'énergie, est une chose. Affirmer que les gouvernements successifs ont aligné leur politique extérieure sur l'unique protection et recherche de ces juteux contrats est exagéré.

1. Suite à un procès-fleuve, la justice allemande avait conclu à la responsabilité directe du régime des mollahs dans cet attentat dont quatre opposants turcs furent victimes. Selon le tribunal, la décision de l'attentat avait été prise lors d'une réunion à laquelle participait le Guide de la Révolution.

La décision d'« accompagner » l'Iran est d'abord politique, conséquence d'un constat géostratégique. Pour la diplomatie française, l'Iran est un acteur majeur d'une région poudrière. Son histoire, ses richesses, le haut degré culturel de sa population, sa volonté de reconnaissance en font un passage obligé du règlement de tous les conflits, et – si on l'oublie ou si on la méprise – la matrice de tous les embrasements.

Evidemment, le régime des mollahs n'est pas un modèle, mais on ne s'interrogeait guère, jadis, lorsqu'on aidait le shah Reza Pahlavi à préparer son programme nucléaire, ni sur les exactions de sa police politique, la Savak. On note que la Vevak des mollahs, digne héritière de la Savak, n'a guère bouleversé ni son encadrement ni ses méthodes !

Mollahs ou pas, l'Iran n'est pas une nation qu'on rejette dans les ténèbres. Il faut tout faire, au contraire, pour l'amener à intégrer la communauté internationale, partant à en respecter les règles. Ce fut longtemps, la politique de la France. A l'origine, cette position, qui allie l'Histoire, la géopolitique et l'état des forces en présence, ne doit rien au commerce. Disons, à tout le moins, qu'elle ne pouvait lui nuire et que, une fois les liens rétablis, pétrole et gaz iraniens allaient « garnir la corbeille ». Bien en évidence.

Cette décision d'accompagnement de l'Iran tient surtout à la volonté de Jacques Chirac. Le Président français connaît, avec une précision qui ne surprend que ceux qui le méjugent, la problématique iranienne, les dangers que fait courir non seulement à la région mais au monde un régime isolé, traité comme un banni. Cette analyse ne suffit pas à expliquer sa décision. Comme toujours avec lui, il faut en revenir au pragmatisme. Il a chèrement payé sa « connaissance » de l'Iran terroriste.

Premier ministre de Mitterrand, il eut à gérer des situations inconfortables avec l'Iran. Notamment cette « guerre des ambassades » qui se conclut, en décembre 1987, par l'expulsion de Wahid Gordji (haut fonctionnaire au ministère iranien des Affaires étrangères) et celle de Paul Torri, consul de France à Téhéran, après un simulacre de procès.

Curieusement, un mois après ce dénouement, on apprend la libération des cinq otages français retenus au Liban. Preuve que Chirac a trouvé les bons interlocuteurs. Il l'avoue à demi-mot en déclarant que la libération des otages permettra la normalisation des relations avec l'Iran. Il paie le prix de cette libération quand, le mois suivant, Charles Pasqua expulse quinze opposants iraniens vers le Gabon. Ce qui entraîne un désaveu public de François Mitterrand devant l'atteinte aux droits des réfugiés.

De ces marchandages franco-iraniens, les électeurs ont un écho lors de la campagne présidentielle de 1988 à la télévision. Le débat Mitterrand-Chirac culmine lorsque le Premier ministre veut faire avouer au Président – en direct et « les yeux dans les yeux » – qu'il était bien au courant des conditions mises par l'Iran au règlement de l'affaire Anis Naccache (condamné à la réclusion perpétuelle pour la tentative d'assassinat contre Chapour Bakthiar, ancien Premier ministre du shah d'Iran) contre la libération des otages. Ce à quoi Mitterrand, superbe, répond : « Dans les yeux, je le conteste. » Chirac a trouvé plus menteur que lui[1].

Il encaisse le coup de Machiavel mais empoche l'essentiel : la libération des otages et la normalisation des rapports avec l'Iran. Tout est en place pour que, d'une part la diplomatie française reprenne le trait en se posant en interlocuteur sinon privilégié du moins écouté, d'autre part les affaires prospèrent. Etonnant Chirac. Là où d'autres auraient cherché à se venger, à répliquer par la force aux mauvaises manières des ayatollahs, il joue « le coup d'après » qui rapporte. Sans rien oublier.

1. Dans une interview à Marie-Laure Augry, François Mitterrand affirme à ce moment que la France ne négocie pas avec les preneurs d'otages et qu'il n'a pas gracié Anis Naccache contre une quelconque contrepartie. Il le graciera en 1990, deux ans plus tard. Il faut donner du temps au temps.

Si les affaires ont repris après le règlement diplomatique, il est une contrepartie sur laquelle l'Iran ne transige toujours pas vingt ans plus tard : la condamnation et la mise hors d'état de nuire de l'opposition iranienne en exil.

En 2004, l'affaire ne pose pas grand problème puisque, depuis 2001, par un tour de passe-passe et sans fondement juridique, la Grande-Bretagne, intéressée elle aussi par le pétrole iranien, avait convaincu l'Union européenne d'inscrire les Moudjahidines du peuple iraniens sur la liste des organisations terroristes. Quatre ans plus tard, en 2008, cette inscription – jugée « ignominieuse » par les plus hauts juristes britanniques – était annulée, on l'a vu. Entre-temps, les Etats démocratiques européens ont eu tout loisir de satisfaire les mollahs en poursuivant leurs opposants ! Et c'est la France qui devait principalement s'y coller puisque l'opposition iranienne en exil avait établi ses quartiers à Auvers-sur-Oise. Le moins qu'on puisse dire est que, s'appuyant sur un classement européen aujourd'hui dénoncé, la France ne s'est pas seulement attelée à la tâche, elle y a mis le paquet.

La troïka et le marchandage

Pourquoi consacrer un si long développement à l'Iran, au sort fait à la résistance iranienne ? Sans doute parce qu'on est là au cœur de la raison d'Etat, celle qui oblige un dirigeant à tracer la route, à choisir le moindre mal, quand une décision peut déboucher sur une bavure.

La raison d'Etat, dit-on, n'a pas de visage. Pour moi, elle a les traits d'une victime, Sedighe Modjarevi, la jeune Iranienne qui s'est immolée en France parce qu'elle croyait être expulsée au Gabon. Je n'oublie pas non plus le visage sans lèvres de Muhammad si « amoureux de la vie ». Longtemps, j'ai cru que la phrase de Villepin – « Nicolas Sarkozy prépare une opération à ce sujet » – avait, sans le vouloir, scellé leur destin. Mais on ne sait pas tout d'emblée. Notamment que la « rafle d'Auvers » était programmée depuis longtemps, bien avant la rencontre Kharrazi-Villepin. En témoigne le bulletin confidentiel du ministère iranien du Renseignement, daté de juillet 2003, un mois après la rafle.

« Diffusion limitée 5. L'opération en question, sans précédent dans son genre, a été programmée voici deux ans et demi par les services français de la Direction de la Surveillance du Territoire (DST) et les étapes judiciaires ont progressivement évolué. Les détails ont été développés par les services en question lors des réunions d'échanges entre la DST et le ministère du Renseignement. Selon ce qui a été programmé, seize des principaux membres des Monafeghines [*terme signifiant « terroristes » et « hypocrites » par lequel Téhéran désigne les moudjahidines, les « combattants »*] en France seront jugés pour participation à des opérations terroristes. »

Tout était donc écrit depuis belle lurette, hormis peut-être le comportement western du juge Bruguière, la brutalité de la démonstration de force, l'humiliation de Maryam Radjavi privée de son foulard. Tout était écrit, jusqu'au fiasco judiciaire avec ces non-lieux qui pleuvent comme à Gravelotte, au point qu'au pôle antiterroriste, aujourd'hui, on est moins tendre envers « l'Amiral » Bruguière, le brillant pionnier de la justice antiterroriste, le patron très perso. Quelques confrères, moins perméables aux agendas politiques, l'ont vu partir sans déplaisir, en 2007 se prendre une veste aux législatives en voiture blindée, « se vantant auprès des électeurs d'avoir déjoué nombre d'attentats dont personne n'avait jamais entendu parler[1] ».

L'opération antimoudjahidines était inscrite à l'agenda international. Celui de la troïka (France, Allemagne et Grande-Bretagne), chargée par l'Union européenne d'obtenir de l'Iran l'arrêt de ses activités d'enrichissement d'uranium. Si l'Iran obtempérait, à l'issue d'un « accord acceptable à long

1. Michel Deléan, *Le Journal du dimanche*, 2 septembre 2007.

terme », l'Europe s'engageait sur neuf points envers Téhéran, comme le révélera le protocole de Vienne de 2004.

Parmi ces neuf engagement (droit pour l'Iran à un nucléaire pacifique, coopération russo-iranienne en matière de réacteurs, soutien pour l'acquisition d'un réacteur de recherche à eau légère, etc.), il en est un, le sixième, qui n'a rien à voir avec la dissémination nucléaire ou l'enrichissement de l'uranium : « L'Union continuera à considérer les Moudjahidines du peuple comme une organisation terroriste. »

Ainsi, trois pays mandatés par l'Union européenne faisaient droit à la revendication iranienne, lancinant leitmotiv, visant à la débarrasser de toute opposition extérieure. Seuls les naïfs s'étonneront de ce marchandage. De quel poids pèsent des résistants en exil face à un Etat qui met en balance, dans un domaine qui touche à la paix du monde, sa collaboration contre leur mise en quarantaine ?

L'inquiétante ignorance de Sarkozy

Voilà toutes les questions que posait, en creux, ce voyage à Téhéran. Comment préserver la paix du monde sans sacrifier des victimes collatérales ? Comment ne pas dévier de sa mission alors qu'en regard, quoi qu'on en dise, on ébrèche les droits de l'homme et des réfugiés ? Quelle responsabilité ! Quelle complexité aussi.

A ce stade, on s'inquiète que de tels enjeux atterrissent un jour entre des mains inexpertes. On redoute qu'un nouveau président français, bardé de certitudes, veuille résoudre les problèmes échauffant un Orient compliqué simplement chaussé de bottes texanes.

A ce titre, les premiers signes envoyés par Nicolas Sarkozy ont fait peur. Il s'est d'abord aligné sur Washington, comme s'il fallait nous préparer à un bombardement américain sur Natanz. Avant, comme à son habitude, de rétropédaler, s'en remettant sagement aux sanctions onusiennes plutôt qu'aux frappes chirurgicales. Il faut dire qu'entre-temps, l'administration Bush avait elle-même changé provisoirement d'option !

On le redoute d'autant plus que Nicolas Sarkozy fait preuve d'une ignorance crasse concernant l'Iran et les forces qui parcourent et divisent l'Islam. Interrogé par Jean-Jacques Bourdin sur RMC durant la campagne présidentielle, il a surpris en montrant qu'il ignorait tout des différences entre chiites et sunnites. Une méconnaissance qui rejoignait celle des « néocons » américains avant l'invasion de l'Irak.

Depuis, les faucons de Washington ont, eux, appris la différence, découvrant avec surprise que la chute de Saddam avait conduit au retour des chiites irakiens au pouvoir, à la grande satisfaction du régime chiite de Téhéran !

Pour Sarkozy sur RMC – un grand moment –, chiites et sunnites c'était, un peu, un regrettable combat d'ethnies, comme les Hutus et les Tutsis jadis au Rwanda. On espère que, depuis, il a pris quelques cours de rattrapage. Un président français qui révèle de telles lacunes sur un sujet touchant aux mouvements internes de l'Islam qui expliquent toutes les alliances, les haines et les embrasements, ça fait peur.

Heureusement, le pire n'est jamais sûr. Autour de lui, Sarkozy peut compter sur quelques conseillers éclairés. Au premier rang, le très discret Jean-David Levitte, qui dirige la cellule diplomatique de l'Elysée malgré les empiètements de Claude Guéant, secrétaire général, fin policier qui croit que tout se règle entre services secrets et à qui l'on doit la drolatique et cauchemardesque semaine de Khadafi à Paris : ma tente dans la cour de l'hôtel de Marigny, ma chasse présidentielle à Rambouillet et ma série de baffes à Nicolas Sarkozy sur les droits de l'homme (« Non, nous n'en avons pas discuté… »). Vous comprenez tout le mérite de Levitte.

Parmi ces conseillers, il y a même le criminologue franc-maçon Alain Bauer, « rocardien historique », ancien grand maître du Grand Orient de France, qui se voyait bien prendre la présidence d'un stratégique conseil de sécurité nationale. Objectif : doter le Président d'un outil lui permettant, sur le modèle américain, d'assumer toutes ses responsabilités dans la gestion des crises. Ce conseil n'a jamais vu le jour mais une cellule, dirigée par l'ambassadeur Bernard Bajolet, remplit la même fonction auprès de Nicolas.

S'il n'a pas les états de service d'un Bajolet, Alain Bauer n'en sait pas moins qui est qui dans l'Orient compliqué. Je ne suis pas loin de penser que l'interview qu'il a donnée au *Parisien* (30 septembre 2007) a contribué à lui faire passer sous le nez la présidence si désirée de ce conseil de sécurité. Un modèle d'interview, une véritable leçon, à la limite de l'humiliation, donnée à un président ignorant et impulsif. Sur l'Iran, la démonstration était limpide.

« Il faut d'abord se demander qui décide quoi en Iran. Or, l'équivalent du président de la République française, ce n'est pas le président Ahmadinejad, mais le Guide de la révolution islamique. Il faut ensuite rappeler que les Iraniens sont chiites et non sunnites, perses et pas arabes. L'Iran ne saurait donc être traité comme un appendice de la politique arabe de la France. Ce grand pays nécessite un traitement spécifique et une logique subtile. Le président Ahmadinejad n'est ni un idiot ni un fou, mais quelqu'un d'extrêmement intelligent qui rend fous les Etats-Unis en appuyant sur ce qui fait mal. Les Iraniens ne menacent pas les Etats-Unis ou l'Europe. Ils veulent avoir une bombe chiite parce que les Pakistanais ont une bombe sunnite. »

Ce constat sur l'Iran est depuis longtemps celui de la diplomatie française. Un constat partagé par François Mitterrand, Jacques Chirac, Roland Dumas, Hubert Védrine, Dominique de Villepin, Jean-David Levitte. Pour Sarkozy, ça doit ressembler à une conjuration.

Demain à l'Elysée, Levitte et Guéant, avec Bauer en embuscade, ne seront pas trop de trois pour rappeler ces évidences et expliquer au néo-président toute la complexité du monde. Par exemple, que l'Iran, farouchement anti-israélien, n'est pas un peuple antisémite. Travail de longue haleine compte tenu du handicap de départ. Travail urgent. En attendant la mise à niveau présidentielle, on s'inquiète. Sunnisme et chiisme, décidément son ignorance ne passe pas. De tous les présidents de la Vᵉ République – de Gaulle, Pompidou, Giscard, Mitterrand, Chirac –, Nicolas Sarkozy est le seul à afficher une telle méconnaissance des courants et enjeux d'un Proche-Orient dont, exception faite d'Israël, il est bien éloigné.

Pour le coup, la voilà la rupture. Bien plus inquiétante que les dérives people dont on nous rebat les oreilles, qu'elles amusent, agacent ou désespèrent.

Le caviar de l'ayatollah

De Téhéran, j'ai vu la vieille ville, la rue pavée empruntée en passant sous une voûte qu'on imagine millénaire, des échoppes sombres où il n'y a rien à vendre ni à acheter. Ici, rien qui vive. Le temps s'est arrêté. Au contraire du centre, qui témoigne de la vitalité d'un peuple sachant ruser avec ses mollahs, et d'une jeunesse tonique qu'on devine indocile, avec ces jeunes femmes élégantes, maquillées, qui vous regardent en souriant droit dans les yeux, vous assurant, à vous l'étranger, plus que par un long discours, qu'il y a une vie sous le foulard qui a remplacé le voile.

Villepin a rendez-vous avec l'ayatollah Rafsandjani, le « décideur » du premier beau contrat avec Total. Le ministre a fait l'impasse sur cette heure de tourisme au pas de charge, qui laisse un goût de revenez-y. On le retrouve à la nouvelle cité administrative dont les immeubles flambant neufs, la plupart encore inoccupés, dominent la capitale. Un déjeuner en plein air réunit les deux délégations. Ciel limpide, doux soleil d'hiver. Il faut partir.

Dans l'avion, le ministre, tête penchée, se tient l'oreille. Il souffre d'une otite d'altitude. Voici six mois que, de capitale en capitale, il joue les pompiers volants. Pressurisation, dépressurisation, le tympan fatigue. Il réclame un introuvable médicament. Pas de gouttes, seulement deux aspirines. « On verra à Paris. »

Deux heures plus tard, il nous convoque dans le carré. Sur la table, une boîte de caviar, cadeau de Rafsandjani. « Tenez, c'est pour vous. » On est huit, ça fait deux cuillerées (à café) par personne. On savoure. Le pire est qu'on n'a pas mauvaise conscience. Rafsandjani est un modéré...

Villepin débriefe les résultats de cette « étape importante ». La France vient d'illustrer deux des principes de son action : « l'indépendance et la fermeté ». L'indépendance héritée du gaullisme qui veut qu'une politique ne se décide pas ailleurs, ni surtout qu'elle se fonde sur l'unilatéralisme.

« La tentation de la force alimente l'engrenage de la violence. L'action unilatérale ne peut que susciter des réactions d'allergie à la puissance que les organisations terroristes savent exploiter. Il faut éviter le piège qui nous est tendu, celui d'une nouvelle division planétaire ou d'une guerre des mondes. »

Il s'interroge tout haut. « Comment construire un nouvel ordre au service de la paix ? Comment organiser le monde autour d'un système de responsabilité collective ? Dans ce monde asymétrique, plutôt que le recours à un gendarme messianique et conquérant, l'unité de la communauté internationale constitue la clé pour lutter contre les menaces. »

Les « orages désirés » de Chateaubriand se sont levés. Il est au cœur du cyclone, à la manœuvre. Non pour porter le fer mais pour gagner la paix. A l'aise, finalement. Il l'a enfin trouvé ce champ de manœuvre où déployer cette énergie longtemps contenue. Il fait plaisir à voir, ainsi libéré, comme un homme qui aurait rencontré son destin et qui savourerait ce premier rôle distribué « du bon côté de l'Histoire ». Jusqu'à ce qu'il succombe à son péché mignon : se mettre en scène dans ce tableau d'un nouveau monde qu'il contribuerait à façonner.

Il ne prend pas la pose, il n'en a pas besoin. Son allure, sa prestance, son panache et son action parlent pour lui. Cela en devient même injuste pour ceux qui, trépignant, constatent que la nature les a plus mal lotis. Si la pose lui est étrangère (« C'est vouloir figer le temps, arrêter la course, mourir un peu »), il ne peut s'empêcher d'être l'historien de sa propre geste qu'il magnifie en l'inscrivant dans les remous d'un monde plein de bruits et de fureur.

Il s'enflamme. Nul doute, assure-t-il, « qu'on soit arrivé à l'un de ces moments fondateurs de l'Histoire, comme au tournant de la Renaissance ou des Lumières, alors qu'il s'agit de bâtir un nouveau système international ».

Je le regarde, étonné. Quoi, nous serions dans cet avion, les témoins privilégiés d'un « tournant fondateur » dont il est l'un des acteurs ! Vite, une photo ! Il sent que tous n'empruntent pas son chemin de vertige. Devant le scepticisme ambiant, il remballe Laurent le Magnifique et la Renaissance, Voltaire et Diderot, d'Alembert et l'*Encyclopédie*, bref il éteint les Lumières pour évoquer sa mission en termes moins flamboyants, plus réalistes.

« A cause de l'intervention en Irak, une course de vitesse est engagée entre les forces de l'ordre et les forces du désordre. Cette course, nous ne la gagnerons ni seuls, ni dans les fourgons d'une armée d'occupation. C'est ensemble que nous serons plus sûrs de l'avenir. »

Ensemble, Iraniens compris. Notre indépendance nous permet d'être écoutés à Téhéran qui assure qu'il ne jouera pas la carte du pire en exacerbant les tensions, et s'abstiendra d'actionner pour un temps le Hezbollah au Liban et le Hamas en Palestine. Une indépendance qui donne plus de poids à la fermeté française sur la dissémination nucléaire. Kharrazi et Rafsandjani ont réaffirmé l'ouverture de leur site aux inspecteurs de l'AIEA.

Croit-il à ce moment que l'Iran renonce vraiment à fabriquer sa bombe ? Pas sûr. Il me revient cette phrase de Chirac à l'Elysée. Autant le Président était assuré que Saddam ne possédait pas les fameuses ADM, encore moins d'uranium nigérien pour sa bombe atomique, autant il doutait que l'Iran consacre sa recherche nucléaire au seul domaine civil. Il en tirait cette conclusion :

« Si l'Iran joue au con et fabrique sa bombe, ne vous y trompez pas, il n'aura pas le temps de s'en servir. Israël le saura, procédera à une frappe préventive. A ce moment, on aura encore besoin de nous. Pour éviter l'embrasement... »

Les frappes chirurgicales, Israël connaît. Le 6 septembre 2007, l'aviation de Tsahal a détruit... en territoire syrien une installation nord-coréenne à vocation atomique. Personne n'a protesté, surtout pas la Syrie qu'on voyait mal saisir le Conseil de sécurité.

On se dit alors que l'Iran ne perd rien pour attendre. Mais là, Israël ne peut agir seul. La Maison-Blanche laisse entendre qu'une opération militaire est envisagée. A peine élu, Sarkozy embraye. Coup dur : la CIA refuse de se laisser embarquer dans un remake calamiteux, style ADM de Saddam. Elle prend les devants, fait fuiter un rapport : rien n'indique de manière certaine que l'Iran possède l'arme nucléaire. Rétropédalage de Washington, immédiatement suivi par Paris. Retour à la diplomatie et à l'Onu.

En 2003, on n'en est pas encore là. Villepin n'est pas dupe du jeu de Téhéran qui cherche à gagner du temps, mais il refuse que les séquences se télescopent. La séquence actuelle, c'est le déminage. Contenir l'Iran et l'encourager à poursuivre sa « collaboration » avec l'AIEA, le faire entrer dans un cercle moins dangereux à défaut d'être vertueux. Si Téhéran déroge à ses engagements, ce ne sont pas les seuls Etats-Unis qui seront légitimes pour riposter mais la communauté internationale tout entière, *via* les sanctions de l'Onu.

De ce point de vue, le message est passé, la mission remplie. Reste à la France, avec ses deux partenaires de la troïka, à satisfaire les contreparties promises à Téhéran. Justement, alors qu'on entre dans l'espace aérien français, Villepin annonce que notre destination a changé. On ne va pas atterrir à Orly mais à Bruxelles. « Un dîner impromptu pour informer nos partenaires. » Nouvelle cavalcade. On s'entasse dans les voitures réquisitionnées d'urgence par l'ambassade. Direction le restaurant *Chez Marius* où l'attendent Javier Solana, haut représentant de l'Union européenne pour la politique étrangère, Joska Fischer et Jack Straw, ses homologues allemand et britannique. Une heure pour confirmer la « relative sagesse » de Téhéran sur l'Irak et pour transmettre les dernières demandes concernant le dossier nucléaire, qui aboutiront bientôt aux neuf points du protocole de Vienne.

Il est minuit lorsqu'on se quitte sur le tarmac d'Orly. La poignée de main du ministre est chaleureuse, le regard fatigué, l'oreille toujours douloureuse. Je demande quel jugement il porte sur le déroulement de sa séquence.

« Un diplomate n'est pas un potier ou un peintre. Il ne peut pas faire un pas en arrière pour contempler son œuvre. Le monde n'attend pas, il faut sans cesse donner une forme au chaos, du sens à l'événement. » Ce pourrait être grandiloquent, ça sonne vrai. S'il a atterri, il reste ce personnage braudélien « jeté dans le jeu précipité de l'Histoire ».

Et sa voiture disparaît dans la nuit.

« Je te troue le cul »

Hiver 2004, un an plus tard. Autre voyage, même combat. Un périple exténuant, passionnant, avec départ d'Orly le dimanche 1er février pour la Côte d'Ivoire (avec l'algarade « Je te troue le cul » à Abidjan), puis quatre capitales en rafale – Brasilia (Brésil), Santiago (Chili), Buenos Aires (Argentine), Mexico (Mexique) – et un final new-yorkais. On sera de retour le samedi suivant, Villepin pétant la forme, nous en petits morceaux.

Tandis que les forces de la coalition découvrent la réalité irakienne et son lot d'attentats, il s'agit de maintenir l'union des pays latino-américains qui, avec la France, ont fait le choix du multilatéralisme.

L'escale d'Abidjan est dictée par d'autres préoccupations, la situation conflictuelle, malgré les accords de Marcoussis, avec le président Laurent Gbagbo. Pour accéder à la résidence de l'ambassadeur qui domine la lagune Ebrié ouverte sur le golfe de Guinée, on passe devant des soldats français en armes, on slalome entre les chevaux de frise qui visent à décourager les attaques de manifestants. Les mots de Villepin ne rassurent qu'à moitié le millier d'expatriés réunis dans les jardins.

A l'arrivée au Plateau, le palais présidentiel, la tension est encore plus perceptible. Villepin entre, mais les accompagnants sont tenus à l'extérieur. L'officier de sécurité du ministre est lui aussi refoulé. Il n'entrera que s'il dépose son arme. Que craint-on ? Qu'il assassine Gbagbo sous les yeux de Villepin ? Non, simple vexation.

Des insultes fusent. Un militaire ivoirien à la poitrine marquetée de décorations barre la route à l'officier de sécurité. Ils se prennent par le col. L'envie du coup de poing est réciproque. L'officier de sécurité se dégage, repousse violemment le militaire ivoirien contre la porte vitrée. Il pénètre en courant dans le palais, la main sur son arme de service, et lance avant de disparaître : « Toi, si tu viens à l'Elysée avec ton arme, je te troue le cul. » Ambiance.

Deux heures après, Gbagbo et Villepin tiennent une conférence commune devant la presse convoquée en service de nuit. Miracle des relations franco-ivoiriennes : tout est calme, sérénité et méfiance partagée. En plus du buffet, les diplomates ivoiriens font ouvrir une salle pour que les accompagnants se restaurent plus à l'aise. C'est inattendu, c'est trop.

Mais il sera dit que le chaud et le froid auront soufflé tour à tour au cours de la soirée. Alors qu'on attend les voitures pour gagner l'aéroport, je vais avec deux confrères admirer l'unique automitrailleuse qui, postée devant la grille du palais, semble dater de Mathusalem. Une Jeep surgit d'où sautent des militaires. Ils braquent leurs armes dans notre direction. « Vous, les Français, n'avez rien à faire ici. Partez ! Et vite ! »

A minuit, l'Airbus de l'Etec quitte Abidjan pour Santiago. Neuf heures de vol. Avant de regagner sa cabine – il a droit à un vrai lit avec minicabinet de toilette –, Villepin donne aux béotiens que nous sommes son cours habituel sur la littérature du pays hôte.

« Vous connaissez Pablo Neruda, bien sûr ? »

La phrase de trop.

« Te declaro mi amor, Valparaiso »

Il ne s'en rend pas compte. Tout à sa volonté de faire partager les particularités et les sensibilités de ces écrivains « qui-en-disent-plus-sur-leur-pays-que-de-savantes-analyses », il nous prend pour des billes. Certes, les journalistes, c'est connu, sont de fausses valeurs et ne savent pas grand-chose, mais quand même... Penser que l'un d'entre nous – à défaut de connaître l'existence du Perse Nizami ou de pouvoir réciter un poème de Neruda – ignore le nom du plus grand des écrivains chiliens contemporains, prix Nobel de littérature, ancien exilé puis ambassadeur à Paris, c'est vexant. On ne lui en veut pas, mais ça mérite peut-être une leçon.

Revenu à l'arrière de l'appareil, je confie mon projet à Isabelle Dath de RTL, présidente de la presse présidentielle, Pierre Rousselin, du *Figaro* et Luc Lemonnier, de Radio-France. Inventer un poème de Neruda et voir si notre ministre le connaît. J'ai déjà trouvé le titre : *Tan bien y tan bien.* Il sonne bien.

« T'es pas cap ! », lance Isabelle.

Le défi est lancé. Il sera relevé, débouchant sur un remarquable exercice de courtisanerie...

Ce 2 février est une belle journée. Commencée par la cavalcade habituelle. 8 h 30, atterrissage à Santiago, transfert à vitesse prohibée jusqu'à l'hôtel San Cristobal Towers. On pose son sac, on se brosse les dents. A 9 h 30 on se retrouve au ministère des Affaires étrangères qui a la particularité unique en Amérique latine d'être tenu par une femme, Maria Soledad Alvarez, au sourire aussi lumineux que son prénom.

Une femme remarquable, Soledad. Dans son précédent poste, le ministère de la Justice sous la présidence Frei, elle a entrepris de rénover une institution inchangée depuis un siècle mais surtout affaiblie par les dix-sept ans de la dictature Pinochet. Son action réformatrice autant que sa probité lui valent aujourd'hui une considérable popularité. C'est à elle que Ricardo Lagos doit sa présidence quand, lors de la campagne du second tour, elle a su rénover l'image de l'agnostique candidat de la Concertation, en la rendant à la fois plus dynamique, plus consensuelle, plus chrétienne.

Ricardo Lagos l'a remerciée en lui confiant un ministère prestigieux. Machisme pas mort : la nomination de Mme Alvarez aux Affaires étrangères a provoqué des turbulences. Vite effacées par ses premiers succès, comme la conclusion des accords de libre-échange avec les Etats-Unis, puis l'accord avec l'Union européenne.

Au côté de Soledad, une autre femme : Isabel Allende, socialiste, nièce de l'ex-président Salvador Allende, mort lors de l'assaut du palais de La Moneda par les troupes du putschiste Pinochet. Membre depuis cinq ans du groupe d'amitié Chili-France à la Chambre, officier de la Légion d'honneur depuis peu, Isabel remercie la diplomatie française de son action dans l'« affaire irakienne ». Plus loin, voici Jorge Edwards. Diplomate, il fut en poste à Paris avec Pablo Neruda. Ecrivain primé, journaliste, il se définit comme « le dernier des *afrancesados* ». Si les Français ne s'aiment guère, heureusement il y a les francophiles.

A 11 heures, le convoi reprend la route. Destination, la résidence d'été de Cerro Catillo, à Vina del Mar, où le président Ricardo Lagos attend Villepin pour un entretien et un déjeuner. On sent venir les effets lénifiants du jet-lag. Valparaiso nous réveille. De toutes les visites que l'ambassade a proposées au ministre avant sa rencontre avec les intellectuels et artistes chiliens, Villepin n'en a retenu qu'une : la virée à Valparaiso, sur les traces de Pablo Neruda.

Il aurait pu se rendre dans l'un des quatre lycées français, magnifier les réussites des entreprises tricolores en visitant le siège de la Sodexho, troisième employeur du pays avec un chiffre d'affaires de cent trente millions de dollars, chez Air Liquide, qui fournit en gaz 90 % du secteur minier, à l'usine de traitement des eaux d'Ondeo, une référence au sud de l'Equateur, ou encore parcourir le site où Eurocopter assemble des hélicoptères.

Toutes ces avancées françaises, Villepin les a saluées mais rien, selon lui, ne peut mieux témoigner des rapports entre les deux pays que ce lien culturel, immatériel, avec le poète communiste, exilé à Paris pour fuir la junte militaire, le passeur de rêves dont on va célébrer dans quelques mois le centenaire de la naissance.

« Si Dieu existe, Valparaiso est son plus bel ouvrage », disait Neruda. Valparaiso, le port mythique, l'escale obligée de tous les voiliers qui reliaient les deux océans, Pacifique et Atlantique, avant que l'ouverture du canal de Panama signe son déclin. Valparaiso qui revit aujourd'hui comme capitale culturelle du Chili, où se mêlent les influences européenne et latino-américaine, héritière d'un « âge d'or » architectural qui justifie son inscription au Patrimoine mondial de l'humanité de l'Unesco, une inscription fortement soutenue en 2003 par la France.

Dans son discours de réception du Nobel de littérature, Neruda dit son amour pour Valparaiso qu'il découvrit comme une révélation à dix-sept ans, lui l'enfant du Sud, de Temuco. « Santiago c'est comme un trop bon repas, un alcool trop fort où le rêve et l'illusion n'ont pas leur place. Tandis que Valparaiso... *Te declaro mi amor, Valparaiso...* »

Pour comprendre, entrez au 237, rue Ferrari, sur le Cerro Florida. Là s'élève *La Sebastiana,* la maison de Pablo, acquise en 1961, dont il rénova les cinq étages à sa manière, colorée, excentrique. Aujourd'hui, *La Sebastiana* est un musée et un centre culturel avec son atelier de poésie. Pourtant, jamais musée n'a semblé aussi ouvert, vivant, habité.

Il est là, Pablo. Il vous accueille au quatrième étage dans le salon-salle à manger qui domine les collines environnantes et dont les larges fenêtres s'ouvrent à 180 degrés sur la baie. Une vue panoramique, unique, où s'unissent les trois éléments, la terre, le ciel, la mer, invitant le visiteur à l'évasion. Dans son rocking-chair de bois et cuir, baptisé « Le Nuage » et dont le repose-pieds de peau de chameau est tacheté d'encre verte, celle de ses manuscrits, Neruda contemple, tel un amiral, le croisement des navires, le balancement des chalutiers et, lors de la Saint-Pierre, la procession multicolore des vieux voiliers.

A côté du « Nuage », une petite table ronde est incrustée de pierres polies et d'un escargot pétrifié appelé Amonit (datant de trois cents millions d'années). Derrière le fauteuil, une autre table. Elle est noire, incrustée de nacre. Il l'a achetée aux enchères. Ce cadeau, que l'impératrice Eugénie de Montijo offrit à l'ambassadeur chilien à Paris du temps de Badinguet, représente le bâtiment de la Douane de Valparaiso au XIXe siècle. Accroché au plafond, l'oiseau Coro-Coro qu'il a rapporté, embaumé, du Venezuela. Sur le mur, un tableau animé, avec horloge et boîte à musique, vient de France.

Partout ailleurs, on raillerait le bric-à-brac, l'assemblage hétéroclite. Ici, miracle d'une bonbonnière ouverte sur l'azur, tout aspire à la découverte, au choc joyeux des différences, tout renvoie à la cohérence d'une vie multiple où se côtoient et se répondent un souvenir d'en France et les trésors d'un continent hier colonisé. N'oubliez pas, là, sur la table, ses coupes d'un vert transparent. Depuis l'enfance, Pablo aime les verres de couleur. Ils sont rouges, verts, jaunes. Il affirme que l'eau, dont il n'est pas un consommateur forcené, « y a meilleur goût ».

D'ailleurs, il vous invite au bar – lui seul peut passer de l'autre côté –, lieu sacré de son quotidien « coquetèle », mot qu'il a forgé en mélangeant cocktail et la « coquette », mot de son invention. A la différence du punch chilien (vin blanc, champagne et fruits) qu'une servante prépare à la cuisine dans une vache en céramique, le « coquetèle » servi au bar du troisième étage désigne une boisson que Pablo prépare lui-même : moitié champagne, moitié cognac français avec une larme de Cointreau et du jus d'orange en guise de camouflage. Si tout le monde est content, joyeux, le « coquetèle » a ses règles. Personne ne doit se montrer trop cultivé. La conversation intellectuelle est interdite. On est entre amis, tous citoyens du monde.

En témoigne l'hommage que *La Sebastiana* rend à... un Anglais. Des deux côtés de la porte de la salle de séjour, voici les portraits de lord Cochrane, une peinture à l'huile et un dessin. Neruda se souvient du rôle du marin lors de la guerre d'indépendance qui aboutit à la fin de la domination espagnole. Il célèbre celui « qui a participé à l'accouchement de ces nations qui n'avaient pas de noms, des nations silencieuses, pleines de forêts et de volcans, qui, grâce à lui et à d'autres libérateurs, ont désormais une identité, un drapeau, une voix et un espoir ».

Dans une œuvre au titre révélateur – *Lord Cochrane du Chili* –, il lui prête cette Proclamation :

Chiliens de la mer ! A l'assaut ! Je suis Cochrane. Je viens de loin !
Vous avez déjà appris les arts du feu et le luxe de la symétrie !
Le sang Araucan est l'honneur de mes équipages !
En avant ! La terre du Chili se gagne ou se perd dans les eaux !
A moi marins ! Je garantis non la vie de chacun
Mais la victoire de tous. A moi, marins du Chili !

On comprend la raison de cette visite à *La Sebastiana,* comme un pèlerinage de Villepin sur les lieux où vécut et rêva un diplomate poète né Ricardo Neftali Reyes, qui prit le pseudonyme de Pablo Neruda en hommage à un autre poète, le Tchèque Jean Neruda. Un Pablo autodidacte qui publia ses premiers poèmes à l'âge de treize ans, entreprit des études pour devenir prof de français, connut la gloire à vingt ans avec son premier recueil, *Vingt poèmes d'amour et une chanson désespérée.*

A quoi pense-t-il, le ministre, en répondant aux journalistes chiliens qui l'accompagnent ? Au Neruda poète de l'amour et du désespoir, terrains connus ? A l'historien du *Chant général,* gigantesque fresque de l'Amérique latine ? Au candidat à l'élection présidentielle qui s'effaça devant Salvator Allende ? Ou bien au républicain limogé pour cause d'attachement à la démocratie et qui, après son exil à Paris, y revint certes comme ambassadeur, mais toujours orphelin de Valparaiso ?

« Ici, à Paris, écrit Pablo à un ami, on se bat jour et nuit pour des questions d'intendance. A quoi cela rime-t-il comparé au "Nuage" de *La Sebastiana,* tourné vers le large, devant lequel scintillent toutes les lumières de la côte. » Devant cette baie si calme et frémissante d'un ailleurs, même pour un communiste, sûr qu'un Dieu existe, capable d'une si belle ouvrage. A quoi pense Villepin ? Peut-être à la tentation de Valparaiso en réponse au chaos du monde.

« Tan bien y tan bien »

Le lendemain, à l'aube, décollage pour Buenos Aires. Deux heures de vol. Petit déjeuner à bord. Villepin évoque la personnalité du président argentin Nestor Kirchner qu'il va rencontrer dès son arrivée. Dans le carré, on revient sur la virée à Valparaiso, le pèlerinage Neruda. Isabelle Dath me rappelle mon défi. « Alors, tu mollis ? » Je respire un grand coup. C'est parti pour *Tan bien y tan bien.*

« Une chose m'étonne. Devant les intellectuels chiliens, hier soir, vous avez évoqué Pablo Neruda mais vous n'avez pas cité son célèbre poème *Tan bien y tan bien.* Il témoigne, sans doute plus que tout autre, de l'attachement de Neruda à la langue française puisque, à ses vers en espagnol, il mêle les rimes d'un poème de Musset… »

Devant cette nouvelle étonnante, les réactions de mes confrères sont contrastées. Pierre Rousselin semble navré par le piège grossier. Il se demande comment va tourner le crime de lèse-majesté. Luc Lemonnier joue le détachement, il tourne avec application sa cuillère dans son café alors que le sucre est dissous depuis longtemps. Le plus dur est pour Isabelle Dath. Elle est assise à côté du ministre. Elle a du mal à garder son sérieux. Ses épaules se soulèvent par saccades, vaine tentative pour réprimer un début d'hilarité.

Les collaborateurs du ministre se taisent. Comme à l'accoutumée. Ils le regardent pour savoir quelle attitude adopter. Comme d'habitude. Villepin ne dit mot, attendant la suite, moins intéressé qu'étonné. Sa stupéfaction s'accroît lorsque j'entreprends, pour crédibiliser ma fable, de réciter ces vers de Musset « que chacun de vous ici connaît, bien sûr » :

J'étais seul, l'autre soir, au Théâtre-Français,
Ou presque seul ; l'auteur n'avait pas grand succès.
Ce n'était que Molière, et nous savons de reste
Que ce grand maladroit, qui fit un jour Alceste,
Ignora le bel art de chatouiller l'esprit
Et de servir à point un dénouement bien cuit.
Grâce à Dieu, nos auteurs ont changé de méthode,
Et nous aimons bien mieux quelque drame à la mode
Où l'intrigue, enlacée et roulée en feston,
Tourne comme un rébus autour d'un mirliton.

Là, je sens qu'avec le « mirliton », on atteint un haut degré de surréalisme. Les collaborateurs du Quai sont abasourdis. Bruno Le Maire, le directeur de cabinet, semble effondré. Que l'existence de *Tan bien y tan bien* lui ait échappé, soit, mais réciter du Musset à son patron qui ne jure que par Rimbaud ! L'ivresse de l'altitude sans doute. Villepin me fixe, incrédule, mais ne craque toujours pas. Encore un effort. Je vais y arriver. Je continue, renvoyant sa phrase à l'envoyeur :

« Vous connaissez Neruda, bien sûr. Ce qui l'intéresse, c'est moins la référence à Molière, "si triste et si profond que lorsqu'on vient d'en rire on devrait en pleurer", que l'amour, le rêve, la séduction. Le vers qu'il a choisi se rapporte à la jeune femme que Musset découvre durant cette représentation à la Comédie-Française. Elle est assise devant lui. Il ne voit d'elle que "son cou blanc, délicat, qui de la neige effacerait l'éclat". C'est ce vers qui figure en français dans le poème chilien. »

J'arrête mon numéro de voltige. J'attends la réaction. Villepin ne plonge toujours pas mais, pour la première fois, je lui vois ce regard de poule en arrêt devant un couteau. *Caramba,* encore raté ? Pas complètement. Un des directeurs du Quai, volant au secours de son ministre, et voulant lui complaire en étalant ses connaissances, pose sa main sur mon bras et déclare :

« Vous avez raison. Il n'y a pas que *Tan bien y tan bien* et Neruda. Nombre de poètes sud-américains étaient coutumiers du fait, qui parsemaient leurs œuvres de phrases ou de vers en français. Autant de témoignages de l'influence de notre culture. »

La diplomatie est un métier.

En entendant cette phrase, qui consacre l'existence de mon poème introuvable, Isabelle Dath part d'un formidable éclat de rire. Villepin la regarde étonné, puis sourit. A-t-il deviné l'arnaque ou bien se réjouit-il du brillant exercice de flagornerie d'un collaborateur zélé ?

Avant d'atterrir à Buenos Aires, Isabelle oscille entre admiration et crainte pour la suite de ma carrière. « Bravo ! Un moment j'ai failli y croire, mais tu es gonflé. Il va t'en vouloir. »

Il ne m'en a pas voulu. Villepin adore le surréalisme. Il le révélera plus tard en comparant le sarkozysme à « la rencontre d'une machine à coudre et d'un parapluie », clin d'œil à Lautréamont[1]. Il aime aussi les rires moqueurs pourvu qu'il n'en soit pas la victime.

Le jour où je l'ai vu heureux

Le rendez-vous avec Nestor Kirchner a lieu à la *Casa Rosada,* siège du pouvoir exécutif. C'est le président Sarmiento qui, en 1868, en choisit la couleur. A l'époque, deux partis politiques s'affrontent : les fédéralistes (en rouge) et les unitaristes (en bleu pâle). Dans un souci de consensus, Sarmiento fait peindre ce palais en rose. Un rose bonbon des plus kitsch, obtenu à partir d'un mélange de graisse et de sang de bœuf additionné de citron vert. Dans le patio, entre les arcades, des arbres se balancent. Sentiment de paix et atmosphère monacale qui ne renvoient guère l'écho des liesses et des drames de jadis.

Devant, c'est la mythique *Plaza de Mayo,* avec la cathédrale à laquelle est accolé le temple contenant la dépouille du *Libertador* José de San Martin. Parcourir la *Plaza de Mayo,* c'est revivre l'histoire de l'Argentine, ses joies, ses douleurs. Voici Eva Perón qui préside en 1945 au plus gigantesque des rassemblements ouvriers (les *descamisados*) pour réclamer le retour de son mari. Balancier de l'Histoire : dix ans plus tard, l'aviation argentine bombarde sur la *Plaza* les péronistes qui manifestent contre le coup d'Etat. C'est la place de toutes les révoltes. En 1989, une foule immense y clame son indignation devant l'amnistie accordée par le président Carlos

1. Anna Bitton, *Marianne,* décembre 2006.

Menem aux responsables des juntes qui ont ensanglanté le pays une décennie durant.

Souvenir des années noires toujours quand, chaque jeudi, dans un silence poignant, se rassemblent les « Folles de Mai », ces mères et grands-mères qui défilent, en fichu blanc, pour demander des nouvelles de leurs disparus, maris, frères ou enfants, dont aujourd'hui elles ne savent toujours rien. Elles sont de moins en moins nombreuses au fil du temps, elles mourront sans savoir.

Ce mardi matin, la *Plaza de Mayo* est déserte. Les bourreaux dorment tranquilles. Un gamin joue avec un cerceau. Un autre s'avance, tenant dans sa main un *dream-catcher*, ce petit cercle aux fils serrés, comme un tamis, qu'on place sur la porte de la chambre d'un enfant pour capturer les mauvais rêves qui le menacent. Il veut me le vendre.

Curieux, la dernière fois qu'on m'a proposé un *dream-catcher* c'était voilà dix ans, dans une ferme indienne près de Whitehorse, au Yukon. Oui, le Yukon, la plus occidentale des provinces du Canada, sa frontière avec l'Alaska, le pays des chercheurs d'or et de Jack London. Deux enfants d'un même continent, l'un sous le soleil du Sud, l'autre au pied d'un glacier du Nord, plus de dix mille kilomètres les séparent, ils ignorent tout l'un de l'autre. Ils n'ont pas la même couleur de peau. Ils ne parlent pas la même langue. Pourtant, un lien mystérieux les unit, la fabuleuse histoire des fils tressés qui emprisonnent les cauchemars des tout-petits. La légende indienne vient de loin, elle a traversé mille plaines et survolé les montagnes. Qui a soufflé à l'oreille d'enfants que tant de frontières séparent cette même croyance : on peut fabriquer un objet magique pour attraper les mauvais rêves au passage ? Qui dira que ces deux enfants-là ne sont pas frères ?

Avant sa rencontre avec les intellectuels argentins, Villepin visite la maison de Marion Helft, directrice du musée d'Art moderne. Il s'attarde devant les manuscrits de José Luis Borges. La littérature comme lien universel, la culture et sa diversité comme bien commun, son leitmotiv, la cohérence de son action et d'une politique. Si l'on veut approcher Villepin, ne pas lâcher cette clé. On la retrouve, le lendemair à Brasilia.

Brasilia, on y arrive à une heure du matin le mercredi. On se réjouit de rencontrer le président Lula da Silva. Contretemps. Des inondations ravagent les provinces de l'Ouest. Lula va se rendre d'urgence auprès des populations sinistrées. Prévue à 14 heures, l'entrevue est avancée à 7 heures. Villepin s'y rend sans nous. On le retrouve devant les professeurs et les étudiants de l'Institut Rio Branco.

C'est son « Discours de la méthode ». Il ne doit rien au pseudo anti-américanisme mais tout à la réflexion d'une nouvelle définition des rapports entre les nations. Il y reprend les thèmes qu'il nous exposait dans l'avion et qui, compte tenu du triomphe obtenu devant cette salle archicomble, sont ici largement partagés.

« Après le temps des empires qui, d'un continent à l'autre, opprimaient les peuples ; après le temps des rivalités et des indépendances ; après le temps des guerres qui ont tour à tour embrasé le globe, nous avons vécu pendant un demi-siècle sous l'emprise de deux grands blocs : Est contre Ouest. Aujourd'hui, une révolution s'opère. Après la chute du mur de Berlin s'affirment de nouveaux ensembles : l'Europe, l'Amérique latine, l'Asie du Sud-Est ou l'Afrique de l'Ouest, qui revendiquent une place sur la scène du monde.

« Mais au moment où la planète se transforme sous nos yeux, où un espoir se lève, d'autres périls menacent : le terrorisme qui, avec le 11-Septembre, est entré dans une phase nouvelle visant la plus grande destruction possible afin de répandre la terreur, la prolifération nucléaire, les crises régionales.

« Face à ces dangers, il faut refuser la tentation de la force qui alimente l'engrenage de la violence. L'action unilatérale ne peut que susciter des réactions d'allergie envers la puissance qui l'exerce. Le piège est bien une nouvelle division planétaire ou une guerre des mondes. La réponse ne peut être que collective. Nul ne peut aujourd'hui assurer à lui seul la stabilité du monde. Face au risque de rupture, il est essentiel de créer des liens forts entre les peuples. »

Pour Villepin, ces liens existent déjà, qui dépassent les clivages partisans, les différences de régimes, libéraux, sociaux-démocrates, socialistes. Ils sont fondés sur les rivalités surmontées, sur les cultures, sur les diversités revendiquées et respectées. Le terreau du Rio Branco est propice.

« Europe-Amérique latine, nos deux continents ont en partage une culture et une sensibilité particulières, à la croisée des héritages atlantique et latin, du Nord et du Sud, antique et moderne. L'ancrage du Portugal au cœur de l'Union européenne renforce cette proximité que découvrait Darius Milhaud arrivant au Brésil et déclarant que la Méditerranée s'étendait de Constantinople à Rio. »

Il célèbre le Brésil, terre de brassage. « Peu de pays offrent une telle mosaïque d'identités et de cultures. Des Indiens qui habitaient vos terres aux marins portugais ou aux Africains de la couronne guinéenne et du vaste monde bantou, puis aux Asiatiques venus de Goa et de Macao, votre peuple reflète l'ensemble des continents et des échanges. L'Histoire ne va pas sans drames. Certains sont venus conquérir des terres, d'autres ont subi l'esclavage. En surmontant les injustices du passé, vous avez fait le choix de l'unité et de l'égalité. »

Comme une évidence, c'est un artiste qui illustre la démonstration. « Votre art baroque célèbre les noces de la religion catholique avec l'indianité et la négritude, à l'instar des *Trois races* peintes par Emiliano Cavalcanti où la fusion des origines donne naissance à une humanité nouvelle. »

Pays pionnier, racine universelle. « L'un des contes les plus célèbres de João Guimarães Rosa, *Mon oncle le jaguar*, qui voit le chasseur prendre les formes d'un fauve, ne renvoie-t-il pas aux *Métamorphoses* d'Ovide ? Et cette musique qui fait vibrer toutes les cordes du syncrétisme quand un Heitor

Villa-Lobos marie la rigueur de Bach et les danses populaires brésiliennes, quand un Antonio Carlos Jobim accommode le jazz venu des Etats-Unis avec le rythme de la samba. » Il cite aussi Caetano Veloso, Chico Buarque, sans oublier Gilberto Gil, devenu ministre de la Culture, qu'il va rencontrer tout à l'heure. Imagine-t-on Bernard Lavilliers rue de Valois ?

Toujours rappeler ce qui rapproche et réunit. « Très tôt des Français s'embarquèrent pour votre pays, nourrissant la réflexion ouverte par Montaigne sur la tolérance qui, quatre siècles plus tard, anime les recherches d'un Claude Lévi-Strauss et d'un Fernand Braudel à l'université de São Paulo. Brésil terre d'utopie et d'accueil quand Georges Bernanos, quittant l'Europe à la veille des accords de Munich, y retrouve un Stefan Zweig qui a fui le nazisme. »

Différence, connivence. « Après l'indépendance, la jeune République brésilienne puisait aux idées des Lumières et leur imprimait son propre caractère : l'esprit cartésien d'un Benjamin Constant ou d'un Auguste Comte s'unit ainsi à l'âme brésilienne. Et dans le souffle prophétique de nos poètes romantiques, Castro Alves puis Machado de Assis composent des strophes de sang et de feu qui réclament justice pour leur pays. De cette admiration mutuelle est née l'amitié entre Lucio Costa, Oscar Niemeyer et Le Corbusier autour de la grande aventure architecturale de Brasilia. Et la même énergie anime un Jorge Amado racontant l'épopée des peuples du Nordeste ou faisant jaillir l'éclat de Bahia la caribéenne. »

Pourquoi consacrer tant de lignes à ce discours de Brasilia dont aucune radio, aucune télévision française, n'a jamais rapporté l'écho ? Pour réparer une injustice. Cette intervention est moins connue que l'allocution prononcée par Villepin, le 14 février 2003, devant le Conseil de sécurité de l'Onu, quand la France « refusait de céder à la précipitation, à l'incompréhension, à la suspicion et à la peur », quand la France, par sa voix, choisissait la priorité du désarmement dans la paix et refusait la guerre de Bush. Un discours gaullien, une usine à frissons. Rarement ministre fut autant à l'unisson de l'opinion nationale quand il déclarait : « Dans le temple des Nations unies, nous sommes les gardiens d'un idéal et les gardiens d'une conscience. Et c'est un vieux pays, la France, un vieux continent comme le mien, l'Europe, qui vous le dit, qui a connu les guerres, l'occupation, la barbarie. Un pays qui n'oublie pas, et qui sait tout ce qu'il doit aux combattants de la liberté venus d'Amérique et d'ailleurs. Et qui pourtant n'a cessé de se tenir debout face à l'Histoire et devant les hommes. »

Le discours de New York, tout le monde ou presque s'en souvient. Celui du Rio Branco à Brasilia, personne ou presque ne l'a entendu : une cinquantaine de Français peut-être et quatre cents Brésiliens dans un amphithéâtre, étudiants, professeurs, artistes dont, j'en témoigne, les yeux brillaient au final. Mieux encore que celui de l'Onu, le discours de Brasilia révèle les racines de son engagement, sa vision politique du monde. Ce jour-là, il célèbre le Brésil mais c'est à la France qu'il pense, à sa vocation d'ouverture au monde, accueillante aux vents du globe, plus soucieuse d'échanges que de déflagrations, défendant les identités contre tous les impérialismes.

Chez tout autre, la litanie de ces noms de poètes, musiciens, philosophes et architectes qu'il appelle à la rescousse sentirait la lecture obligée d'un *Who's Who* cultureux pour ministre en représentation. Dans le grand amphithéâtre du Rio Branco, c'est le contraire. La salle, debout, ne s'y trompe pas. Elle applaudit longuement, ressentant, presque physiquement, la proximité, la connivence et la fraternité de cet homme qu'on dit de pouvoir et de coups avec les faiseurs de rêves qui, après avoir sillonné tant d'océans, rapprochent les rivages.

Ce jour-là, j'ai vu Villepin tel qu'en lui-même, c'est-à-dire tel qu'il n'apparaît jamais : « raccord », loin de ses sarcasmes lapidaires et de ses jugements cruels, délivré des conversations diplomatiques (« ces mensonges où l'historien s'embourbe[1] »),

1. Fernand Braudel, cité par Daniel Rondeau dans *Carthage*, Nil, 2008.

partageant la même soif de civilisations, celles qui se savent mortelles mais ne veulent pas mourir, cheminant au milieu d'une cohorte joyeuse et bigarrée, celle des « voleurs de feu » qui disent, ensemble, chacun dans sa langue, la mémoire, la fraternité et l'espoir du monde.

Tel qu'en lui-même et, pour une fois, heureux. Moment rare pour un homme qui ne s'aime guère.

Et dire que, un an plus tard, le même homme s'en ira jouer les soutiers à Matignon ! Misère, misère.

Un bruit de revolver à l'United Nations Plaza

L'étape mexicaine est expédiée en deux coups de cuillère à pot. Arrivés le mercredi au milieu de la nuit, on en repart le lendemain midi. Le Mexique est un allié fidèle de la diplomatie française à l'Onu. Sur l'Irak, la convergence est totale, ce qui est méritoire de la part d'un pays frontalier des Etats-Unis. Le président Vincente Fox tient bon. Pas besoin d'argumenter, on se comprend à demi-mot depuis que le général de Gaulle, en 1964 à Mexico, a lancé son appel à marcher « *la mano en la mano* ».

La rapidité de l'escale nous épargne le rappel des-liens-séculaires-qui-unissent-nos-deux-pays. Pas de rencontre avec les intellectuels. Pas d'évocation de l'« aventure mexicaine » entreprise par Napoléon III et dont le souvenir aurait pu plomber pour des siècles les rapports entre les deux nations.

Bons princes, les Mexicains font mine de considérer l'expédition militaire comme un épisode fâcheux, lointain, une « parenthèse » sans conséquence. Le temps adoucit les plaies. Les poètes rebelles aussi. Ce dont Mexico préfère se souvenir, c'est de Victor Hugo qui « entendit le cri des hommes de Puebla », leur exprima sa « fraternité de proscrit » et dénonça la « tentative infâme » du Second Empire de Badinguet.

Seul rendez-vous sur l'agenda, un petit déjeuner avec Luis Ernesto Derbez, le ministre des Relations extérieures. Villepin évoque l'Irak, évidemment, le nucléaire iranien et la position qu'il défendra demain à l'Onu sur le Liberia, avant de rencontrer Colin Powell.

Car le final de ce périple exténuant, c'est New York. Dans l'avion qui vole vers l'aéroport Kennedy, le ministre découvre que la délégation est logée à l'hôtel *United Nations Plaza.* Il en garde un mauvais souvenir, demande qu'on trouve un autre point de chute. Un caprice ?

« Non, la suite du 46e étage sent la pisse. »

Curieux, cette vulgarité de corps de garde qui resurgit régulièrement.

Où dormir ? Il demande notre avis, comme si on pouvait décider quoi que ce soit. A tout hasard, je hasarde le *Pierre* qui donne sur Central Park, ou le charmant *Michelangelo,* près de Broadway, à deux blocs du siège d'Hachette-Filipachi-USA. Peine perdue. On atterrit dans trente minutes. Impossible de trouver vingt chambres en si peu de temps à deux blocs du siège de l'Onu. C'est ainsi que, sur le coup de 20 heures, le portier de l'*United Nations Plaza* voit sortir de quatre vans aux vitres teintées un ministre fringant, mais qui fait la gueule en pensant à l'odeur du 46e étage, une escouade de zombies aux yeux cernés... et un officier de sécurité au revolver baladeur.

Habitué à sauter en voltige de la voiture d'escorte, sans doute fatigué par le voyage, ce même policier qui s'était colleté à Abidjan avec le général ivoirien multidécoré s'étale de tout son long, Son arme voltige aussi. Raclant le bitume dans un bruit métallique, elle fuse sur le trottoir et termine sa course, un choc mat, contre la porte tournante. Le portier à chapeau claque, redingote à boutons dorés et cape de mousquetaire, contemple sans plus de stupéfaction l'objet qui gît à ses pieds. Il se baisse, ramasse l'arme précautionneusement. Il la tient entre ses deux doigts, comme avec des pincettes. Il tourne vers le groupe de journalistes médusés un regard de pitié, semblant demander : « Et ça, c'est à qui ? »

L'officier de sécurité arrive en courant. Le portier lui rend son arme, sans dire un mot. Juste un sourire. La routine. Ce pro en a vu d'autres. Témoin de la scène, un diplomate étranger, sans doute afghan – il est habillé comme Hamid Karzaï –, s'engage dans la porte tournante, lançant au policier réarmé un « *Good evening* » amusé et complice.

Bienvenue au *United Nations Plaza,* hôtel tour de Babel.

Et la suite du 46e ? Villepin a nettement exagéré. On ne sent pas l'odeur d'urine mais un entêtant parfum de désodorisant, preuve qu'on doit vouloir nous cacher quelque chose.

Le lendemain, c'est le grand jour. D'abord, l'entretien de Villepin avec l'élégant Kofi Annan, secrétaire général de l'Onu. Ensuite et surtout, la réunion de travail avec Colin Powell, suivie d'un déjeuner auquel nous ne sommes pas conviés. Des deux côtés, américain et français, on se donne le mot afin de présenter l'entretien comme une « réunion de routine ». Richard Boucher, le porte-parole du secrétaire d'Etat, tire le premier. « Nous travaillons avec les Français sur de nombreux sujets. Cette rencontre fait partie de notre travail régulier avec l'un de nos alliés, avec qui nous avons, à l'occasion, de vives divergences. » Ah ! qu'en termes galants...

Vrai, Villepin et Powell se téléphonent régulièrement. De là à qualifier leurs rapports de « routiniers », c'est solliciter les mots au-delà du raisonnable. Les deux hommes ne se sont pas retrouvés face à face depuis... cinq mois. C'était le 13 septembre 2003, à Genève, en marge d'une réunion sur l'Irak. Complètement en marge puisque la conversation se résumait alors en un aparté... à l'extérieur d'une salle de réunion. Colin ne pouvait faire plus. C'était déjà beaucoup. Aurait-il fait durer l'entretien avec « Dominic » que tous les faucons de Washington auraient fondu sur lui.

Aujourd'hui, c'est différent, le déjeuner de New York doit marquer pour l'opinion américaine la fin officielle de la brouille. Chacun y a intérêt. Les Etats-Unis sont depuis près d'un an en Irak et les choses ne se passent pas comme prévu. Chaque jour, des attentats à Bagdad. Chaque semaine, les cercueils qui rapatrient les corps des GI réveillent douloureusement l'opinion. Quant à la France, campée dans son rôle de chevalier blanc de la légalité internationale, elle doit, sous peine de s'exclure du jeu, abandonner la posture de statue du Commandeur. Agir, « être utile », avec toujours en tête le précepte gaullien repris, à l'exception de Sarkozy, par tous les présidents français : « Allié, pas aligné. »

Pour Powell, il est grand temps de tourner la page. Le mois passé, il a préparé le terrain. « Avec mon homologue français, j'ai toujours maintenu d'excellentes relations qui nous ont permis de discuter de manière directe et franche de ce qui a irrité chacun de nous. Les Français sont un peuple fier qui a des idées bien arrêtées et, de temps en temps, il est vrai qu'ils m'ont irrité. Je suis sûr que, moi aussi, je les ai irrités de temps en temps. »

C'est plus qu'un appel du pied. Restait à trouver l'occasion de symboliser officiellement les retrouvailles sans que l'un ou l'autre camp donne l'impression d'aller à Canossa. Pour Powell, il est hors de question de recevoir Villepin au Département d'Etat. Point trop n'en faut, inutile d'attiser la colère des faucons. En revanche, le terrain neutre de l'Onu est le lieu tout désigné. D'autant que s'achève ce vendredi, à l'initiative de Kofi Annan, la Conférence internationale pour la reconstruction du Liberia, réunion à laquelle les Etats-Unis tiennent beaucoup et que la France soutient… sans réserve.

Dans son intervention sur le Liberia, le ministre français ne manque pas de citer l'ami Colin. « Après quinze années d'une guerre civile qui a fait 250 000 morts et 400 000 déplacés, alors que restent mobilisés 50 000 combattants et… 15 000 enfants soldats, une dynamique de paix s'est enclenchée à Accra depuis six mois grâce, notamment, à la mobilisation des Etats-Unis qui ont, comme Colin Powell l'a souligné, une relation historique et forte avec le Liberia. »

Après avoir soutenu la proposition américaine de l'envoi de 15 000 hommes sur le terrain, Villepin annonce que la France va demander l'affectation rapide par l'Union européenne d'une contribution de cent millions d'euros pour la reconstruction du Liberia (la quote-part française représente un quart de la somme), sans compter le million d'euros que Paris va consacrer, à titre bilatéral, aux besoins humanitaires les plus urgents.

France-Etats-Unis, l'union sacrée retrouvée ? N'exagérons rien. On se titille toujours. Powell sonde Villepin sur la possibilité de renforcer le rôle de l'Otan en Irak. Pour l'heure, l'Alliance se borne à apporter un soutien logistique à la division multinationale dirigée par la Pologne.

Hier, l'Elysée aurait carrément dit non, refusant que les forces de la coalition enkystées en Irak refilent le mistigri aux militaires de l'Alliance atlantique, une manière d'internationaliser l'intervention en faisant participer à l'occupation d'un Etat souverain des pays d'Occident qui avaient refusé la guerre. A malin, malin et demi.

Aujourd'hui, Villepin dit en substance : « Faut voir. L'idée mérite examen. » Il colle à la déclaration de Chirac qui, la veille, sentant le coup venir, a précisé qu'une implication plus forte de l'Otan en Irak « n'est pas exclue ». A trois conditions cependant. 1 : Que cette implication intervienne après le transfert du pouvoir, fin juin, aux Irakiens. 2 : Que le nouveau gouvernement irakien le demande. 3 : Que l'Onu donne son feu vert. On a beau faire de nouveau ami-ami, on reste ferme sur les principes, la souveraineté des Etats et la légalité internationale. Agaçant mais imparable.

Au tour de Villepin de sonder le secrétaire d'Etat sur la position qu'adopteront les Etats-Unis concernant le vote de la résolution de l'Onu qui prévoit l'envoi de six mille Casques bleus en Côte d'Ivoire. Paris y tient beaucoup. « Il y a urgence. Nous entrons dans la phase finale des accords de Linas-Marcoussis. Il faut maintenant procéder au désarmement et préparer les élections. » Réponse du berger à la bergère, c'est

Powell qui joue la montre, demande un « délai supplémentaire », bref le report du vote. On subodore que ce n'est pas demain que les Ivoiriens voteront. Agaçant mais imparable. L'amitié est un combat.

Reste que le manège tourne de nouveau, le dialogue direct a repris entre les deux alliés, comme au bon vieux temps, les yeux dans les yeux, avec son lot de roueries, de conditions suspensives, de compromis et d'accords secrets. Sur la collaboration dans la lutte antiterroriste, notamment.

A Spin Boldak, dans la province de Kandahar, au sud de l'Afghanistan, un petit fort perdu bat pavillon français. Il abrite nos militaires qui, dotés d'un équipement sophistiqué, participent en liaison avec la CIA à la traque au Ben Laden. Mais, chut ! aucun journaliste n'est alors autorisé à s'y rendre...

La très secrète Alliance Base

Je me souviens d'avoir interrogé Chirac sur Spin Boldak au printemps 2004. Je voulais savoir pourquoi la France ne communiquait pas plus sur l'implication de nos forces en Afghanistan. Elles y sont depuis 2001, sous le gouvernement Jospin, sans que les Français s'en émeuvent, sans vote du l'Assemblée mais sous la bannière de l'Onu.

« N'est-ce pas le moment de rappeler à l'opinion américaine, chauffée à blanc par Rumsfeld et ses faucons, que la France est une alliée fidèle, toujours à ses côtés dans les bons combats, ici la lutte contre al-Qaida ? Pourquoi ne pas envoyer ce message ? Et pourquoi ne pas parler d'*Alliance Base* ? »

Longue réponse concernant le message : « Malgré le désaccord sur l'Irak, les liens de nos services avec leurs homologues américains concernant la lutte antiterroriste ne se sont jamais distendus. Au contraire... »

J'attends avec intérêt l'explication de ce « Au contraire… ». Déception. Chirac ajoute seulement : « Il s'agit là d'un sujet qui mérite discrétion. » Et revient à l'incongruité du message que je suggère d'envoyer.

« Je doute que le rappel de notre présence en Afghanistan soit de nature à contrer à lui seul le *french bashing* que la chaîne Fox distille chaque jour contre nous à longueur de journaux télévisés. Je respecte l'opinion publique américaine, mais ce n'est pas elle qui dicte la politique de la France. Peu à peu, elle prend conscience de la justesse de notre position. L'évolution est en route, si j'en crois les rapports de nos diplomates.

« Envoyer un message, comme vous dites, serait par ailleurs contre-productif. Nous dirions quoi, dans ce message ? "Regardez, nous sommes de bons alliés, nous combattons à vos côtés en Afghanistan" ? Cela sonnerait comme une justification, voire comme une demande de pardon, comme une excuse de ne pas avoir participé à l'aventure irakienne ! Nous n'avons rien à nous faire pardonner. Nous sommes de vrais alliés, ceux qui parlent franc et le prouvent par les actes, en luttant contre le terrorisme. En Afghanistan comme ailleurs. Pas besoin de cocoricoter. Et puis… »

S'il s'interrompt, ce n'est pas pour s'étonner du néologisme qu'il vient d'inventer mais parce qu'il cherche à livrer sa pensée en en disant le moins possible.

« … et puis, il faut toujours se méfier des effets collatéraux, éviter de désigner nos soldats comme des cibles. L'Afghanistan est un pays instable, avec ses trois mille vallées et autant de chefs de guerre qui soutiennent ou défient l'autorité du chef de l'Etat Hamid Karzaï. Les talibans relèvent la tête. Quelle que soit la nécessité de la lutte antiterroriste, nous sommes considérés là-bas comme un corps étranger. Pourquoi se glorifier d'une présence qui peut froisser la fierté de musulmans afghans qui ne sont pas tous talibans, loin s'en faut ? Et puis… il faut aussi être attentif aux retombées de notre action auprès des communautés musulmanes dans les autres pays. »

Jacques Chirac pense-t-il aussi aux banlieues françaises, aux 8 % de notre population qui sont musulmans ? Il n'en dit pas plus. Ce dont je suis persuadé, c'est que notre implication directe en Afghanistan est, après le différend irakien, l'une des preuves données par Paris de sa bonne volonté. Ce gage comporte deux risques. Le premier est qu'on le présente comme un alignement sur Washington, un retour au bercail. Le second est de désigner la France comme la cible de représailles terroristes. D'où la discrétion sur notre action en Afghanistan.

Une discrétion que l'Elysée peut pousser très loin si, d'aventure, nos forces spéciales de Spin Boldak, avec leurs grandes oreilles, arrivent à « loger » Ben Laden dans ses montagnes. Sûr que la France ne « cocoricotera » pas. Elle refilera illico l'info à l'ami américain. Pas la peine d'apparaître en première ligne, même en cas de succès, alors qu'on ne joue que les discrets supplétifs. Pour traquer heureux, traquons cachés.

On en a la preuve, quelques mois plus tard, quand un confrère du *Figaro*, réputé bien informé, affirme que les troupes françaises de Spin Boldak ont localisé le chef d'al-Qaida et qu'on a manqué de peu sa capture. Il ne faut pas plus de dix minutes à Michèle Alliot-Marie, ministre de la Défense, pour démentir le scoop. Pour MAM, *Le Figaro* a tout faux, et c'est tout juste si notre garnison afghane n'est pas l'allégorie du *Désert des Tartares* !

Pourquoi « cocoricoter » sur Spin Boldak, poursuit Chirac, « alors que nos experts militaires conseillent de replier la toile avant que la dégradation locale débouche sur ce qu'ils appellent un merdier sans nom » ! Curieusement, ces mêmes galonnés applaudiront – quatre ans plus tard et la situation s'étant encore détériorée – la décision de Nicolas Sarkozy d'envoyer des renforts dans leur « merdier ».

S'il évoque discrètement Spin Boldak, Chirac est d'un mutisme assourdissant concernant *Alliance Base* qui témoigne, encore plus clairement de la collaboration franco-américaine. A cette époque, *Alliance Base* est encore un secret. En 2001, quelques jours après l'attaque contre le World Trade Center, le Président français a fait prendre un décret, publié au *Journal officiel,* qui autorise les services secrets français à partager leurs informations sur le terrorisme avec les agences américaines. Rien de plus légitime que cette union des démocraties contre un ennemi commun.

Ce que le décret ne dit pas, c'est l'application qui sera faite de cette décision : la création – un an plus tard, par la DGSE et la CIA – d'une unité de coordination et... d'action, installée à l'Ecole militaire et aux Invalides ! Son nom, *Alliance Base,* renvoie à la traduction d'al-Qaida *(la Base).* Compte tenu de sa localisation, l'unité est dirigée par un général français, mais les fonds proviennent en grande partie des Etats-Unis, puisés dans les considérables réserves du centre antiterroriste de la CIA.

C'est à cette *Alliance Base,* discrète comme une violette, qu'on doit l'identification, la traque et la capture de nombre de djihadistes. Voire, parfois, leur élimination physique. Ce que le bon peuple ignore, c'est qu'à travers cette « unité opérationnelle », la France a participé à la fin explosive de feu Abou Ali al-Harithi, membre d'al-Qaida, classé parmi les « cibles de grande valeur » de la CIA, cerveau de l'attaque contre le torpilleur américain *USS Cole,* en octobre 2000, dans la rade d'Aden, en face de Djibouti.

Précisément, c'est depuis la base française de Djibouti qu'un officier américain téléguida, le 3 novembre 2002, dans le désert du Yémen, le drone *Predator* qui frappa al-Harithi et six autres djihadistes, dont Ahmed Hijazi, un citoyen américain naturalisé...

Il faudra attendre juillet 2005 pour qu'un article de Dana Priest, dans *The Washington Post,* révèle l'existence de cette base parisienne, « unique en son genre dans le monde, car elle est multinationale *[on y trouvera ensuite, outre les agents français et américains, des officiers détachés de Grande-Bretagne, d'Allemagne, du Canada et d'Australie]*, et ne se contente pas de partager des informations mais planifie de vraies opérations ». Parmi ces opérations, il en est une qu'on peut raconter en détail aujourd'hui : l'« affaire Ganczarski ».

Riyad (Arabie Saoudite), le 3 juin 2003. Un métallurgiste allemand de la région de la Ruhr, en Allemagne, monte avec sa famille à bord d'un avion d'Air France. Le gouvernement saoudien, après l'avoir placé en résidence surveillée pour un visa de pèlerin expiré, l'expulse vers l'Allemagne. Il s'appelle Christian Ganczarski. Il ne se demande pas pourquoi l'Arabie Saoudite a choisi de lui acheter un aller simple sur la compagnie française, ce qui implique une escale à Roissy avant de repartir pour Francfort. Il ignore que dans l'avion, assis quelques sièges derrière lui, un agent français le surveille. Il ne comprend pas pourquoi un officier supérieur de la CIA l'attend au bout d'une piste de Charles-de-Gaulle alors que les policiers français le séparent en douceur de sa famille. Deux heures plus tard, il est placé en détention préventive, inculpé d'association avec une entreprise terroriste.

Pour *Alliance Base*, Ganczarski est une belle prise. Son incarcération est l'aboutissement de deux ans de travail, le résultat d'une collaboration exemplaire des services français, américains, allemands et, pour le coup,… saoudiens.

Christian Ganczarski s'est converti à l'islam dans les années 90, radicalisé par un imam saoudien qui faisait le tour des mosquées européennes en délivrant des prêches enflammés. Ce que les « services » savent alors de lui ? Il a étudié le Coran en Arabie, effectué quatre voyages en Afghanistan, s'est entraîné dans les camps d'al-Qaida, a rencontré Ben Laden, est rentré en Allemagne en 2001, neuf jours avant le 11-Septembre.

On le soupçonne d'être l'exécuteur d'un plan post-11-Septembre visant à activer les convertis européens, dont le Britannique Richard Reid, le « terroriste aux chaussures » du vol

Paris-Miami. Enfin, son numéro de téléphone cellulaire est le dernier numéro appelé, en avril 2002, par le kamikaze qui tua vingt et une personnes sur l'île de Djerba. Comme plusieurs des victimes sont françaises, le juge Bruguière peut intervenir. Reste à capturer Ganczarski.

Le 20 mai 2003, tout s'accélère. Une information urgente parvient à *Alliance Base*. Elle concerne Ahmed Mehdi, un associé de Ganczarski. Surveillé par la police allemande qui s'inquiète de l'intérêt soutenu qu'il porte aux détonateurs commandés à distance, Mehdi vient de réserver un séjour de deux semaines sur l'île de la Réunion. Pour les Allemands, un attentat se prépare.

Lors d'une réunion à Paris, des officiers d'*Alliance Base* établissent un plan qui fait d'une pierre deux coups : éviter un éventuel attentat sur l'île française de l'océan Indien et attirer le duo Mehdi-Ganczarski dans un piège.

La CIA entre d'abord en jeu. Par l'intermédiaire d'un « tonton », elle réussit à persuader Mehdi qu'il doit, pour surveiller ses cibles, s'arrêter à Paris lors de son voyage vers la Réunion. Puis c'est au tour d'*Alliance Base.* Ses écoutes téléphoniques révèlent que Mehdi songe à renoncer à l'escale parisienne car la France ne lui accorde pas de visa, il est marocain. Le plan tombe à l'eau ? Non, la DGSE prend le relais, alerte son honorable correspondant du Quai d'Orsay. Huit jours plus tard, un consulat français en Allemagne, faisant preuve d'une soudaine célérité, appose son tampon sur le passeport de ce touriste tant attendu. Quant aux Allemands, ils filent le suspect, contrôlent ses contacts et ses appels jusqu'à son embarquement pour Paris.

Le 1er juin 2003, Ahmed Mehdi est appréhendé à Roissy et incarcéré à la prison de Fresnes. Le 3 juin, Christian Ganczarski l'y rejoint. Sans qu'ils le sachent, leurs cellules sont voisines. Les éléments recueillis lors de l'interrogatoire de l'un sont immédiatement utilisés pour interroger l'autre. Il en ressort, selon le juge Bruguière, que Mehdi appartient à la cellule al-Qaida de Hambourg et que Ganczarski est directement lié à l'« architecte du 11-Septembre », Khalid Sheikh Mohammed.

Le 11 juin, devant l'Assemblée nationale, Nicolas Sarkozy, ministre de l'Intérieur, évoque le succès de l'opération qui « a eu lieu grâce à la collaboration parfaite entre les services des grandes démocraties ». Il ne cite pas le nom d'*Alliance Base*, toujours secret d'Etat.

Ainsi, contrairement aux affirmations des faucons de Washington, contrairement à ce que Nicolas Sarkozy a déclaré lors de sa campagne présidentielle concernant les rapports franco-américains, jamais la coopération entre la France et les Etats-Unis ne s'est arrêtée.

Il existe une preuve peu connue de la mauvaise foi – bien établie, elle – de Donald Rumsfeld. Début 2003, le secrétaire à la Défense veut stigmatiser la France qui, affirme-t-il, refuse de s'engager dans la guerre. Il accuse Paris de « ne pas apporter sa part dans la lutte antiterroriste ». Au même moment, le commandement des Opérations spéciales américaines finalise avec Paris un accord secret qui place deux cents militaires français... sous commandement américain en Afghanistan ! Il ne faut pas six mois pour que l'accord soit appliqué. En juillet 2003, les troupes spéciales françaises sont opérationnelles, sur place, sous commandement américain, aux côtés d'agents de la CIA et de la NSA, l'Agence de Sécurité nationale...

Et que dire d'*Alliance Base* qui, depuis sa création en 2001, accumule les succès dans la plus totale confraternité de l'ombre, loin des énervements publics des faucons ? Les louanges pleuvent d'ailleurs sur cette coopération. Dans *The Washington Post*, Dona Priest cite John E. McLaughlin, ancien directeur de la CIA : « La relation avec nos homologues français est l'une des meilleures du monde. Ce qu'ils acceptent d'apporter est extraordinairement précieux. » Un de ses agents va plus loin : « Les Français font pour nous autant que les Britanniques et, dans une certaine mesure, ils font plus... si vous leur demandez. »

Tant et si bien qu'il se produit à Washington, au début de l'été 2003, un fait inouï. Constatant que les faucons continuent de multiplier leurs attaques contre les Français – c'est l'époque où Fox News conseille aux restaurants d'abandonner le terme *french fries* pour désigner les frites et de le remplacer par la dénomination ridicule de « frites de la Liberté » ! – de hauts représentants de la CIA et du Département d'Etat (Affaires étrangères) montent au créneau, jusqu'à la Maison-Blanche, pour défendre la France en citant la coopération exceptionnelle en matière de renseignement et d'action antiterroriste.

Deux fonctionnaires du Département d'Etat assurent que c'est à l'issue de cette démarche que George Bush finit par demander à Rumsfeld, à défaut de faire marche arrière, de se calmer. Le geste le plus important, le plus courageux, on le doit à Colin Powell. Pour être bien compris, le secrétaire d'Etat rédige un mémo dans lequel il écrit que « punir la France ne fait pas partie de la politique américaine ». Ce rappel à l'ordre, et à la vérité des faits, les faucons ne le lui pardonneront pas.

Le déjeuner de New York entre Powell et Villepin est le dernier qui les réunit. Ils ont bouclé la boucle, se sont retrouvés. L'ami américain est toujours cordial et chaleureux, mais on sent poindre l'« amertume » qui le ronge et qui, dans neuf mois – le 15 novembre 2004, Bush réélu – le conduira à démissionner.

Chaque jour qui passe, en Irak, chaque échec des GI à trouver les stocks de gaz, les bunkers secrets de Saddam ou les fameux aimants pour enrichir l'uranium renvoient à son discours devant le Conseil de sécurité, à sa présentation des « preuves » de l'existence des ADM. Chaque jour, il expie sa « faute », cette présentation « fausse, en grande partie fausse, et qui fait tache dans ma carrière », confesse-t-il. « En morale, on périt par des crimes, en politique par des fautes » (Rivarol).

L'enfant noir de Harlem, l'ancien chef d'état-major de la plus puissante armée du monde, le vainqueur de la première guerre du Golfe, celui qui fut un temps pressenti comme candidat républicain à la présidence, sait son destin brisé. D'autres, moins honorables, auraient cherché à s'accrocher, à rebondir, à se dédouaner sur la Maison-Blanche, les faucons et la CIA. Pas lui. Il assume la phrase de Raymond Aron : « Ce sont les hommes qui écrivent l'Histoire, mais ils ne savent pas l'Histoire qu'ils écrivent. »

Powell écoute son collègue français lui prodiguer des mots d'amitié. Il envie « Dominic », qui s'est retrouvé au bon moment du bon côté de l'Histoire. On a la gorge serrée devant son timide sourire au moment du départ. En imaginant, comme dans *La Dernière Classe* d'Alphonse Daudet, que sa main levée en guise d'adieu dessine sur un invisible tableau noir de pudiques mots d'adieu : « Voilà, c'est fini. Partez maintenant. »

Vendredi 6 février 2004. L'Airbus A319 / FRBFA décolle de Kennedy à 18 heures. On atterrit à Orly le lendemain matin. Il est à peine 8 heures et, après trente-deux mille kilomètres, six pays visités en six jours, le marathon-man anti-chaos pète la forme et plaisante.

« Vous remarquerez combien le Quai d'Orsay est attentif à votre bien-être. Nous avons planifié ce retour un samedi pour que vous puissiez récupérer durant le week-end. Moi, je vais courir. »

Quelques rires bienveillants – la fatigue, sans doute – saluent la saillie. « Toi, c'est différent, me dit-il. Le samedi, c'est jour de bouclage. Alors, hop ! Au boulot ! »

J'ai envie de répondre, de participer au jeu, mais le jet-lag n'incite guère à la repartie. Je remercie pour ce passionnant voyage (un mois plus tard, le ministère envoie une facture, très acceptable, de participation aux frais), tout en cherchant à me rappeler la phrase d'Alphonse Karr destinée à river le clou de tous ceux qui pensent façonner l'Histoire. Elle me revient trop tard, dans le taxi qui m'amène au *JDD* : « En général, l'homme ne fait pas grand-chose ; l'Histoire n'est que l'art d'établir d'une façon à peu près plausible la préméditation des tuiles qui tombent. »

Je me promets de la lui servir un jour. En attendant, la première tuile arrive, il rêve de Matignon.

La tribu des « Aquabons », la glu Clearstream

Je tiens deux choses pour certaines. Matignon, Villepin l'a ardemment voulu, soigneusement préparé, persuadant ici et savonnant ailleurs. L'Elysée, il n'y a jamais cru, en tout cas pour 2007. Si d'autres l'y voyaient bien, il n'a rien fait pour l'atteindre. Pourtant, il avait un coup d'avance, il était dans le secret.

Lors du voyage en Iran, en 2003, alors que beaucoup de commentateurs discouraient (déjà) sur un possible troisième mandat de Jacques Chirac – à peine un an après sa réélection, c'est fou ce que nos analystes anticipent ! –, je lui avais posé la question. La réponse était tombée, rapide, tranchante.

« Le Président ne se représentera pas. »

Il ne précisait pas d'où il tenait une pareille certitude quatre ans avant l'échéance, se contentant, pour clore le sujet, d'une phrase sibylline.

« Il sait déjà ce qu'il fera après… »

On aurait pu penser que, ainsi averti par on ne sait quelle confidence, le ministre des Affaires étrangères, dont la cote de popularité est alors au plus haut, allait mettre en place ses équipes, entamer une opération séduction auprès des députés de la majorité, voire se trouver une circonscription, ces deux dernières conditions demandant un effort certain sur lui-même. Il n'en a rien été.

D'abord en raison d'un constat. Un candidat avait préempté la succession. Nicolas Sarkozy, qui ne cachait pas qu'il « irait jusqu'au bout », avait entrepris la conquête du parti majoritaire. Villepin partait trop tard, de trop loin, et surtout seul car, s'il avait des fidèles, il n'avait pas de réseaux. Ensuite, se positionner comme candidat, c'était semer la division dans son camp, s'engager pour quatre ans dans une guérilla incertaine qui profiterait à coup sûr à la gauche. C'était surtout gâcher les dernières années de mandature du Président.

La deuxième raison rejoint la première. Bien que Bernadette Chirac le surnomme « Néron », et contrairement à deux ministres de Napoléon dont, curieusement, il occupa tour à tour les fonctions, dont il connaît par cœur les faits et les méfaits, Talleyrand et Fouché – ceux-là mêmes que Chateaubriand voyait s'avancer bras dessus bras dessous dans une allégorie du « vice soutenant le crime » –, Dominique de Villepin n'est pas un traître. Il ne tuera jamais le père, on le verra. Pourtant, il connaît le proverbe américain : « La trahison n'existe que si l'on perd. Quand on gagne, on lui donne un autre nom. »

Mais, c'est dit, lui ne trahira pas Jacques Chirac, même quand le Président le lâchera. Se positionner dès 2003, ce serait lui manquer, donner à l'opinion, aux médias et aux partis un signal ravageur, celui du départ annoncé du Président. Or, Jacques Chirac ne tient pas à rater sa sortie. Même après son « accident vasculaire », il se gardera d'évoquer sa succession, acte d'autodissolution qui rendrait, pour tout le temps à courir, sa parole inaudible et le gouvernement impuissant. « Je ferai connaître ma décision le moment venu », dit-il. D'ici là, « Au travail ! », c'est le mot d'ordre que répercute le service de presse de l'Elysée : « Le Président veut que ces quatre années soient utiles. » Des réformes, mais sans rien bousculer, ce n'est pas le moment de terminer un mandat avec le peuple dans la rue. Avec le CPE, il ne sera pas déçu !

Pour Villepin, l'adjectif « utile » chante agréablement à l'oreille, c'est lui qui l'a soufflé à Chirac. Le Président le déclinera ensuite, comme un gargarisme, dans toutes ses interventions. « Utile » ? C'est le qualificatif que Villepin emploie depuis un an, de capitale en capitale, pour expliquer son marathon anti-guerre. « Utile » il a été, « utile » il sera. Et où peut-il être le plus « utile », sinon à Matignon ? Ça ressemble à un postulat, c'est une offre de service.

« L'ambition, cette passion juvénile », écrit de Gaulle. Pour Villepin, la course vers Matignon n'est pas dictée par « l'ambition personnelle, c'est une ambition pour la France », me lance-t-il. Qu'il ait le sens de l'État, j'en ai été le témoin, mais quelle agaçante manie de toujours rameuter les grands mots pour justifier une décision et magnifier un désir ! Quel manque de simplicité chez cet homme si chaleureux par ailleurs dès qu'il s'exprime sur l'Etat, le pouvoir et la puissance ! Ses amis lui conseillent d'abandonner cette gangue de majesté. En vain.

Ses amis, qui savent son goût de l'action, l'ont souvent entendu fustiger les donneurs de leçons, les tenants du « y a qu'à » et du « faut qu'on », avec mention spéciale à la cynique « tribu des Aquabons » qui s'exonère d'entreprendre puisque, de toute façon, le pays est ingérable, ingouvernable et bloqué. Parmi les « Aquabonistes », il classe la plupart des commentateurs et journalistes, ces privilégiés revenus de tout. Lui, au moins, il agit. Voici pour le bon côté de l'Histoire qui, en ce début d'année 2005, n'exclut pas les calculs. Matignon, c'est l'action et le moyen de réduire l'espace de Sarkozy.

Comme le Président, Villepin ne veut pas de Sarko à l'Elysée. S'il s'avoue « bluffé par l'énergie et le culot de Nicolas », il n'est pas tendre dès qu'il considère « le nabot » en candidat à la magistrature suprême : « Il n'a pas la pointure. Il explosera en vol. On rendrait un grand service au pays en évitant cette disgrâce. »

L'ennui est que, pour l'instant, « le camion occupe toute la largeur de la route ». Pas moyen de le pousser dans le fossé. L'affaire de son appartement de l'île de la Jatte, à Neuilly, a fait pschitt ! Il y a bien l'affaire Clearstream, mais elle est mal emmanchée, déjà démontée, tout au plus peut-on espérer qu'elle perdure. Pas de panique, il reste encore dix-huit mois avant l'élection. Il peut s'en passer des choses… « Tout le malheur des hommes vient de l'espérance. » (Albert Camus, *L'Homme révolté*.)

Janvier 2006. Villepin est ministre de l'Intérieur. Depuis six mois, il plaide pour un « nouvel élan ». Comprenez pour un nouveau gouvernement. Il l'imagine déjà : « Un gouvernement-commando, tout entier tourné vers l'efficacité. Il devra être resserré. Pas plus de quinze ministres. » Il n'ajoute pas que l'idéal serait que la nouvelle équipe soit dirigée par un homme beau, grand, aux cheveux blancs, habile et déterminé. « La pudeur, selon Yves Mirande, est le propre des hommes fatigués. »

Le ministre est de bonne humeur lorsqu'il reçoit le *JDD* pour une interview. Il sort de l'Elysée. Il sait que désormais les jours de Jean-Pierre Raffarin à Matignon sont comptés. Chirac ne lui a rien promis mais semble – « enfin » – décidé à changer d'attelage. Ce sera après les élections européennes. Villepin a quatre mois pour « être en situation ». Défilent alors en secret place Beauvau nombre de visiteurs qui ont peu de rapport avec l'Intérieur : économistes, experts en relations sociales, etc. Villepin consulte, écoute, demande des avis, des rapports. Franck, un de ses conseillers, confie : « Il nous a fait établir la *liste des meilleurs*, celle des collaborateurs à recruter. Il faut être prêt. Avec des idées, un projet, une équipe. » Il faut surtout être nommé. Et là, curieusement, au mois de mars, ça coince.

Chirac hésite. Certains autour de lui plaident pour Sarkozy. Ils avancent deux raisons, dont seule la seconde importe. *Primo*, Sarko a déjà été blackboulé deux fois pour Matignon. Le recaler une troisième, lui qui ne cache pas son intérêt pour le poste, tournerait à l'acharnement, en ferait un

martyr, posture dans laquelle il excelle. *Secundo*, l'e
Matignon, c'est le meilleur moyen de lui « lier les pa

L'idée est séduisante. Nommer Sarko Premier m c'est certes lui confier beaucoup de manettes, qu'il peut utiliser dans sa course à l'Elysée, c'est surtout lester sa barque, le paralyser dans l'urgence de la gestion d'une multitude de problèmes, en faire le réceptacle de tous les mécontentements. Un an, c'est court pour obtenir des résultats, suffisant pour décevoir. Vient enfin l'argument imparable qu'illustre l'histoire récente : il n'y a pas d'exemple sous la Ve République d'un Premier ministre en exercice qui, candidat à l'élection présidentielle, l'ait emporté.

Chirac hésite. On le sent prêt à consentir à la crise d'urticaire en nommant à Matignon l'ancien traître, le « petit salaud » de jadis, celui qui a « manqué à sa famille ». Chirac réfléchit, et Villepin s'inquiète qui croyait la cause entendue.

Jusqu'à ce qu'un « cauchemar » réveille le Président. Chirac n'a avoué que deux cauchemars dans sa vie. Dans le premier, il avait rêvé que les frères Duhamel, Alain et Patrice, deux journalistes étiquetés giscardiens, étaient quatre ! Le second concernait Nicolas. Il l'avait nommé à Matignon. Le premier mois, tout se passait bien ; le deuxième, on sentait les craquements, au troisième, les Conseils des ministres du mercredi retentissaient d'escarmouches provoquées par un Premier ministre soucieux de faire entendre sa différence. Enfin, à quelques encablures de l'élection, c'était le coup d'éclat, le remake – comble des combles – de celui que lui, Jacques Chirac, avait fait endurer à Valéry Giscard d'Estaing ! Sarkozy démissionnait, arguant qu'il « n'avait plus les moyens de sa politique ». Et voilà que le traître se rachetait une virginité sur le dos d'un président qui, rêvant d'un final en douceur, achevait son quinquennat sur une crise de régime !

On ne sait si le Président s'est réveillé en sueur, mais au matin la décision est prise. Sarkozy n'aura pas Matignon. Un conseiller du « Château » livre ce commentaire de Chirac qui, sorti du cauchemar, justifie que Sarkozy soit recalé une troisième fois. « Il est imprévisible et dangereux. Si, en plus, on se met nous-mêmes en danger, autant jouer à la roulette russe avec toutes les balles dans le barillet. »

Le 29 mai 2005, le référendum sur l'approbation de la Constitution européenne est un désastre, une gifle pour l'establishment politico-médiatique, une revanche de la « France d'en-bas » qui lance un « non » cinglant moins à son publiciste Jean-Pierre Raffarin qu'au système consanguin qui, de loin, vante les mérites de l'avenir européen sans apaiser les peurs d'un quotidien qui se dégrade.

Non : 56,67 %. Oui : 45,33 %. Vite, un « nouvel élan » !

Aujourd'hui encore, je reste stupéfait devant la désinvolture avec laquelle Chirac, qui ne s'est guère impliqué dans la consultation, encaisse le désaveu. L'Elysée « prend acte » du scrutin et indique qu'on verra plus tard comment sortir de l'impasse. Quant aux refuzniks, certes, ils ne sont pas au pouvoir, mais leur « plan B », censé remédier aux insuffisances du traité, on l'attend toujours. Ils n'en parlent même plus, comme paralysés par l'incongruité d'une victoire qui les dépasse.

Etonnante destinée d'un vote démocratique et d'une victoire confisquée ! Si le résultat du référendum avait été positif, l'union de la droite et de la gauche canal historique aurait célébré la proverbiale sagesse des Français. Le résultat est négatif ? Pas grave, il faut vite oublier l'accroc, vite passer à autre chose. On a beau être habitué au cynisme, ça fait drôle.

Sur ce point, Chirac m'a déçu. J'ai compris à ce moment qu'il avait perdu la main. Non seulement il ne s'était guère mobilisé pour défendre le traité kouglof de VGE – hormis lors d'une calamiteuse émission de télévision où apparut un mortel décalage avec les préoccupations des jeunes – mais encore, une fois l'échec consommé, il n'en tirait pas les conséquences.

Ce n'était pourtant pas l'Europe que les Français venaient de rejeter, mais le modèle d'Europe qu'on leur proposait.

Une Europe qui s'élargissait avant de s'approfondir, une Europe marchande qui s'ouvrait à une nouvelle concurrence alors que, dans le même périmètre, cohabitaient des protections sociales différentes. Fort du vote français, le Président aurait pu inciter à une refondation, que nombre de partisans du « oui » auraient soutenue ; non, il a botté en touche…

Trois ans plus tard, un Sarkozy courageux, mais pas téméraire pour une fois, ne prendrait pas, lui, le risque du désaveu. En une demi-journée, sans débat ni « Face au public » télévisé, il a fait adopter par le Congrès (députés et sénateurs réunis à Versailles) un « minitraité simplifié »… qui ne dérogeait pas aux grandes orientations du « texte fondateur » de Valéry Giscard d'Estaing.

Pratiquement, cette opération pour laquelle, curieusement, les moyens d'information de l'Etat n'étaient pas mobilisés, avait le mérite de sortir l'Europe de l'impasse ; encore que, pendant trente-six mois, tel un canard sans tête, elle avait continué à fonctionner. Politiquement, le tour de passe-passe faisait rentrer par la fenêtre une loi fondamentale qu'avait rejetée par la grande porte la majorité des Français. Sur le fond, le tour de bonneteau ne résolvait rien.

Il est nécessaire que la France, comme ses partenaires, ratifie un texte qui légalise juridiquement l'existence et le fonctionnement de l'Union européenne. Je m'interroge pourtant. Les autres pays de l'Union ont adopté la Constitution Giscard, puis le traité de rattrapage de Lisbonne. Nos députés ont ratifié un « traité simplifié » qui, fondamentalement, disait la même chose que la loi fondamentale que le peuple avait retoquée. Un texte simplifié qu'on a bien pris garde de ne pas adresser aux citoyens, comme on l'avait fait pour le précédent. D'ailleurs, pourquoi auraient-ils reçu par la poste cet envoi coûteux, puisqu'on ne leur demandait plus de se prononcer ?

Hier, on leur avait demandé de voter « oui ». Ils avaient dit « non ». On s'était assis sur leur vote. On reprenait l'affaire autrement, sans eux, sans même chercher à savoir s'ils avaient entre-temps changé d'avis. Pas le temps. Trop risqué. Inutile d'accabler Sarkozy, d'autres auraient procédé de la même façon. Il reste que les conséquences du procédé renvoient aux oubliettes le vote de 54 % des Français. Mais 54 %, c'est quoi ? Rien. Juste le score de Sarkozy à l'élection présidentielle.

Pourvu qu'un jour prochain, les Français, instruits par l'expérience et s'étant mis au bonneteau, ne s'assoient pas à leur tour sur une élection présidentielle à 54 % et reprennent l'affaire autrement. Ce vote démocratique contourné me fait penser à ma rencontre avec Coluche. Au rendez-vous qu'il m'avait donné un soir, chez lui, dans sa maison de la rue Gazan, près du parc Montsouris. Il y avait une grosse moto dans l'entrée et des copains bruyants dans la salle à manger. Période grise. Véronique venait de le quitter. Ses fils lui manquaient. Il n'avait pas vu Marius cette semaine. On s'isolait dans la cuisine devant une bouteille de Campari, seulement interrompus par un coup de téléphone de sa mère. Il la rassurait – « Tout va bien, maman, ne t'inquiète pas » –, il lui parlait longuement, avec douceur, avec tendresse, comme un gamin soumis. Le rebelle resurgit lorsqu'on aborda la politique et les « élections-pièges à cons ». Il me dit :

« Quand je vois un Français pénétrer dans un bureau de vote, je pense au crocodile qui entre chez un maroquinier. »

Retour au printemps 2005, le « nouvel élan » arrive. Le 31 mai, six jours après la déroute européenne, Dominique de Villepin est nommé Premier ministre. Le 2 juin, depuis Matignon, il lance une napoléonienne campagne des « Cent Jours pour redonner confiance aux Français », avec une priorité : la lutte contre le chômage. Evidemment, il a fallu consentir quelques sacrifices. Le « commando » ministériel dont il rêvait s'est sérieusement étoffé au fil des discussions avec Chirac. Le Président a toujours un ami à caser : « Il est très valable, vous verrez. »

Et Sarkozy ? « Celui-là, il vaut mieux l'avoir à l'Intérieur que le savoir dehors, à l'étable plutôt que dans le pré », dit Chirac qui aime les dictons fleurant le terroir. Il m'en a sorti bien d'autres au cours de nos rencontres, pas tous régionaux, toujours hilarants. Comme cet inattendu « Ça lui passera avant que ça me reprenne », à propos d'un ministre dont les collaborateurs moquaient la suffisance.

Pour Villepin, la participation de « Nicolas » au gouvernement n'est pas un choix de cœur mais une nécessité. Nicolas, dont il admire le savoir-faire et surtout le faire-savoir, est devenu incontournable. Faisons donc de nécessité vertu. Et puis, pourquoi le cacher, Dominique éprouve une douce jouissance. Il est numéro un, Sarkozy numéro deux, pas besoin de faire un dessin à l'opinion. Nicolas, lui, va déployer son énergie pour gommer toute image de hiérarchie et de dépendance. Il me le confie au téléphone. « C'est avec Chirac que je négocie directement ma fonction, mon titre et mes attributions. »

A l'Elysée, on se souvient d'abord de la douloureuse jérémiade de l'incompris. Il n'admet pas « l'injustice » qui le frappe de nouveau, évincé pour la troisième fois d'une fonction qui, selon les Français, lui revient de droit. Un sondage « sortie des urnes », réalisé par la Sofres le jour du référendum, a posé la question : « Quel Premier ministre souhaitez-vous pour remplacer Jean-Pierre Raffarin ? » Réponses : Nicolas Sarkozy (27 %), loin devant Dominique de Villepin (14 %) que talonne… Jean-Louis Borloo (13 %) !

Passé la complainte du mal-aimé, Nicolas en vient aux choses sérieuses. Il fait le deuil de Matignon mais ne saurait rester sur la touche avec pour seule arme la machine UMP. Il entre dans le gouvernement Villepin mais pas question d'être « fait aux pattes », piégé jusqu'à la présidentielle. Il prévient : il démissionnera trois mois avant pour se consacrer à la campagne. On ne le ligote pas avec un maroquin. Quant au ministère, ce ne peut être que l'Intérieur, assorti, il y tient, du titre de « ministre d'Etat ».

Chirac n'hésite pas. Il aurait bien laissé Sarkozy à Bercy car l'Intérieur est un lieu stratégique où remontent toutes les affaires, mais va pour la place Beauvau. Quant au titre de ministre d'Etat, « tout le monde s'en fout, sauf le titulaire », s'amuse le Président. La machine repart. Chacun a déjà oublié le « non » au référendum. Quel référendum ? Le Président garde ses deux molosses dans le même enclos. Ils vont se surveiller, se titiller et s'agacer, mais ils ont un intérêt commun : tirer dans le même sens sous peine de faire le jeu de l'opposition. La fin du quinquennat s'annonce sinon sereine, du moins balisée. Quant à Villepin, qui prodigue au ministre d'Etat mille égards dus à son rang, il piaffe d'entrer dans l'action. Deux années « utiles » s'annoncent.

C'est sans compter sur l'attaque cérébrale qui va frapper le Président, la crise du CPE avec blocage d'universités et une affaire Clearstream aux multiples rebondissements, dont la seule joyeuseté renvoie aux surnoms donnés aux deux juges qui l'instruisent : Zig et Puce.

« Quand la politique se dérobe sous nos pieds »

J'ai peu vu Dominique de Villepin durant sa séquence Matignon. Un entretien, deux ou trois déjeuners avec d'autres confrères quand il fallait « recadrer », comme dit le service de presse. Mais j'ai vu le changement s'opérer. Matignon en pleine lumière, avec ses conseillers qui entrent et sortent, affairés, un dossier sous le bras, avec les visiteurs et quémandeurs qui, après avoir emprunté le grand escalier en faux marbre, attendent dans l'antichambre du premier étage.

Et la rue de Varenne dans la pénombre d'une fin de règne deux semaines avant que sonne le glas de la présidentielle, silencieuse et triste comme un manoir des Carpathes. Un dîner amical de fin de bail avec un Premier ministre qui donne le change, et Marie-Laure de Villepin, très remontée, qui découvre la violence des ingratitudes soudaines, des abandons de poste en rase campagne, la défection de ceux qu'on croyait fidèles et qui, ralliant « l'Autre », volent au secours d'une victoire annoncée.

Le premier coup dur, c'est l'attaque soudaine du Président, son transport d'urgence à l'hôpital du Val-de-Grâce un vendredi de septembre 2005. J'avais rendez-vous avec Jacques Chirac le lendemain matin. A 21 h 30, ce vendredi, un coup de téléphone d'Agathe Sanson, chef du service de presse de l'Elysée :

« Le Président est empêché. Il ne peut te recevoir demain. On va trouver une autre date. La semaine prochaine sans doute. »

J'attendrai dix mois. En raccrochant, je ne m'inquiète pas. Le secret est d'ailleurs bien gardé. Ce n'est que le samedi, peu avant 11 heures, qu'un flash de l'AFP annonce l'hospitalisation. La rumeur enfle. Embolie cérébrale, côté gauche paralysé, etc.

Ce samedi-là, Villepin et Sarkozy sont à La Baule pour le congrès de l'UMP. Ils doivent prendre ensemble le petit déjeuner. Avant, le Premier ministre va piquer une tête dans l'océan. Après quelques mouvements de crawl, il effectue une sortie très réussie devant une seule caméra de télévision et quelques photographes. Son attachée de presse, Véronique Guillermot, qui n'a pas orchestré la manœuvre, est contrariée par cette allégorie d'Apollon-souriant-sortant-de-l'onde.

« Il veut faire la couverture de *Têtu* ou quoi ? »

Elle qui, déjà, ne goûte guère les multiples photos du Premier ministre effectuant son jogging, toujours frais comme une rose, toujours suivi de policiers en short – « C'est devenu grotesque ! » – ne lui cache pas sa désapprobation après cette baignade qu'elle n'a pu empêcher.

« C'est une connerie. Tout le monde sait que vous êtes séduisant et sportif. Ce n'est pas là-dessus qu'il faut communiquer, mais sur ce que vous faites, sur les mesures que prend le gouvernement. Ne laissez pas les médias vous enfermer dans l'apparence, vous réduire au superficiel au détriment du fond. Ce n'est pas vous. Laissez ça à d'autres. »

Villepin hausse les épaules. Il ne comprend pas ce mauvais procès. La veille, il avait décidé d'aller se baigner, il l'a fait. Basta ! Il n'a pas convoqué les médias. La preuve : les photos ont été prises de loin, au téléobjectif. Alors, où est la connerie ? Fausse naïveté. Il feint d'ignorer qu'un Premier ministre est toujours sous surveillance et que sa baignade ne peut passer inaperçue.

De fait, en suivant LCI ce matin-là, on constate que l'opération est payante, tant le contraste est saisissant entre l'image de l'athlète en boxer-short qui sort de l'eau à grandes enjambées et celle de Nicolas Sarkozy qui l'attend, en veston et lunettes de soleil, attablé devant un petit déjeuner continental en tirant une tête de quatre pieds de long. Nicolas n'a pas de chance, il a la crève. Un simple rhume et un furieux mal de crâne qui, ajoutés au retard d'un Premier ministre qui n'en finit pas de se changer après son exhibition de chien fou faisant gicler des gouttes d'eau sur la plus belle plage d'Europe, suffisent à vous gâcher une matinée.

Futilité des médias ? Ces images passent en boucle jusqu'à midi, comme celles de la courte et apparemment tiède conversation des deux hommes. Comme leur ballet inattendu à l'issue de l'entretien, chacun, avant de passer la porte-fenêtre, voulant céder le passage à l'autre !

« Après toi ». Le Premier ministre témoigne des égards dus à son ministre d'Etat et surtout numéro deux. « Non, je t'en prie, après toi. » Nicolas Sarkozy fait sentir que l'hôte, c'est lui, président de l'UMP ; le Premier ministre n'est ici que l'invité de son congrès. La gaminerie des préséances dure quinze secondes. A l'écran, elle semble interminable et tourne au ridicule, révélant l'état de leurs rapports, mélange d'admiration et de défiance.

L'essentiel est ailleurs. Au moment où les deux hommes se mesurent à coups de politesse, ils ne savent rien de l'hospitalisation de Chirac ! Pendant plus de quatorze heures, le

Premier ministre et le ministre de l'Intérieur ont tout ignoré de l'accident vasculaire. Ce délai, qui ne doit rien à la décence mais beaucoup à l'exercice d'un pouvoir qui, jusqu'au bout, ne se partage pas, met les deux rivaux dans le même panier. La situation n'a guère été relevée à l'époque.

Un quart d'heure après la palinodie du « Après toi, je t'en prie », Villepin est informé. Il annonce la nouvelle à Sarkozy qui, d'abord, ne veut pas croire que Villepin ait – lui aussi, lui surtout – été laissé si longtemps dans l'ignorance. Il en est persuadé, on a voulu le tenir à l'écart. L'ombre du complot pèse sur La Baule. Peu à peu, Sarkozy doit se rendre à l'évidence : tout Premier ministre qu'il soit, Villepin ne savait rien. Sarkozy s'en réjouirait presque s'il ne se rappelait qu'il est ministre de l'Intérieur et que, à ce titre, il aurait dû être alerté par ses services. Des oreilles vont siffler.

Un de ses conseillers clôt l'affaire, plaisantant à moitié : « Le territoire des Renseignements généraux qui s'arrêterait aux portes de l'Elysée, ça c'est nouveau ! »

De retour à Paris, Villepin rend visite au président et sort du Val-de-Grâce plus ému et inquiet qu'il ne le laisse paraître. Quelques jours plus tard, d'aucuns lui conseillent de profiter de la convalescence imposée au chef de l'Etat pour pousser ses pions. Il refuse net de « porter le turban d'Iznogoud », celui qui veut être calife à la place du calife. Il ne manquera pas à Chirac. Quand, une semaine plus tard, il le remplace à New York pour la session de l'Onu, il n'emmène pas avec lui un charter de journalistes qui auraient illustré son nouveau statut de vice-roi en CDD.

Le mois qui suit est l'un des plus calmes dans l'histoire des relations Villepin-Sarkozy, chacun veille à ne pas allumer de mèche. Le Président se remet lentement, courageusement. Sa vigilance est intacte en ce qui concerne la politique étrangère mais son appétit des affaires françaises, déjà bien entamé avant sa maladie, a disparu. On le dit las, distrait, usé en ce début d'année 2006.

Moi, je ne l'ai pas revu en privé depuis huit mois. Je sais que nos rencontres ne sont pas une priorité planétaire, je comprends que ses conseillers veuillent le présenter sous son meilleur jour, qu'il serait contre-productif de le laisser se produire en petite forme devant un journaliste qui, même si l'entretien est off, ne manquera pas, à son retour dans sa rédaction, de dire comment il a trouvé le Président.

Ce n'est qu'au printemps 2006 que je reçois mon bon d'entrée. Médecins et conseillers ont bien travaillé, un Chirac en pleine forme m'accueille. Physiquement, aucune séquelle de son attaque. Même le problème de surdité semble surmonté. Je ne répète aucune question. Au menu, l'Irak, l'Afghanistan, toujours. La lutte contre le chômage en France également, mais on comprend que « ce combat essentiel », c'est surtout à Villepin de le mener. Ce qui l'accapare tout entier, c'est son combat à lui, en faveur du tiers-monde, l'Afrique en priorité. Avec en corollaire, on l'a vu, sa diatribe contre les dérives du capitalisme fou.

Comme si, au final, ce président qui a bien profité du système de l'argent-roi en dénonçait soudain l'égoïsme et les méfaits. Et, les yeux dessillés – par la maladie, par la fin entrevue –, sentait l'urgence de boucler la boucle, remettant ses pas dans ceux de l'étudiant qui, jadis, vendait *L'Humanité* !

La vérité oblige à dire que je l'ai vu en moins bonne forme deux mois après. Lors d'une réunion avec d'autres confrères sur la politique étrangère. Dans le salon Murat qui jouxte son bureau, nous sommes réunis autour de la grande table au tapis vert, le Président et ses collaborateurs d'un côté, la demi-douzaine de journalistes de l'autre. Pour la première fois, je le vois s'avancer armé. De ses conseillers et de ses petites fiches blanches cartonnées. Comme s'il craignait d'oublier quelque chose, de ne pas se rappeler une date, un nom, un lieu.

Par deux fois, il doit se tourner vers ses collaborateurs. « Cette décision est conforme à celle que l'Union européenne a prise lors du sommet de… de… » « Cette position de la France, je l'ai rappelée hier au téléphone à… Comment s'appelle-t-il déjà ? » Par deux fois, Frédéric Salat-Baroux, le secrétaire général de l'Elysée, remplit le blanc présidentiel. Deux petits blancs inattendus. Il ne nous a pas habitués à ça. Comme tout le reste de la réunion témoigne que le Président domine son sujet, en remontrerait à bien d'autres, on les a presque oubliés lorsqu'il nous raccompagne, chaleureux pour les hommes, galant pour les dames. Accueillie par un baise-main, Catherine Pégard (*Le Point*) repart avec une bise.

Deux petits trous de mémoire et, trois mois plus tard dans *Le Monde*, voici l'excellent article de Béatrice Gurrey : « Chirac l'absent[1] », qui s'appuie sur les résultats d'une enquête d'opinion commandée par… Claude Chirac. « Il est là, mais il n'est pas là. » Voilà, selon l'enquête, ce que pensent les Français du Président. Ils l'aiment bien, se fichent des affaires, ne souhaitent pas le voir finir devant les juges, mais ils sont « désabusés, déçus par ses réactions, surtout après la crise du Contrat de première embauche ». Bel article qui montre aussi le courage de Chirac qui ne ménage pas sa peine quand le sujet le dope.

En décembre 2005, trois mois après son attaque, il a ferraillé toute la nuit lors du marathon budgétaire de Bruxelles avant de tenir une conférence de presse à 5 heures du matin. Au début de l'hiver 2006, il passe des heures au téléphone avec George Bush, à parler du nucléaire iranien (désaccord sur la méthode), à le convaincre de doubler l'aide des Etats-Unis au développement – et d'accroître leur financement de la lutte antisida (Bush y viendra). En mai 2006, il tient à célébrer le « moteur franco-allemand » en inaugurant un pont qui relie Fessenheim à Hartheim. Un

1. Béatrice Gurrey, « Chirac l'absent », *Le Monde*, 24 juin 2006.

simple préfet aurait suffi mais non, il est là, reste tête nue une demi-heure sous la pluie, participe au banquet de quatre cent cinquante personnes, serrant avant de partir la main de tous les convives.

Vaines recommandations de Bernadette qui veut qu'il s'économise. Qui s'alarme lorsqu'elle apprend que son mari a dû s'isoler avec son médecin, à la mi-temps du match amical France-Chine, avant le Mondial de football… Personne ou presque ne saura rien de l'alerte. La santé du Président est un sujet tabou.

Toute cette énergie dépensée par un homme affaibli, qui investit toutes ses forces dans l'action internationale, conforte le sentiment des Français en ce début d'été 2006. Ils sont abandonnés. Le Président ne s'intéresse plus à leur quotidien. Il a zappé la France, termine en roue libre, les yeux sur le Zambèze. Il est sur le départ. Pour eux, il est déjà parti.

Villepin le confie un matin à Bruno Le Maire, son directeur de cabinet à Matignon. Il vient d'avoir Chirac au téléphone. « Un Chirac à la voix fatiguée, au bord de l'épuisement, la voix d'un convalescent qui se remet tout juste d'une mauvaise grippe ; la fièvre est tombée mais il reste en lui une immense lassitude.

« Le Président vous savez, il se bat pour la vie, c'est la seule chose, la vie. Tout le reste, le pouvoir, le gouvernement, les élections, le parti, ça ne l'intéresse plus[1]. »

La seconde tuile pour Villepin, c'est l'échec du Contrat de première embauche. Il veut « tout essayer » pour lutter contre le chômage des jeunes, faciliter leur entrée dans la vie professionnelle. Les jeunes reçoivent le CPE comme une nouvelle forme de servage, on les livre à un patronat avec cette période d'essai qui ne dit pas son nom et qui dure deux ans ! Des amis conseillent au Premier ministre de sur-

1. Bruno Le Maire, *Des hommes d'Etat*, Grasset, 2007.

seoir, « le mieux est encore de ne rien faire », le genre de phrase qui révulse Villepin. Agir, faire ce qu'il croit bon, même au risque de se tromper. Il faut forcer la bête. « Ils vont s'apercevoir que je suis assez con pour aller au bout. »

Jacques Chirac n'est pas d'une grande aide. Il a approuvé le CPE du bout des lèvres, sans vraiment y croire. Avant une négociation syndicale, il conseille : « Dominique, soyez gentil avec eux. Je sais bien, ce n'est pas dans votre nature. » Sur le fond, le Président n'est guère plus encourageant, ce CPE, décidément, il ne le sent pas. « Du haut de mon incompétence qui est grande en la matière, je vous le dis, c'est une connerie. » Et de rapporter la conversation qu'il a eue, lors du Conseil européen, avec le Premier ministre suédois, « un homme de poids, dans tous les sens du terme, qui applique exactement la même politique chez lui, mais sans les difficultés qui vont avec chez nous… Il m'a dit : "Moi, je ne comprends vraiment pas les Français : pourquoi est-ce qu'ils s'agitent tant à propos d'une mesure qui touchera au mieux quelques milliers de jeunes, et qui en définitive ne créera pas un emploi de plus ou de moins[1] ?" »

Chirac voudrait enterrer le CPE qu'il ne s'y prendrait pas autrement. Les funérailles, c'est la rue qui va s'en charger, avec la complicité active ou tacite des syndicats, du Medef et de Sarkozy ! Les premiers y voient un passage en force contre le vieux code du travail. La CFDT, accusée d'avoir été trop réformiste lors de la première réforme des retraites de François Fillon, ne veut plus encourir le même reproche. Le Medef et la CGPME redoutent que l'obligation de justifier les raisons du licenciement durant la période d'essai ne soit étendue du CPE à tous les contrats de travail.

Et Nicolas ? Après avoir jugé la réforme « osée mais courageuse », selon Bruno Le Maire, il alarme chaque jour un peu plus le Président en évoquant les rapports des Renseignements généraux qui témoignent, assure-t-il, d'une grave

1. Bruno Le Maire, *op. cit.*

dégradation de l'opinion et de risques d'affrontements violents. C'est nettement exagéré mais les RG sont bien utiles lorsqu'on sait les utiliser. Bref, Nicolas savonne la planche et soutient Dominique comme la corde soutient le pendu. Il a consenti à voir Villepin à Matignon, mais uniquement pour gérer en douceur jusqu'à « sa » présidentielle. Pas question qu'il réussisse trop bien. Qu'il se plante ne l'attriste pas outre mesure, même si lui aussi souhaite détricoter le vieux code du travail. Et pour que Villepin se plante vraiment, il ira même jusqu'à téléphoner à Bruno Julliard, président de l'Unef, pour lui conseiller de « tenir bon », assurant le leader étudiant que lui non plus, tout bien réfléchi, n'est pas favorable au CPE !

Julliard n'a jamais caché les coups de téléphone de Sarkozy. En 2006, curieusement, peu de monde prête attention à ses affirmations. Il en va autrement en décembre 2008, lorsque, devenu secrétaire national du PS, il les rappelle au micro de la radio Le Mouv'. Ainsi se confirmait le soutien apporté en loucedé par un ministre d'Etat, ministre de l'Intérieur, aux opposants à une réforme que le gouvernement auquel il appartenait était chargé de faire appliquer. Traîtrise ou double jeu ? Dans les deux cas, on n'était pas déçu... Ainsi encouragé à ne pas mollir, le mouvement étudiant ne faiblit pas.

Devant un Chirac qui s'inquiète de voir ternie la fin de son quinquennat, Sarkozy brosse le tableau d'une France paralysée – et demain à feu et à sang, pourquoi pas ! –, Nicolas se pose en démineur, en sauveur. Il se retrouve en première ligne au côté d'un président qu'il incite à suivre sa plus forte pente, reculer pour le sortir de cette mauvaise passe où l'a entraîné un Premier ministre qui – la mobilisation qu'il encourage à perdurer le prouve – a perdu la main !

Pourtant, si la mobilisation anti-CPE est très forte, on est loin de l'insurrection. Mais la situation semble devenir insaisissable, ce ne sont pas ceux à qui le CPE est destiné qui manifestent mais ceux que le projet ne concerne pas. Le

CPE vise à faire entrer le plus rapidement pos
défavorisés, souvent sans diplôme, dans le
vail… et ce sont les étudiants qui montent en
Ils craignent que par un glissement pervers on ne leur applique demain les mêmes conditions d'embauche pour leur entrée dans la vie active. Des milliers de manifestants, des universités bloquées, la gauche qui se requinque avec ce providentiel « os à ronger », des ministres qui tordent le nez, des députés UMP qui, après avoir approuvé l'idée « osée mais courageuse », se dispersent comme un vol d'étourneaux au premier grondement de l'orage, « Dominique » se retrouve bien seul, accroché à sa loi. Chirac sonne la retraite, Sarkozy l'organise, le CPE est « suspendu », avant d'être enterré. Villepin est mortifié, lâché par le Président, sa maigre consolation sera de voir son projet repris, à quelques variantes près, dans le programme présidentiel de Ségolène Royal. Reste qu'il a perdu. Et comme l'Histoire avance par séquences, celle de l'échec commence.

Le « nouvel élan » débande, comme sa cote de popularité. La dernière année à Matignon sera longue, d'autant qu'à l'extérieur deux juges méticuleux instruisent l'affaire Clearstream. En cette fin 2006, Villepin sait qu'il en sera la principale vedette, en raison, précisément, de la témérité sélective des deux magistrats qui ne s'embarrassent pas de savoir pourquoi les noms de plusieurs responsables des Finances ayant eu à connaître, parfois à autoriser, les commissions sur les ventes d'armes ont été ajoutés au listing de la banque de compensation luxembourgeoise. Les juges ne s'intéressent qu'à la plainte de Nicolas Sarkozy et au rôle qu'a tenu Villepin.

Lui ne cesse d'affirmer qu'il est « serein », qu'on lui « rendra justice un jour ». Il a fait procéder à des enquêtes et à des vérifications sur la véracité du listing qu'on lui a apporté. Il a demandé qu'on enquête à nouveau quand les premiers rapports démentaient l'existence de comptes cachés.

ı ourquoi l'a-t-il fait ? Il justifie ces recherches par la lutte contre l'« intelligence économique » et par la défense des intérêts de la France. Une justification inaudible alors que les médias racontent une histoire bien plus alléchante avec des listes cryptées, des espions, des rendez-vous secrets, un corbeau qu'on surnomme *Madrid* et, au final, un règlement de comptes politiques.

La clé du coffre dans le fer à repasser

Chaque jour apporte une révélation. Parfois, on frôle le surréalisme lorsqu'une source révèle un procès-verbal d'interrogatoire, comme celui du général Rondot que Villepin a chargé d'enquêter sur la véracité du listing. Pour tous, Rondot c'est le « maître espion français », et voilà qu'on découvre sa notion très personnelle du secret : il note tout – rendez-vous, conversations et même les noms de code – sur de petits carnets, ensuite soigneusement rangés. Il est moderne à reculons, pratique l'informatique par nécessité, en néophyte : il purge ses dossiers secrets sans savoir qu'on peut les récupérer sur le disque dur de l'ordinateur. Défaillance ou souci de protéger ses arrières ? Mémoire qui flanche ou désir de se couvrir ?

On pense sa réputation surfaite quand, soudain, à la lecture de son témoignage devant les juges d'Huy et Pons, on découvre son talent pour révéler en une seule phrase le dérisoire d'une situation et la futilité des postures, lorsque derrière la réputation du super James Bond surgit l'image d'un vieux scribe du renseignement cachant son magot de mémos dans un placard *ad hoc* !

Et disert avec ça ! Confirmant aux juges que les scellés qui lui sont présentés sont bien ceux saisis à son domicile de Meudon, le général se lance dans un festival de précisions sidérantes de la part d'un agent secret.

« Ces documents se trouvaient pour la plupart dans le placard fermé par une porte blindée que vous avez dû faire ouvrir par un serrurier, mesure que je comprends parfaitement, faute d'avoir pu répondre à temps pour vous indiquer où se trouvait la clé de ladite porte. Je vous précise que, si j'avais été présent, j'aurais bien évidemment ouvert cette porte spontanément pour vous permettre d'y consulter et saisir tous les documents utiles à votre enquête. Je vous indique à cet égard que la clé de ce placard était cachée dans le fer à repasser qui se trouvait sur une étagère en bois dans ma chambre. »

On croit rêver devant tant d'obséquieuse soumission ! On s'interroge aussi. Pourquoi les juges, dont on reconnaît aisément le style (« ladite porte »), ont-ils cru bon de consigner jusqu'à l'absurde ces précisions risibles qui, du « fer à repasser » à l'« étagère en bois », ne font guère avancer le dossier ?

Un moment, j'ai pensé qu'il s'agissait d'un code secret, d'un hommage aux messages de Radio-Londres à l'intention des résistants dans les maquis : « L'éléphant n'a pas bu sa tisane », « La clé du coffre est dans le fer à repasser ».

S'agissait-il pour le général retourné, comme d'autres le suggèrent, de se dédouaner du soupçon d'avoir fait prévenir Nicolas Sarkozy et d'avoir livré ses carnets volontairement ? Qu'importe, il reste cette phrase formidable sur ce fer à repasser farfelu, qui ne débouche sur rien. Sinon d'introduire l'incongru dans le complot, comme Feydeau s'invitant chez John Le Carré.

Ce que les juges reprochent à Villepin, c'est d'avoir reçu ce faux listing et, multipliant les vérifications, d'avoir été le complice d'une dénonciation calomnieuse. Pour cela, encore doit-on apporter la preuve que Villepin était au courant dès le départ de l'origine frauduleuse des listings trafiqués. Il le nie, assure que rien dans le dossier ne l'atteste. Il surjoue la sérénité mais, pour l'heure, il faut durer et endurer.

Il pense qu'il en a « encore pour un an au moins », qu'une fois parti de Matignon, les juges poursuivant l'instruction ne pourront que le mettre en examen. Il n'espère même pas le statut de témoin assisté. Qu'on en finisse, au plus vite. Quelques mois plus tard, il recevra comme un coup de massue deux des conditions assortissant sa mise en examen.

La première, bien que normale, le touche intimement : c'est l'interdiction d'entrer en contact avec des personnes citées dans l'instruction, dont Bruno Le Maire, son directeur de cabinet, et Jacques Chirac. La seconde le révolte : c'est l'obligation de payer une hallucinante caution de deux millions d'euros ! On le traite plus mal qu'un magouilleur du Sentier avec cette caution qui s'apparente à une humiliation, voire une précondamnation. Si le parquet réduit substantiellement la caution, il reste dans l'opinion que les magistrats instructeurs ont dû s'appuyer sur un dossier en béton pour avoir choisi de telles mesures de contrainte.

Or, si le dossier n'est pas vide, il lui manque l'essentiel : la preuve de la participation – pourquoi pas l'organisation ? – à une manipulation. Une fois l'instruction close et transmise au parquet, le procureur de la République de Paris, Jean-Claude Marin, semble d'ailleurs hésiter. Certains amis de Villepin laissent entendre qu'il faut s'attendre à un non-lieu.

Haut-le-corps à l'Elysée, où l'on considère qu'une telle décision moisie sonnerait comme un désaveu du plaignant Sarkozy. Embarras du procureur qui, dans un premier temps, considère que l'état du dossier ne permet pas de renvoyer Villepin en correctionnelle. Il demande aux juges que l'instruction continue. « Nous avons estimé que l'information devait être complétée », affirme-t-il, démentant vigoureusement que sa décision soit dictée par le souci de ne pas déplaire à Nicolas Sarkozy. S'il emploie ce « nous » qui n'a rien de majesté, c'est pour signifier qu'au parquet « le travail est collectif ».

Dans le *JDD*, il lâche cependant une drôle de phrase : « Le réquisitoire ne se base pas sur l'absence de charges. »

C'est l'évidence. Doit-on en conclure que le dossier, malgré trois ans d'instruction, ne contient pas ces charges susceptibles de renvoyer le prévenu en justice ? Doit-on soupçonner que pour une affaire moins sensible la réquisition de non-lieu aurait été rendue dans la foulée ? Ce serait faire preuve de mauvais esprit. Jean-Claude Marin est précautionneux. « Pour parachever notre raisonnement, il manque des éléments susceptibles d'être recueillis au terme d'investigations complémentaires. »

Et c'est reparti pour un tour. En voiture pour cette prolongation qui, évidemment, ne doit rien au désir de plaire au prince mais tout à la bonne administration de la justice. Zig et Puce, les juges d'Huy et Pons, doivent poursuivre leur enquête et trouver en deux mois ce qu'ils n'ont pas trouvé en trois ans. Et Villepin doit attendre encore. Combien de temps ? Six mois, un an pronostiquent des malveillants qui affirment que Jean-Claude Marin ne serait pas mécontent de refiler la patate chaude à son successeur. Faux. Trois mois plus tard, Marin toujours procureur général, Villepin est renvoyé devant le tribunal correctionnel pour complicité de dénonciation calomnieuse. Quels éléments nouveaux et substantiels les juges ont-ils trouvés pour que Jean-Claude Marin ne requière pas le non-lieu ? Curieusement, aucun journal spécialisé dans la divulgation des pièces d'instruction n'en fait état. Il faudra attendre le procès, fin 2009 ou en 2010.

Villepin dénonce l'acharnement. De l'affaire Clearstream, il ne m'a jamais entretenu. Ni confidences ni allusions. J'ai pourtant la désagréable impression que, de cette affaire, il était à la fois le zélé propagandiste et la victime. Un ami, Jean-Louis Gergorin, lui avait apporté au Quai d'Orsay un listing provenant d'une chambre de compensation luxembourgeoise par laquelle auraient transité les comptes de diverses personnalités. Evasion fiscale, transit de rétrocommissions ? Gergorin disait qu'il enquêtait sur des mouvements de Bourse qui avaient agité le cours de l'action Lagardère alors n-Luc, son fondateur, était déjà mort cliniquement mais que, pour des raisons évidentes, à la fois boursières et successorales, on retardait l'annonce de son décès. Il pistait des fonds russes, assurait-il à l'époque.

Etonnant personnage que « Gergo » ! Je conserve le souvenir d'une conversation au fil de l'eau lors d'un séminaire Lagardère à Evian, avec des fulgurances qui faisaient apparaître ce que d'autres ne voyaient pas. Le monde était un gigantesque puzzle dont lui seul semblait pouvoir assembler les pièces. Il n'avait pas son pareil pour décrypter les dessous des conflits internationaux. Il vous indiquait dans quel pays allait, dans les deux ans, se lever la rébellion d'une minorité, non pas que cette minorité ait été soudain plus contrainte que d'habitude, mais parce qu'une grande compagnie pétrolière avait un projet de pipe-line traversant la contrée, qu'elle avait persuadé son gouvernement de soutenir les rebelles, quand elle ne les avait pas armés elle-même. Il disait que les Français étaient bien légers qui renvoyaient tout aux droits de l'homme et si peu à la géostratégie du business. On était en plein polar, sauf que huit fois sur dix ce qu'il prévoyait se réalisait.

Parfois, ses informations étaient invérifiables. Comme lorsqu'il affirmait que les services secrets d'une grande puissance, notre alliée, avaient lancé une fausse rumeur destinée à déstabiliser un pays exotique rien que pour spéculer sur le cours du cacao, et empocher, en un aller et retour, de substantielles plus-values destinées à alimenter la caisse noire du service et au passage la cassette de quelques associés malins. « Gergo » était passionnant lorsqu'il vous invitait à pénétrer dans ce monde d'initiés dont il avait la clé. Parfois, sa surchauffe donnait le tournis. Il étudiait tout, les cours de Bourse, les nominations dans les états-majors, pas seulement militaires, il analysait les bilans et les comptes rendus des assemblées générales des grandes sociétés, il les recoupait avec une simple brève du *Wall Street Journal* et, au final, il vous annonçait le prochain investissement de General Electric, la montée en puissance d'un groupe britannique auquel une firme française ferait bien de s'intéresser, et le soulèvement d'une peuplade inconnue.

Polytechnicien et énarque (promotion 1972 Charles-de-Gaulle, celle d'Alain Juppé, Jean-Cyril Spinetta, Louis Gallois, Jérôme Clément), Jean-Louis Gergorin avait rejoint le Conseil d'Etat à la sortie de l'Ena avant d'entrer à la Rand Corporation, à Santa Monica (Californie), une firme proche des conservateurs et du complexe militaro-industriel américain. Un début de cursus atypique, original en tout cas... De retour en France, il intégrait le Quai d'Orsay pour y diriger, avec Thierry de Montbrial, le Centre d'analyses et de prévisions qui allait se révéler un instrument indispensable pour une diplomatie française priée de moins négliger l'économie et la géostratégie. Au CAP, « Gergo » a parmi ses subordonnés un jeune diplomate, Dominique de Villepin. Il y fait aussi la connaissance du futur général Rondot et de Philippe Delmas, autant de noms qu'on va retrouver dans l'affaire Clearstream. C'est du CAP que Jean-Luc Lagardère l'avait débauché, en 1984, pour qu'il mette ses talents de renifleur, de boîte à idées, de poisson-pilote, de lobbyiste... et de contre-espion au service de Matra.

Un jour de 1998, Jean-Luc Lagardère me parlerait de Gergorin qui venait de sortir de son bureau alors que j'y entrais. J'avais de nouveau croisé ce personnage curieux, plutôt speed, il était en manches de chemise, les cheveux en bataille, un regard malicieux derrière ses lunettes. Il n'avait rien du chic décontracté propre aux Lagardère Boys, il faisait plutôt penser à un savant Cosinus égaré chez les costumes-cravate. « Jean-Louis est un personnage important dans le groupe, dit Jean-Luc, ne vous fiez pas à son titre de directeur de la stratégie. C'est mon conseiller spécial. Très spécial vous verrez. C'est surtout un électron libre. Il nous a permis de déjouer bien des pièges qu'on nous tendait... »

Lagardère assurait que le groupe lui devait une fière chandelle. Gergorin, sans doute avec l'aide d'honorables agents de la

DST, avait réussi à déjouer une opération de déstabilisation montée par un concurrent. Nom de code de la manip : « Couper les ailes de l'oiseau ». L'oiseau en question c'était Matra-Hachette, et le concurrent la firme Thomson (futur Thalès) dirigé par Alain Gomez. Bientôt tous les journaux rendraient compte du complot, Alain Gomez était soupçonné d'avoir fait contester, avec l'aide d'un avocat américain, William Lee, la fusion de Matra avec Hachette qui permettait à Lagardère de sauver son groupe après l'échec de La Cinquième. Thomson avait trouvé ce moyen pour empêcher Matra de participer à plusieurs contrats d'armement avec Taïwan, dont l'équipement des fameuses frégates La Fayette. On apprenait, stupéfait, le témoignage de la secrétaire de William Lee affirmant comment le P-DG de Thomson en personne lui avait remis – sur un escalator ! – un sac de sport contenant l'argent destiné à son patron pour rémunérer sa complicité. Un scénario à rendre jaloux plus d'un auteur de polars !

Gergorin n'allait pas s'arrêter en chemin. L'opération déstabilisation déjouée, il continuait de traquer les rétrocommissions liées à la vente des frégates de Taïwan pour découvrir sur quels comptes une partie de ces sommes étaient revenues, en France ou dans un paradis fiscal. Sa traque allait tourner à l'obsession.

C'était donc un ami qui apportait à Villepin le fameux listing de Clearstream. Villepin expliquera aux juges pourquoi il n'avait pas transmis ce document à la justice : il s'agissait d'en vérifier d'abord l'authenticité. Il avait donc diligenté des enquêtes, fait appel au général Rondot, puis à la DST. Ce qui ne laisserait pas d'étonner, c'est que le listing Clearstream, copié à partir de celui que le journaliste Denis Robert avait reçu d'un ancien employé de la chambre de compensation luxembourgeoise, allait connaître plusieurs versions. A partir de l'« originel », si on peut dire, de Denis Robert, une main mystérieuse allait tantôt ajouter des noms de bénéficiaires, tantôt en supprimer. Dans tous les cas, on notait une constante : la présence parmi les bénéficiaires d'une pléthore d'ennemis de Jean-Louis Gergorin, ceux qui lui avaient manqué, ceux qu'il soupçonnait d'avoir trempé dans des trafics. Devant les juges, « Gergo » nierait être la main mystérieuse qui avait procédé à ces ajouts.

Reste qu'on trouvait sur le listing le nom de Philippe Delmas dont il avait été très proche – l'un est le parrain du fils de l'autre – jusqu'à ce qu'ils s'opposent frontalement. Delmas était vice-président d'Airbus, il avait choisi son camp, celui de Noël Forgeard, P-DG d'Airbus, ami et protégé de Chirac qui voulait l'imposer à la tête d'EADS, la maison mère. Mais Jean-Luc Lagardère lui avait préféré Philippe Camus, cogérant de son groupe. Depuis, Forgeard rongeait son frein, guignant toujours EADS. Gergorin, lui, était un fidèle de Camus qu'il protégeait « contre tous les complots », disait-il. Bref, les deux camps se surveillaient, et plus si antipathie. Jean-Luc Lagardère me confierait que cette situation « l'agaçait », qu'il avait songé un moment à faire appel à Louis Gallois (ex-P-DG d'Aérospatiale) pour séparer les belligérants.

Sur le listing figurait encore Jean-Pierre Joulin, ancien directeur de la rédaction d'Europe 1 et ami de longue date de... Villepin. Joulin était, lui aussi, conseiller spécial de Jean-Luc Lagardère, autant dire un rival pour « Gergo » qui ne lui pardonnait pas d'avoir révélé qu'il avait été soigné dans une clinique psychiatrique après avoir disjoncté. « J'étais épuisé, Joulin a voulu me faire passer pour fou », fulminait « Gergo ». Quant à Joulin, il m'invitait à déjeuner chez Guy Savoy pour parler de l'affaire, de « cet excité de Gergorin » qui lui « inventait des comptes fictifs au Luxembourg. Il est en perpétuel surchauffe, on aurait été bien avisé de le débrancher avant, on lui aurait rendu service ».

Une chose est sûre : on peut considérer que Villepin n'est pas un enfant de chœur, on le voit mal ordonner qu'on ajoute au listing le nom de son ami Joulin.

Au fur et à mesure des « améliorations », le listing s'enrichissait de noms de personnalités politiques, dont certaines avaient eu à connaître des autorisations de commissions pour les frégates de Taïwan (encore), on y trouverait aussi les noms d'agents de la DST, Jean-Jacques Martini que Gergorin accusait d'avoir livré le nom d'un de ses informateurs, et Gilbert Flam, qui avait enquêté sur l'existence d'un compte japonais de Jacques Chirac ! Une véritable Saint-Barthélemy des nuisibles.

Pour un proche de Villepin, « il est probable que Gergorin a fait pimenter son frichti pour le rendre plus savoureux », et que le faussaire responsable des ajouts avait l'esprit à la fois facétieux (puisque qu'il attribuait un compte secret à la jeune chanteuse Alizée !) et très politique car apparaissaient deux noms, Nagy et Böcsa, qui renvoyaient au patronyme d'un Nicolas Sarkozy en passe de conquérir le parti majoritaire.

Reste que, malgré les enquêtes infructueuses, Villepin n'en continuait pas moins à « vouloir faire toute la lumière », demandant que les vérifications se poursuivent. Finalement, Gergorin transmettra le listing truqué au juge Renaud Van Ruymbeke, un croisé de la lutte anticorruption qui s'échine à résoudre le mystère des rétrocommissions taïwanaises. Une transmission abracadabrantesque, façon carbonaro et homme de l'ombre. Gergorin rencontre le juge nuitamment au domicile d'un ami avocat, lui révèle l'existence du fichier. Van Ruymbeke lui propose de venir témoigner dans son bureau de la rue des Italiens. Refus de « Gergo », il ne veut pas apparaître, il est menacé, dit-il. Il lui fera donc parvenir discrètement une lettre anonyme, façon corbeau. « Je vous écris pour vous informer de l'existence d'un groupe mafieux comprenant au moins deux personnes auxquelles vous vous intéressez… »

Par cette démarche, Gergorin relançait une affaire qui, après les vérifications rapides de Rondot, ne débouchait sur rien. Et Villepin ? Deux thèses s'affronteront concernant son rôle. Le ministre des Affaires étrangères a orchestré la manipulation, il l'a fait prospérer pour des raisons partisanes alors même qu'il la savait démontée, le boomerang lui est revenu en pleine figure. L'autre version, celle de la défense, montre un Villepin entraîné dans un coup tordu par un ami d'ordinaire bien informé. On lui amène sur un plateau un ragoût frissonnant où mijotent de beaux noms de l'establishment. Qu'aurait-on dit s'il avait enterré une affaire qui touchait à des financements occultes et à la sécurité publique ?

Et Sarkozy ? Dans un premier temps, il tombe des nues. Ses comptes ne sont pas chez Clearstream, alors pourquoi Nagy, pourquoi Böcsa ? Il pense d'abord que c'est de son père qu'il s'agit. « Qu'est-ce qu'il a encore fait celui-là ? » Très vite, il se persuade que c'est lui, Nicolas, qui est visé et qu'on veut le compromettre avec cette fausse affaire de comptes secrets au moment où il s'apprête à prendre la présidence de l'UMP. D'autres hommes politiques ou d'influence font partie des huit cent vingt-cinq noms du listing – Dominique Strauss-Kahn, Alain Madelin, Jean-Pierre Chevènement, même Alain Minc –, mais il est persuadé que l'opération n'a qu'un but : le fragiliser dans sa prise de pouvoir, de l'UMP d'abord, de l'Elysée ensuite. En tout cas, il sait. Son directeur de cabinet Claude Guéant met ses réseaux en alerte. Un brillant journaliste du *Figaro*, Stéphane Denis, affirme même que son parent, le général Rondot, l'a chargé de prévenir le candidat Sarkozy que son patronyme figure sur le listing. Nicolas nie avoir reçu le message… C'est qu'il a décidé d'une stratégie intelligente face au commanditaire de l'opération dont il ne connaît pas encore avec certitude l'identité. Chirac ? Villepin ? Bertrand, le patron des RG ?

Un de ses amis résume son état d'esprit d'alors. « Nicolas hésitait entre porter plainte immédiatement, ce qui était plutôt dans sa nature, et attendre. Mettre l'affaire sur la place publique, c'était polluer sa campagne pour le contrôle de l'UMP, le plus important à l'époque. Même si le listing était bidon, des gens se seraient demandé ce qu'il y avait de vrai dans cette affaire. Même dans son bon droit, Nicolas se serait fragilisé lui-même. Il a choisi d'attendre, mais il n'est pas resté inactif. »

Rétrospectivement, on savoure la situation : Sarkozy qui a joué double jeu sur le CPE est ministre d'Etat du Premier ministre Villepin qui, alors ministre des Affaires étrangères, a diligenté une enquête sur des listings où figurait son nom. Un Sarkozy qui lui affirme, les yeux dans les yeux, « Dominique, vous n'y êtes pour rien » alors qu'il pense le contraire, en tout cas qu'il aurait pu le prévenir. Jeu de dupes ou équilibre de la terreur, choisissez.

Quinze mois avant l'élection présidentielle (janvier 2006), Nicolas Sarkozy se porte enfin partie civile. Et là, un miracle se produit : la justice, dont le train de sénateur désespère plus d'un citoyen, se met en marche avec une célérité remarquable et qui ne se démentira pas, une fois Sarkozy président. D'autres plaintes ont déjà été déposées contre X par les personnalités citées dans le listing, mais elles sont instruites avec une discrétion de violette et au rythme ordinaire – *festina lente* –, la justice se hâte lentement. Il en va autrement avec la plainte de Nicolas Sarkozy. Pas de procès d'intention, le plaignant n'a pas forcé la justice à faire diligence, non, tout naturellement sa plainte vise, incidemment d'abord, puis directement le rôle joué par Villepin dans l'affaire. Normal dès lors que les médias s'y intéressent plus qu'à la plainte d'Alain Madelin, et que les juges soient saisis d'une frénésie soudaine.

Villepin plaidera dans le vide en affirmant qu'il n'a fait que ce que le service de l'Etat commandait. Mais pourquoi avoir fait procéder à ces enquêtes secrètement, hors de tout lien avec l'administration dont il a la charge ? Pour des raisons de confidentialité sur un sujet sensible ? On ne trouve nulle trace de Clearstream dans les archives du Quai d'Orsay, non pas que des documents aient disparu mais parce que Villepin n'a pas associé son ministère à sa traque. Les juges d'instruction y ont vu un délit personnel, d'où le renvoi en correctionnelle, et non le service de l'Etat qui les aurait dépossédés du dossier au profit de la Haute Cour de Justice de la République.

Villepin ne sera pas plus entendu quand il dénoncera une instruction principalement centrée sur sa rivalité avec Sarkozy au détriment de tous les autres aspects de l'affaire. Gergorin, qui a rompu avec Villepin, partagera cette opinion, mais pour une autre raison : en choisissant l'angle d'un affrontement personnel Villepin-Sarkozy, la justice s'est exonérée d'en explorer un autre, autrement plus dangereux : « L'affaire Clearstream a tué celle des frégates de Taïwan », dira Gergorin. Sa remarque sonne comme un constat d'échec et un *mea culpa*, une manip avec trop de tiroirs a produit l'effet inverse à celui recherché : l'enterrement d'un scandale républicain partagé.

Fou, Gergorin ? Pas toujours. Au beau milieu de l'été 2008, le 24 juillet, Sarkozy Président, le procureur général de Paris, Jean-Claude Marin, signera un ultime réquisitoire aux fins de non-lieu général dans l'affaire des frégates, des autorisations de commissions et de ses avenants, qui durait depuis une décennie. Qui s'en émouvait ? Pas grand monde. Il fallait cliquer sur *Rue 89* pour trouver un article signé par Corinne Lepage, ancien ministre et présidente de Cap 21 : « Nous n'avons plus de justice[1]. »

« Une fois de plus, le contribuable va devoir assumer la défaillance, soigneusement organisée, de la justice, permettant aux bénéficiaires des rétrocommissions des frégates de Taïwan de garder leur magot cependant que les citoyens paieront l'équivalent à Taïwan. Le non-lieu requis dans cette affaire était inévitable dès lors que le secret-défense opposé par les ministres des Finances successifs aux demandes formulées par le juge d'instruction rendait la poursuite de l'information impossible. Les documents douaniers étaient cachés, il était impossible d'accéder aux noms des ressortissants français destinataires des commissions.

1. Corinne Lepage, « Frégates de Taïwan, affaire Tapie : nous n'avons plus de justice », *Rue 89*, 5 août 2008.

« Au passage, il faut noter la différence de traitement judiciaire et de moyens mis en place pour traiter de l'affaire des listings Clearstream et de l'affaire des frégates, ces moyens étaient inversement proportionnels à l'intérêt de la société dans son ensemble à la solution du problème. La clôture du volet pénal va donc laisser ouvert l'arbitrage en cours (encore un !) entre Thomson (devenu Thalès) et Taïwan dont le risque pour le contribuable est de 72 % des 599 millions de dollars correspondant aux commissions illicites dont une partie des fameuses rétrocommissions. D'où l'intérêt évident qu'il y aurait pour le contribuable que la justice connaisse les destinataires et puisse obtenir le remboursement des sommes perçues.

« Pour la deuxième fois en un mois, la première étant l'arbitrage Tapie [*face au Crédit Lyonnais*] dont les conséquences seront supportées par le contribuable, on constate que le pouvoir bloque la Justice au bénéfice de quelques-uns et au détriment de tous. Un comportement inacceptable sur le plan moral, éthique et politique. Nous n'avons plus de justice au sens auquel les pays démocratiques l'entendent. Le mépris du droit et le refus de l'Etat de droit, la dépendance des juges, un fonctionnement à deux vitesses, l'impunité de certains sont devenus un état de fait, une banalité. L'intérêt général a disparu. Qui s'en soucie ? [...] Mais lorsqu'il s'agit de protéger certaines personnalités, on ne regarde plus à la dépense [...]. Tout est désormais possible dans notre pays comme dans n'importe quelle monarchie bananière, la prétention en plus. »

« Je viendrais bien casser une petite graine »

Il n'est pas sûr que Villepin adhère au jugement de Corinne Lepage, pourtant largement partagé par l'opinion. Comme ses prédécesseurs, il n'a rien fait pour que soit levé ce secret-défense sur les documents douaniers concernant les frégates.

Ce geste aurait bien aidé l'instruction d'un juge Van Ruymbeke qu'il tient en haute estime. Mais non, il faut perpétuer l'omerta, la France ne livre pas les noms des intermédiaires qui ont contribué à la signature de juteux contrats. On appelle ça, droite et gauche réunies, la continuité de l'Etat. En revanche, il ne peut qu'acquiescer à la dénonciation d'une justice à deux vitesses, d'autant que c'est lui qui va « bénéficier » de l'accélération, et de la très logique curiosité des médias puisque les principaux actes des juges Zig et Puce l'ont désigné comme la cible principale de leur instruction.

Printemps 2007. Villepin sait ce qui l'attend. Sarkozy élu, il ne sera plus Premier ministre, l'instruction va s'emballer. Il ne veut pas paraître abattu. Il laisse seulement filtrer son impatience. « Que tout cela se termine le plus rapidement possible. Surtout pour ma famille. » Il n'imagine pas encore la folle caution, les perquisitions, les matelas de ses enfants retournés comme s'il avait caché un cédérom sous la couette.

Un soir d'avril à Matignon. Je suis la pièce rapportée d'un dîner qui, autour de Marie-Claude Char, la veuve du poète, réunit Noëlle et Daniel Rondeau, Marie-Laure et Dominique de Villepin. Pantalon de velours, chemise ouverte, il faisait bonne figure. Sa fille, la belle Marie, arrive au dessert, tout juste débarquée d'un tournage à Prague. Elle raconte sa prestation dans un spot publicitaire pour une marque de luxe. Un spot chic mais olé-olé dans lequel elle porte « une longue robe largement ouverte dans le dos ». Je demande ce que signifie « largement ». La robe n'avait pas de dos et Marie s'avançait, filmée de dos évidemment, dans un long couloir, tenant son galant par la main. Elle ouvrait des portes qui donnaient sur des chambres où s'ébattaient des couples dans des positions intéressantes, façon *Satyricon*. Villepin rit franchement. Marie-Laure s'inquiète de l'identité du metteur en scène, c'est un grand nom du cinéma. Elle n'est rassurée qu'à moitié, redoutant les retombées hexagonales de la créativité publicitaire.

« Et ce sera diffusé en France ? »

Marie insiste sur le côté onirique et définitivement fellinien du spot. Joyeux moments.

On était à trois semaines de l'élection présidentielle. Je supputais le rôle de François Bayrou en trouble-fête et l'effondrement de Jean-Marie Le Pen dont le malin Nicolas antiracaille siphonnait avec application les voix. Pour Villepin, les jeux étaient faits. Sarkozy allait l'emporter. Il constatait les ralliements de ses ministres au futur vainqueur. Il ne s'en étonnait pas, contrairement à Marie-Laure qui citait les noms des « traîtres allant en procession à la soupe ». Lui la tempérait d'un geste tendre. Ces défections ne donnaient que plus de poids à ceux qui lui restaient fidèles. Un minibus suffisait à les accueillir.

Et Chirac, l'avait-il laissé tomber lui aussi ? Marie-Laure au franc-parler n'était pas loin de le penser. « Dominique a tant donné, tant déminé, et il reste seul en première ligne. Quelle ingratitude ! » Villepin refuse de confirmer l'impression d'abandon, pourtant prégnante dans son Matignon des Carpathes. Depuis qu'il a tordu le bras du Président avec le CPE, depuis son échec, il sait que le Président déjà affaibli a « laissé filer ». Il ne lutte plus, il s'est résolu à la victoire du « nabot ». Villepin le constate : tout part en capilotade, la politique se dérobe sous ses pieds, il se retrouve seul, il est atteint mais pas surpris. L'échec, la tentation suicidaire surmontée, il connaît. Regrette-t-il de ne pas avoir démissionné après le fiasco du CPE comme certains l'y incitaient ? Il aurait recouvré sa liberté d'action, serait tombé après une réforme courageuse, certes mal conduite mais dont, un jour, on le créditerait de l'avoir tentée. Il est resté en poste, non pas qu'il soit attaché aux ors de la République mais parce qu'il ne voulait pas ouvrir une crise, manquer à Chirac en gâchant les derniers jours de son mandat. Toujours fidèle, même à celui qui ne le soutenait plus.

Il veut persuader que son sacrifice n'est pas vain. Au moment du café, il confie un secret. Voilà quinze jours, le

Président lui a fait une surprise, il s'est invité à dîner à Matignon. Enfin, il a fait comprendre qu'il était seul ce soir-là à l'Elysée. Bernadette était en province, Bernadette qui depuis longtemps ne peut plus encadrer Villepin, qui ne manque pas une occasion de témoigner de son antipathie, encore plus depuis l'affaire des billets d'avion offerts par Euralair, révélée par *Le Canard enchaîné* : Villepin a demandé que, toutes affaires cessantes, la première dame de France recherche les éléments nécessaires à sa défense. Bernadette y a vu une nouvelle offense de celui qu'elle surnomme « Néron ». Voilà un an, témoignant déjà son soutien à Sarko, elle a déjeuné avec Cécilia pour l'entretenir du rôle de présidente dont elle souhaitait qu'elle hérite ! Une transmission de bail avant l'heure ? Marie-Laure de Villepin n'avait pas eu droit au même traitement.

Sachant le Président seul et sans engagement, Marie-Laure avait donc lancé l'invitation. Chirac s'était réjoui : « Je viendrais bien casser une petite graine, sans façon surtout. » Cette visite impromptue et quasi inédite – hormis Mitterrand avec Fabius, on n'a pas souvenir d'un président venant dîner à l'improviste chez son Premier ministre – n'avait fait l'objet d'aucune publicité. Pas la peine d'exciter Sarkozy qui y aurait vu un complot. Par cette démarche sans pareille, Chirac voulait témoigner de son amitié et de sa reconnaissance envers un collaborateur en partance. Et peut-être calmer « Dominique » qui allait se retrouver bien seul, le rassurer, se rassurer aussi…

« C'était aussi un pèlerinage, assure Villepin. Le Président n'était pas venu rue de Varenne depuis dix-neuf ans, depuis son départ de Matignon en 1988. Je lui ai fait visiter les lieux qu'il avait habités. Il ne reconnaissait plus grand-chose. "Ah, vous vous êtes installé là. Finalement vous avez eu raison." Il cherchait des repères disparus, évoquait un nom, les visages de ses anciens collaborateurs. Il s'intéressait modérément au mobilier moderne et aux tableaux contemporains, passionnément aux statues africaines en bois. Il ne laissait rien paraître de sa fatigue.

Il était sur le départ mais n'avait qu'une obsession : que le final se déroule dignement, de manière "convenable", comme il disait. Il y veillait scrupuleusement, même s'il lui fallait encaisser sans broncher les petites phrases et les piques de Nicolas qui le visaient : la rupture, l'immobilisme. C'était outrancier. Il ne se plaignait pas, il répétait qu'il était attaché à la dignité de la transition républicaine et que, si accroc il y avait, il ne viendrait pas de lui. J'ai toujours eu beaucoup d'affection pour le Président mais ce soir-là, prêt à tourner la page, il était émouvant. Je crois aussi qu'il était heureux d'être là, retrouvant ses souvenirs de Premier ministre batailleur d'un gouvernement de cohabitation avec François Mitterrand. » Le bon temps ?

De quoi ont-ils parlé ? De leur défaite commune avant la victoire annoncée de Sarkozy ? Des affaires en cours ? Assurément de l'exercice du pouvoir, de ses grandeurs et de ses servitudes, du balancier du temps, du rebond, de demain. Ce que Villepin retenait, au-delà des paroles et des conseils, c'était le geste sans précédent, sa présence. Il était là. Et ils s'avançaient tous deux dans les grandes salles désertes de « l'hôtel des insomnies », ignorant que c'était leur dernier entretien. Les juges de l'affaire Clearstream allaient bientôt leur interdire tout contact.

La route du politique n'est pas un chemin de roses, Villepin en découvrait les épines. Il donnait le change devant ses invités – se plaindre, et puis quoi encore ! –, dissimulait le désarroi éprouvé devant l'impuissance que révélait sa situation. La messe était dite et il n'en était même pas l'officiant. Attendant l'élection, il expédiait les affaires courantes. Son cabinet se recasait tant bien que mal. « Sans qu'il joue pour tous son rôle de capitaine », assurait un conseiller qui tardait à trouver un point de chute.

Pour son directeur, Bruno Le Maire, c'était réglé. Il avait refusé l'ambassade de Rome que Chirac proposait ; il préférait tenter l'aventure sans danger de la députation pour succéder à Jean-Louis Debré à Amboise. Il aurait l'étiquette UMP et le soutien de Claude Guéant, l'homme de confiance de la Sarkozie en marche. Des liens s'étaient tissés entre ces deux numéros deux.

Le lieu du pouvoir semblait s'être déjà déplacé. Villepin devait veiller à protéger les siens des rumeurs et des provocations. Le bruit courait dans Paris que Marie était en ménage avec Amélie Mauresmo ! « On » les avait vues ensemble aux Internationaux de tennis à Melbourne. « On est un con », dit l'adage, mais Marie était meurtrie. Elle n'avait rien contre les gays mais non, là c'était non. « En plus, je n'ai jamais mis les pieds en Australie. » Le bruit allait s'évanouir aussi vite qu'il était apparu. Villepin lâchait : « Je sais qui l'a lancé. » Père, gardez-vous à gauche, gardez-vous surtout à droite, spécialement de vos « amis ».

« Le désert, le voyageur et le chameau »

Matignon en lévitation, entre deux eaux, ambiance molle et lénifiante d'une fin de règne sur laquelle ne vient se briser aucun des grands « orages désirés ». Villepin ressent avec violence le caractère sacrificiel de la politique. Il n'est pas surpris. Il l'a évoqué, voilà deux ans, dans un texte où il se révèle comme rarement.

« J'ai bien connu ceux que, dans les années 80, on appelait les quadras. Ils s'appuyaient sur une solidarité générationnelle et sur une vague médiatique puissante. Ils croyaient à la nécessité de renouveler l'image des élus mais ils n'avaient pas une identité culturelle et historique forte. Notre génération ressemble plutôt à celle de l'entre-deux-guerres. Comme elle, nous avons senti la politique se dérober sous nos pieds. Pour nous, cela a été le bouleversement de la mondialisation, la montée des communautarismes, la dérision généralisée, et il a fallu trouver d'autres raisons, des raisons très personnelles de faire de la politique. Ce qui est intéressant à chercher, c'est la façon dont chacun a construit son imaginaire politique. Je suis gaulliste. Je crois à quelques principes historiques. Si je vais plus loin, je dirai que j'ai toujours eu besoin de me situer dans un climat de tempête. Et que je cherche aussi une forme de solitude. L'engagement politique est quelque chose de très exclusif, de très sacrificiel. Il faut être soucieux de défendre la légitimité de la mission que l'on vous confie. Etre dans le carcan de la fonction et dans la plasticité de l'action. Il faut savoir que cet engagement ne dure pas forcément toute une vie. On peut faire de la politique en dehors de la politique, dans l'humanitaire par exemple. Et, comme moi, ne pas vivre dans l'inquiétude de l'après[1]. »

Pour les romantiques, la solitude est une tendre compagne. Il l'a éprouvé bien avant les défections, quand les tempêtes du CPE soufflaient sur les hautes fenêtres, durant les nuits d'un Matignon désert et silencieux, son « hôtel des insomnies ». « La solitude était ma tentation, elle est devenue mon amie. De quelle autre se contenter lorsqu'on a rencontré l'Histoire », écrivait de Gaulle. Pour Villepin, ça ressemblait plutôt à la fin d'une histoire.

Elle était bien fréquentée, cette solitude, peuplée de romans et de poèmes, de lectures fiévreuses et de ces pages écrites à la main jusqu'au petit matin. « Il n'y a plus de solitude là où est la poésie », écrivait Ramuz. Il ne faut pas s'étonner qu'au moment où s'achève, par sa défaite, la bataille de l'Elysée, il convie à dîner, plutôt que des décideurs ou des capitaines d'industrie, un romancier-éditeur qu'accompagne son épouse au charme fou et Marie-Claude, la veuve si cultivée, si simple, de ce poète qu'il admire tant. La littérature et la poésie ne sont pas des consolations mais son carburant, son oxygène, une manière de respirer, de vivre et de survivre.

Je pense à la lettre de Flaubert à George Sand : « Je n'attends plus rien de la vie qu'une suite de papiers à barbouiller de noir. Il me semble que je traverse une solitude sans fin, pour aller je ne sais où, et c'est moi qui suis tout à la fois le désert, le voyageur et le chameau. »

1. *Le Monde 2*, janvier 2005.

Pourquoi rameuter Flaubert et sa solitude infinie alors que, ce soir, Villepin parle gai et d'enthousiasme, ne semble guère abattu, espère toujours de la vie ? A cause de ses « papiers barbouillés de noir », les deux derniers tomes de son *Napoléon* qu'il rédige et nous commente ? A cause de ce « noir » qui revient, sans cesse, comme une obsession, dans son œuvre (*Le Soleil noir de la puissance*[1]) et dans ses citations (« Le lait noir » sortant des cheminées des fours de l'Holocauste). Le hussard au rire tonitruant qui s'avance en chevalier blanc cache au fond de lui un sens aigu du drame, du fatum et de la destinée, pour tout dire du tragique. Le noir est sa couleur.

Selon son expression favorite, la vie avance par séquences, et la séquence politique va se mettre entre parenthèses. C'est une épreuve, pas un problème. Il vit son destin en esthète, à la fois acteur et spectateur de sa vie, dedans et dehors, curieux de savoir comment il va surmonter tout ça ! « Ne pas vivre dans l'inquiétude de l'après », d'accord, mais « l'après » c'est déjà demain. « On verra », dit-il. Curieux prototype qui se regarde passer à autre chose. L'orateur jadis applaudi à l'Onu se passionne ce soir pour le festival de poésie auquel Marie-Claude Char l'invite à participer à L'Isle-sur-la-Sorgue. « Bien sûr que je viendrai ! »

Il aura du temps libre. Il n'a pas peaufiné de plan de carrière, ne s'est pas ménagé un juteux point de chute. Il a refusé de se présenter à une élection législative qui, dans une circonscription taillée sur mesure et après son départ de Matignon, lui aurait assuré une peinarde traversée du désert, en attendant l'inévitable retour du balancier. « Peinard », n'est pas un mot de son vocabulaire. Fierté du bretteur auquel l'intendance répugne. Il se voit en carbonaro, pas en joueur de bonneteau ou moulin à promesses sur les marchés. Il le répète encore : la politique n'est pas une profession, c'est un service, des principes, une vision de l'Histoire. Pour être franc, c'est aussi pour lui une vision de soi dans cette Histoire... Si on le veut, on

1. Perrin, 2007.

vient le chercher, on le prend tel qu'il est, pour ce qu'il est. C'est beaucoup demander de nos jours, quand d'autres s'imposent sans qu'on leur demande rien.

Des amis lui ont conseillé de « faire un effort », de ne pas snober si farouchement le suffrage populaire, sous peine que son refus viscéral du populisme n'apparaisse comme une forme de rigidité hautaine. Sans trop espérer, un Chirac paternel lui avait conseillé d'aller au peuple, sans doute comme d'autres vont aux putes. Et il avait commencé à jeter sa gourme. Il avait « fait des efforts », découvrant avec surprise le capital de sympathie dont il jouissait auprès des Français. Petit à petit, le « métier » rentrait. Hier, il croyait que cette retape débonnaire du populaire n'était que temps perdu pour l'essentiel, il constatait maintenant que bises, tapes sur l'épaule et poignées de main nourrissaient les bons sondages. Je l'ai même vu, un après-midi, au Salon du livre, porte de Versailles, récupérer avec une aisance confondante le truc de Chirac connu sous le nom de code « Celle-là, on la double ».

Le principe est simple. Des badauds, des visiteurs, des sympathisants voire de simples clients dans la boutique d'un commerçant visité, vous demandent de poser avec eux pour une photo. Evidemment, vous acceptez, d'autant que vos spécialistes en communication ont insisté sur l'« effet boule de neige » de l'opération. Surtout si la photo est prise sur un téléphone portable. Dans les minutes qui suivent la pose, les possesseurs dudit téléphone transmettent ce « document » flatteur à leurs amis. Il n'est pas dit que vous ayez gagné un électeur, il est certain que, par la multiplication des transmissions, ce sont dix, vingt, trente personnes qui, louant votre simplicité, vous auront trouvé bien sympathique. Le truc de Chirac n'était pas de poser pour la photo-souvenir mais d'insister pour qu'on en prenne une deuxième.

« Ah ! celle-là, il faut la doubler. Je ne voudrais pas qu'on l'ait ratée. »

Voila comment, attentif aux autres, on passe de politicien sympa à Président supersympa. Avec Chirac, ce déclic « on la double » ne renvoyait pas à la communication. C'était quasi inné, comme un souvenir corrézien des photos de mariages, communions et banquets. D'ailleurs, il concluait souvent la séance de ces photos, immortalisant son compagnonnage avec des quidams dont les yeux irradiaient de fierté, par un rigolard « Clic-clac Kodak, c'est dans la boîte ! » preuve qu'il en était resté à l'argentique.

Grâce à Dieu, Villepin s'exonérait du « clic-clac ». Il n'empêche, plus d'une dizaine de fois, au Salon du livre, j'entendis ce fin connaisseur de Char et de Rimbaud lancer l'inattendu : « Alors celle-là, on la double ! » Oui, le métier commençait à entrer, mais il était déjà tard. Dommage, car il prenait du plaisir à ce jeu inoffensif et sans prétention qui, sans qu'il lui en coûte, faisait fi de sa pudeur et l'amusait.

Poser la question d'un Villepin pudique peut faire sourire, et pourtant… Sous sa carcasse de hussard, ses grossièretés de corps de garde et son armure de cynisme affecté, il ne se déboutonnait jamais. Trop vulgaire. Qui peut comprendre ? Deux fois, deux fois seulement je l'ai vu ému en public, au bord des larmes.

La première fois, c'est à l'ambassade de France à Bogota. La voix brisée, il doit interrompre la fin de son discours lorsqu'il évoque Ingrid Betancourt. « Ce matin, je pense à tous les otages, je pense à chacune de leurs familles, je pense à celle qui fut mon élève, à celle qui est mon amie, je pense à Ingrid Betancourt. Combien de fois ai-je imaginé avec elle ce que pourrait être la Colombie libérée de la peur[1]. » A cet instant, il ressent « le poids d'une absence, le fardeau d'un cortège d'ombres, la trouée d'un parfum amer » et… le désespoir d'une libération avortée. L'opération des services secrets français, qu'il a initiée depuis le Quai d'Orsay pour sauver Ingrid, a échoué. De cette exfiltration, on ne retient que le fiasco. Violente, la

1. Discours de Bogota, 29 novembre 2002.

politique est parfois mesquine. Lorsque Ingrid sera libérée par l'armée colombienne en juin 2008, elle remerciera tous ceux qui, dans sa « douce France », l'ont « soutenue et portée » durant ses six années de captivité. Elle citera Nicolas Sarkozy, Jacques Chirac et son « ami » Dominique de Villepin. Le lendemain, le site Internet d'un *Figaro* élyséen ne retiendra des remerciements d'Ingrid que celui adressé à... Nicolas. Anastasie aurait-elle frappé ? Que nenni, proteste *Le Figaro*, la vidéo était trop longue, un prestataire extérieur l'a mise au format...

La deuxième fois qu'il brise l'armure, c'est devant la caméra de Serge Moati. Il évoque son frère disparu, mort dans la fleur de l'âge. Ce frère qu'il idéalisait, voyait meilleur que lui, promesse foudroyée. Et si lui, en comparaison, n'était qu'un usurpateur ? L'une des clés de Villepin, ou plutôt sa fêlure, est là, dans le souvenir d'Eric ce frère aîné torturé par des problèmes morpho-psychologiques, suite à un accouchement difficile. Eric si sensible et fragile, qu'il a soutenu, aidé à passer son bac à New York, et qui est mort d'hydrocution à vingt ans lors d'une baignade en Bretagne. Longtemps, il tiendra la blessure secrète, il se sentait responsable de cet aîné, si belle personne derrière son handicap, et voilà qu'il prenait sa place alors qu'il ne la méritait pas. Il éprouvait un sentiment de culpabilité, ressentait au plus profond l'injustice du destin qui expliquerait, selon certains, son indifférence à toute prudence et ses défis futurs, toujours kamikazes, comme ces chevauchées suicidaires de hussards téméraires qui font un pied de nez à la Faucheuse en chargeant l'ennemi sabre au clair. De là aussi son goût pour le noir tragique, pour la poésie consolante et pour l'art qui sublime une vie sans l'Autre, l'art, la seule chose qui survit après la disparition de l'artiste, comme une divine réponse à la Mort. Psychologie de bar-tabac ? Pas sûr.

La troisième fois qu'il s'est montré ému en public, je n'étais pas là. Des témoins m'ont raconté. C'était en mai 2007 à Matignon, la veille de la passation des pouvoirs à François Fillon. Le Premier ministre sortant a réuni ses collaborateurs pour un pot d'adieu. Il leur dit sa fierté du travail effectué en commun, les remercie et… s'interrompt, la voix brisée par des sanglots. Il semble lui-même surpris par ces sentiments qui l'ont un moment submergé. Il lâche seulement : « Personne ne pourra plus dire que je suis insensible. »

Il semble singulièrement indifférent aux autres : ce n'est pas un cajoleur, à chacun ses problèmes, je ne suis pas le Samu social. Comme il ne se donne même pas la peine de faire semblant, sa réputation d'amputé du cœur a vite fait le tour de Paris. Pourtant, les exemples ne manquent pas de sa sollicitude pour ceux dont il connaît les tourments, la gêne ou la solitude. Personne ne saura le soutien apporté, de longs mois durant, à une collaboratrice malade. Personne n'apprendra qu'un après-midi de novembre 2006, il a quitté Matignon sans rien dire à personne pour se rendre, à pied, rue de Bourgogne, au chevet de Philippe Noiret mourant. Daniel Rondeau l'avait prévenu que l'issue fatale approchait, il avait décalé une réunion pour passer une heure avec le comédien, son ami, son fervent supporteur. Noiret avait toujours refusé la Légion d'honneur, il disait que les seules récompenses qui vaillent sont celles que le public décerne. En 2006, pourtant, il avait accepté la rosette parce que c'était Villepin qui la lui remettait.

Un Villepin qui soutiendrait ensuite « Chonchon », la comédienne Monique Chaumette, ex-sociétaire de la Comédie-Française et femme, si simple et distinguée, de Philippe Noiret. Ce qu'ignorera « Chonchon », c'est le geste de Villepin. A l'issue d'un dîner avec Marie-Claude Char qui lui avait rappelé sa promesse de participer au festival de poésie de L'Isle-sur-la-Sorgue, le futur ex-Premier ministre avait réaffirmé qu'il viendrait s'y produire, gratuitement cela allait sans dire, mais il s'inquiétait de savoir si les organisateurs avaient les moyens d'inviter aussi Monique Chaumette. Moins pour le cachet que pour briser une solitude. J'étais présent lors de la demande. Dans l'escalier, Marie-Claude Char me confiait : « Oui, il est aussi comme ça ! »

S'il ne convoquait pas l'AFP pour relater ses élans privés, je constatais dans les derniers mois de Matignon qu'un changement était en marche, sans recours aux *spin doctors* ni aux conseillers bronzés de la communication. Hier, il se racontait façon *Semaine de Suzette.* Né au Maroc, gamin expatrié, il avait découvert son pays d'abord de l'extérieur. « En classe, à l'étranger, je regardais les images de la France, le port de Sète, les remparts de Saint-Malo, la vallée de Chamonix. Je m'endormais en pensant à ces images de mon pays, à ma région d'origine, le Limousin. »

Ou encore : « Il y avait une tradition militaire dans ma famille. Moi, j'ai voulu servir la France à ma façon. » Sur sa passion des mots et de leur constance : « Ma mère, quand je partais à l'école, me préparait de petits mots avec des poèmes dedans. Je les lisais à la récré, découvrant Villon et bien d'autres. » Plus tard, il ferait rimer imaginaire et jugulaire. D'une constatation – « Il est rare de rencontrer un homme qui est à la fois poète et capitaine » –, il semblait brosser le portrait qu'il souhaitait qu'on ait de lui. Inconsciemment, il se décernait un double brevet, ce n'était pas à lui de le faire. Comme pour les livres selon Voltaire, les portraits les meilleurs sont ceux dont les lecteurs font eux-mêmes la moitié. Heureusement, il ressortait de ces bribes de confidences cet irrépressible et romantique amour de la France, « mon pays ». Il ne lui restait plus qu'à aimer les Français.

Désormais, il semblait plus accessible. C'est que, sur les rares marchés visités ou au zinc d'un bar PMU – où il s'attardait bien moins longtemps qu'un Chirac en campagne –, il avait découvert qu'on pouvait l'aimer. Hier, il pensait qu'il fallait le mériter, maintenant il lui fallait surtout donner, écouter et plaire. Ouvert aux autres, moins fermé sur soi-même. Et s'il voulait entraîner, cesser de répéter sans cesse qu'« il y a une vie après la politique », sous peine de laisser croire qu'il était déjà ailleurs.

Qui sera-t-il demain ? Désert, voyageur ou chameau ? Solitaire flamboyant, c'est une posture, pas une vie.

Sarkozy, pugnace et rastaquouère

Pretty words, bad manners, la rupture installe un barbare à l'Elysée. Premier forfait : l'assassinat du corps sacré du roi. Un vrai désir d'action : « Tu verras, avec moi ça changera. » La revanche du « magnifical » Petit Chose, rédacteur en chef planétaire de sa propre saga. Le manque de culture assumé quand l'opposition sunnite-chiite renvoie à un combat d'ethnies.

Au cours de mon classement, je retrouve une carte de remerciement de Nicolas. Il conclut « Ton ami ». Suivi, en signature, d'un Sarkozy au « S » gigantesque, envahissant.

Voilà, Sarkozy est envahissant. Pas moyen de le zapper. Il s'impose à défaut d'en imposer. Quoi qu'on pense de lui, il a eu beaucoup de mérite à réussir sa périlleuse ascension. Au départ, j'étais séduit par sa jeunesse, sa vitalité, sa volonté de rompre des lances avec les codes et les barrières. Par sa façon aussi de ne pas vous parler en politique mais en copain. Je n'étais pas dupe de cette proximité ni du souci gamin d'écrire une saga populaire, mais cela changeait tellement des rencontres et des conversations habituelles. Il avait une qualité rare, que je n'ai retrouvée nulle part ailleurs, le courage de dire les choses, de les nommer, alors qu'alentour on ne disait que les mots. On y reviendra.

J'étais surtout bluffé. Il n'était pas cultivé mais, par un stupéfiant retournement des priorités, il faisait de cette lacune un argument de sa promotion. Jamais je ne l'ai entendu parler d'un livre ou d'un auteur, ce qui ne voulait pas dire qu'il ne lisait jamais. A l'évidence, ce n'était pas une priorité, encore moins un sujet de débat, de discussion, de réflexion ; ça ne s'est pas arrangé avec le temps.

Un matin à l'Elysée, sa conseillère Catherine Pégard, celle-là même à qui Chirac faisait un baise-main complice à l'issue d'une rencontre avec la presse – elle était alors journaliste au *Point* – s'était avisée qu'il convenait de gommer d'urgence chez Nicolas cette image de moins-lisant culturel qui, si elle ne posait aucun problème dans n'importe quel autre pays, était préjudiciable pour un président français. Elle s'y attelait dans une interview au *Monde*, assurant – effort méritoire et désespéré – que la rumeur était fausse : Nicolas lisait beaucoup !

Quelques semaines plus tard, la même Catherine Pégard organisait à l'Elysée un déjeuner de têtes. Avant le voyage du Président en Algérie, la conseillère avait battu le rappel de fins connaisseurs du Maghreb en général, de l'Algérie en particulier et surtout d'Albert Camus, prix Nobel de littérature et enfant de Mondovi, dont Nicolas célébrerait la mémoire. Devant ses invités, le Président, au lieu d'écouter, avait ramené sa science à propos de l'auteur de *L'Etranger* et de *La Peste.* « Deux romans qui m'ont profondément marqué. » Au dessert, Olivier Todd dézinguait avec une distinction toute britannique, c'est-à-dire avec une avenante férocité, la fatuité, la méconnaissance camusienne dont venait de faire preuve ce Président qui, s'il « lisait beaucoup », n'assimilait guère...

Je me souviens d'une photo de Claude Azoulay dans *Paris Match.* Elle montre François Mitterrand lors d'un déplacement officiel, un voyage en avion. Il est seul. Il tient entre ses mains un livre rare, un livre cher. Sa tête est légèrement penchée, son regard tout entier plongé dans le texte de Jacques Chardonne qui l'emporte ailleurs. La scène respire la sérénité et la force tranquille. Elle ne sent ni la pose ni la mise en scène. Elle rassure autant par son authenticité que par sa puissance symbolique. Embringué dans les fracas du monde, un président s'abstrait d'un quotidien dangereux, loin des comédies du pouvoir, auprès du seul ami qui vaille, un livre. La sérénité n'exclut pas la jouissance, celle de caresser cet exemplaire rare dont la reliure en maroquin, cette peau de mouton tannée au sumac ou à la noix de galle, met les mots à l'abri des injures du temps.

C'est curieux, et peut-être injuste, mais je n'arrive pas à imaginer Nicolas un bouquin à la main. Ni qu'il puisse emporter un livre cher en voyage, afin de s'y plonger de nouveau et relire un passage pour échapper au tourbillon d'une vie que l'urgence et le protocole confisquent. Cet homme ne se pose pas. Comment en imposerait-il ?

Dans les années 90, il en rajoutait dans sa détestation des « intellos » en général et de Saint-Germain-des-Prés en particulier. De tous ceux qui – « loin du peuple, dans leur bulle » – s'intéressaient plus aux idées qu'à la vie. S'il évoquait un film, c'était d'abord pour signaler son nombre d'entrées en salles, plus que pour son scénario. Comme si la réflexion s'effaçait devant l'efficacité. Il y avait quelque chose de réjouissant – et de courageux à l'époque – dans ce rejet de la pensée dominante, de gauche évidemment. Puisqu'il n'en était pas, puisque sa scolarité décevante, ses notes médiocres en français, lui interdisaient l'entrée au club des poètes et des penseurs, il en serait le contempteur, dénonçant jusqu'à la caricature le verbiage stratosphérique des petits marquis du café de Flore.

Il sentait le terrain propice à cette contre-révolution. Venait la fin d'une époque. Il ne voulait pas sombrer avec elle. Trop jeune pour périr avec une vieille garde devenue impuissante. Trop jeune pour être emporté sans avoir eu le temps de goûter au vrai pouvoir, celui qui ne se partage pas, à ses ors et à ses pompes. Il faisait une curieuse fixation sur l'argent.

« Tu sais, je gagnerais beaucoup plus en continuant d'être avocat d'affaires. C'est d'ailleurs comme ça que je finirai. La politique c'est dur et ça ne rapporte pas », confiait-il en 1993 lors d'une rencontre à Bercy que je raconterai en détail.

Il enviait les grands patrons, ses clients, souvent ses amis, qu'il conseillait et qui gagnaient en un mois ce qu'il touchait en un an. Il n'y voyait nul scandale, car « ces capitaines d'industrie créent de la richesse pour le pays », mais ressentait une profonde injustice. Nicolas a toujours été sensible à l'injustice. Surtout celle qui le frappe, ne reconnaissant pas ses mérites à leur juste valeur. Trop jeune pour être aigri mais assez avancé en âge pour ne plus se contenter de voir passer les plats.

Il n'a pas encore quarante ans et s'apprête à sauter le pas. Il n'a été jusqu'ici que la petite main agile d'un chiraquisme manœuvrier. Son ralliement à Balladur lui offre une loge d'orchestre dans une pièce nouvelle – *Edouard et ses deux Nicolas* – qu'il va coécrire et dont les rôles sont déjà distribués : Edouard Balladur en président, Nicolas Bazire comme secrétaire général de l'Elysée et lui, Premier ministre. Au Monopoly d'une présidentielle rêvée, que le vénérable *Monde* présente imprudemment comme acquise deux mois avant le vote, il va sauter cinq cases. Il va « en être ». Enfin !

On aurait tort de croire qu'il s'engage, bravache, dans la traîtrise uniquement par ambition. Il croit qu'il peut changer les choses, « agir vraiment ».

« La gauche a failli. La droite aussi, dit-il. Sitôt gagnées les élections, elle a peur de son ombre, recule devant la première manif, se résout à des demi-mesures avant de ne plus prendre de mesures du tout. »

Je me souviens qu'il avait été séduit par *La Trahison des clercs*, livre que j'avais mentionné dans un article. Evidemment, il n'avait pas lu Julien Benda, romancier, essayiste et pamphlétaire aujourd'hui oublié, mais ce que le titre évoquait lui avait beaucoup plu.

« Oui, les clercs ont trahi. Toutes nos élites ont trahi, répétait-il. Même les curés dont les églises se vident. Il faut en finir avec ça. Un jour, tu verras… » Pour un peu, il m'aurait fait l'éloge de la messe en latin.

Dix ans plus tard, dans son discours de prise de pouvoir de l'UMP – « avec plus de 83 %, tu te rends compte ? » –, je l'entendis lancer aux militants et aux Français : « Je ne vous trahirai pas. » J'ai pensé à Julien Benda soudain enrôlé dans une croisade libérale, lui qui se baptisait *Eleuthère*, « l'homme libre » !

En 1993, Nicolas professait une grande admiration pour Margaret Thatcher, Premier ministre britannique. Trois ans durant, elle avait tenu tête aux mineurs et l'avait finalement emporté. Une Dame de Fer qui, pendant une année encore, avait mené et gagné la « bataille de Fleet Street », soutenant les éditeurs de journaux contre les syndicats locaux du Livre qui empêchaient la parution des quotidiens ou répandaient les exemplaires sur la chaussée. « Aujourd'hui, la presse anglaise, ses imprimeries modernisées, se portent à merveille. On ferait bien de s'inspirer de cet exemple. Naturellement, ça demande du courage. Mais un jour, tu verras… »

En France, personne ne se risquait à affronter le syndicat du Livre. Ni la gauche ni la droite. Pas même les éditeurs dont aucun – Lagardère en tête, qui contrôlait les NMPP, le premier des distributeurs de presse – n'était prêt à soutenir, ne serait-ce qu'un mois, des grèves dures pour mettre fin au monopole d'embauche qui rendait exorbitants les coûts d'impression et de distribution. On préférait, patrons et syndicats, se payer sur la bête, « s'entendre » sur le dos de l'Etat avec la complicité des gouvernements successifs qui, laissant le problème pendant, encourageaient et finançaient les départs à la retraite à cinquante-quatre ans et à taux plein.

Il l'affirmait, il serait celui qui ne reculerait pas. La France avait besoin d'un barbare, d'un vrai chef qui n'a pas peur de son ombre, culbute les frileux et brise ces gangues qui, par strates successives, ont engourdi le pays. « La France a trop attendu, elle n'attend que ça. » Il fallait comprendre : « La France n'attend que moi. » On n'était pas forcé de croire en son succès, on était séduit par sa volonté d'agir, son culot monstre. Il réussirait là où les autres avaient échoué. Et pour cela, comme de juste, il disait : « J'ai besoin de toi. »

L'atonie réformatrice du quinquennat de Jacques Chirac, qu'il ne cessait de dénoncer alors qu'il y participait, allait rendre populaire son discours de rupture. Sa nette victoire – « 54 %, tu te rends compte ! Je suis le Président le mieux élu de la Ve République », m'affirmait-il avec culot, oubliant les 82 % de Chirac, certes atypiques mais 82 % tout de même – justifiait à ses yeux la formidable attente des Français mais débouchait sur une méprise et un aveuglement qui transmutaient le barbare en « Monsieur Le Trouhadec saisi par la débauche » et l'Elysée en théâtre de boulevard.

La méprise ? Il croyait qu'on l'avait élu, lui, alors que les Français avaient plébiscité l'image du changement. La mutation, car le barbare bienvenu enfin couronné lâchait soudain la bonde, transformant l'or de la victoire en plomb de la désillusion. Les Français croyaient avoir élu un président réformateur, ils découvraient qu'ils avaient installé – et pour cinq ans ! – un rastaquouère à l'Elysée.

Rien de tel ne se serait produit si l'élection s'était jouée ric-rac. Nicolas aurait été conduit à la jouer modeste, il aurait mis tout son talent à convaincre ses concitoyens qu'il était « le bon choix ». Au lieu de quoi son « triomphe », car c'est ainsi qu'il le qualifiait, le persuadait que le peuple lui avait délivré un blanc-seing, que sa rupture pouvait s'exercer sans frein et tous azimuts.

C'était sans compter avec le temps, son ennemi. Même à marche forcée, il faut des mois pour faire passer une réforme, et plus encore pour en voir les résultats. Dans l'attente d'en constater les effets, la première année de son mandat se résuma pour les Français dans la rupture avec les formes et l'exercice du pouvoir. Voulant dépoussiérer la fonction présidentielle, il ne fit que l'abaisser. Ce « président qui lisait beaucoup » allait payer pour longtemps son ignorance d'un Juif allemand, Ernst Kantorowicz.

Les deux corps du roi

Emigré aux Etats-Unis dans les années 30, cet historien médiéviste avait publié en 1957 un livre remarquable – *Les Deux Corps du roi* –, dont les leçons valent autant pour le Moyen Age que pour l'époque contemporaine. Dans un article du *Point*[1], Bernard-Henri Lévy résumait le théorème de Kanto ignoré par Sarko.

« Un souverain, quel qu'il soit, n'a pas un corps mais deux. Ou, plus exactement, un homme, à l'instant précis où il accède au pouvoir suprême, voit son corps propre, son être, se scinder en deux. D'un côté le corps profane, semblable à tous les corps, qui a les mêmes désirs qu'eux, les mêmes emportements, les mêmes passions. De l'autre, le corps sacré, dégagé des manèges des autres corps, aussi impassible que l'autre est passionné, aussi muet que l'autre est loquace et capricieux. Un corps sinon mystique du moins mystérieux, immatériel, invisible, dont il est dit tantôt qu'il a pour membres ses sujets, tantôt qu'il est de la même étoffe que l'institution, plus grande que lui, qu'il incarne. »

Kantorowicz concluait que l'exercice du pouvoir est toujours un subtil dosage des proportions entre ces deux corps, l'un vulgaire, l'autre sublime. Bien que les Français aient pressenti dès le départ que Sarkozy n'incarnait ni le sublime ni les proportions, ils étaient loin d'imaginer qu'il afficherait dès son entrée en fonction une telle vulgarité, une telle indécence.

1. Bernard-Henri Lévy, « Sarko, quel est le problème ? », *Le Point*, mars 2008.

Tout lui était permis. Il avait songé, s'il était élu, à faire retraite trois jours dans un monastère, sans doute pour écouter les matines en latin. Finalement, notre mystique embarquait à bord du yacht d'un milliardaire ami, Vincent Bolloré. Une bien courte escapade en vérité, mais le symbole était dévastateur. A l'évidence, son corps profane avait eu la peau de son corps sacré. Plus exactement, ces deux corps ne faisaient qu'un, et ce n'était pas le meilleur qui l'avait emporté.

Montre de prix au poignet, lunettes de soleil façon pilotes de l'US Air Force, insulte à la bouche face à un visiteur au Salon de l'agriculture (« Casse-toi, pauvre con ! ») ou lutteur de foire invitant à la castagne un marin pêcheur breton (« Descends si tu l'oses. Viens me le dire en face »), son corps profane exultait, se goinfrait à l'envi. Après la jouissance des nantis, la vulgarité des charretiers.

Ce corps sacré du Président qu'il avait jeté aux orties, il ne l'oubliait pas lorsqu'il s'agissait d'en augmenter la dotation, doublant quasiment son salaire, le portant à plus de vingt mille euros par mois, hors liste civile et frais de représentation. Ce n'était pas scandaleux, sauf à affirmer dans le même temps que « les caisses de l'Etat étaient vides ». Le bon peuple qui grondait alors contre la baisse de son pouvoir d'achat vérifiait que les caisses n'étaient pas vides pour tout le monde et ressentait comme un cavalier bras d'honneur ce simple alignement du salaire présidentiel sur celui de son Premier ministre. Le Sarko pugnace virait au vorace.

Le festival, hélas ! ne connaissait pas de frontières. A l'étranger, il représentait la France en envoyant des textos durant les rencontres internationales. A Rome, pour sa première rencontre avec le pape Benoît XVI, il se faisait accompagner par un célèbre pétomane. « Bite, pipe, cul et chrétienté », c'était donc ça le nouvel enjeu de société ! N'accablez pas Jean-Marie Bigard, l'artiste avait toute sa place chez saint Pierre. Dans une autobiographie parue fort à propos, il révélait qu'il priait huit fois par jour et qu'il était « un franc-tireur de Dieu ». Ces derniers termes pouvant prêter à confusion, ses amis précisaient que, dans son esprit, « franc-tireur de Dieu » signifiait « maquisard du Seigneur » et non « baiseur mystique ». On lui accordait d'avance l'absolution quand, quelques semaines plus tard et sans qu'on sache si son voyage à Rome avait à voir avec son illumination, il reprenait sur Europe 1 et le plus sérieusement du monde une thèse révisionniste sur le 11-Septembre : aucun avion détourné par des terroristes ne s'était écrasé sur le Pentagone ! On reprenait notre absolution, on se disait qu'un franc-tireur pouvait être franchement débile et qu'à tout prendre on le préférait en pétomane.

Oublions cet épisode pitoyable pour revenir au Vatican et à la manière cavalière employée par le Président français pour présenter son ami Bigard au Saint-Père. La main négligemment posée sur l'épaule du pontife, comme s'il était son copain de surboum, Nicolas lui précisait que non seulement Jean-Marie avait la foi mais surtout… « qu'il avait rempli le Stade de France » ! Ces propos, confirmés par Bigard, illustraient une journée singulière dont la curie se souvient encore. Le désinvolte équipage était arrivé en retard à l'audience papale – trente-cinq minutes, record du Vatican – et, durant toute l'allocution de Benoît XVI, Nicolas avait ostensiblement consulté ses SMS. Il n'avait que faire des paroles du Saint-Père, il n'était venu que pour la photo officielle. Le reste, il s'en foutait. D'ailleurs, il se foutait de toutes les convenances, il était président, pouvait tout se permettre, surtout le pire.

Il illustrait sa formule favorite : « Je les ai bien niqués. »

A Londres, il faisait un effort en voulant prononcer quelques mots en anglais. Hélas, il ne faisait que confirmer son inaptitude aux langues étrangères. Voulant témoigner de son enthousiasme à la reine Elizabeth – qui parle, elle, un excellent français –, il inventait avec une mâle assurance un adjectif totalement inconnu des Britanniques : « *magnifical* ». Magnanime, la souveraine marquait par un léger sourire qu'elle était sensible à l'effort de communication. Au dernier jour de cette visite officielle dont sa nouvelle épouse, Carla, avait été l'attraction, l'exaltation n'était pas retombée. Comme « lou ravi », le santon de la crèche, il s'extasiait devant les caméras : « Je pourrai dire que j'y étais ! »

A Varsovie, là on avait vraiment honte quand, à l'issue d'une rencontre officielle, il jouait les chapardeurs de supérette. Il était venu signer un accord. Le service du protocole avait, comme il se doit, disposé devant lui un parapheur en cuir et un stylo de prix. Colossale tentation. Une fois l'accord signé, les images de la télévision polonaise révélaient un drôle de manège. Le président français lorgnait à plusieurs reprises sur le stylo. N'y tenant plus, il le reprenait en main, l'examinait, l'évaluait, le reposait, puis il chouravait le *magnifical* objet sous le regard diplomatiquement étonné du Premier ministre polonais.

« Je ne vous décevrai pas. » Rapporté à son corps profane, on n'était pas déçu. A la vue de toutes ces scènes, répercutées par Internet, Sarkozy, celui dont le verbe avait persuadé les Français de le faire président, évoquait pour moi un personnage de vaudeville, ce rastaquouère de général Irrigua dans *Un fil à la patte* de Georges Feydeau.

Dans le film qu'en a tiré Michel Deville, Irrigua est incarné par le séduisant Stanislas Mehrar. C'est un Sud-Américain d'opérette, un exubérant, un butor qui, après avoir parlé beaucoup et promis tout autant, entreprend de culbuter à la hussarde la séduisante Lucette-Emmanuelle Béart. Lucette a beau être peu farouche, quatre mots lui suffisent pour disqualifier le barbare :

« Pretty words, bad manners. »

En un an, aux yeux de l'opinion, le Président aux « belles paroles mais aux mauvaises manières » s'était disqualifié. Ses amis avaient beau invoquer pour sa défense sa volonté de rompre avec les comportements guindés et les usages surannés – voire, disait l'un d'eux, de « prendre une longueur d'avance sur le mode de gouvernance des temps nouveaux » ! –, rien n'y faisait. La première rupture tangible du quinquennat était là, qui séparait désormais l'opinion de cet élu parvenu, dans tous les sens du terme, au faîte du pouvoir. Une rupture durable car elle touchait au sacrilège, à cet enterrement du « corps sacré du roi ».

Ivresse d'une victoire trop éclatante, orgueil démesuré, aveuglement ou inconscience : on s'étonne que cet homme si attentif aux sentiments et aux désirs qui parcourent l'opinion, si attaché aux racines chrétiennes de la France, ignore qu'une élection, même républicaine, est toujours une onction, et qu'il trahisse cette part d'héritage, cette fierté commune qu'on ressent envers un homme qui, une fois acclamé, s'élève plus haut que lui-même.

Quel que soit le jugement porté sur leur bilan, Mitterrand et Chirac ont, eux, habité la fonction. On était fier du premier lorsqu'il faisait de l'abolition de la peine de mort le premier geste fort de son septennat, lorsqu'il s'avançait à Verdun la main dans celle de Helmut Kohl. On était fier du second lors du discours du Vél' d'Hiv' sur la reconnaissance de « la responsabilité de l'Etat français » dans la persécution des Juifs, ou lorsqu'il refusait de jouer les va-t-en-guerre supplétifs en Irak au nom de Gog et Magog !

Avec l'an 1 de Sarkozy, l'inquiétude, puis la honte, avaient remplacé la fierté.

Régis Debray a bien analysé[1] la double raison de ce départ-catastrophe. D'abord cette volonté, en voulant s'affranchir du passé, de refuser de jouer « un rôle », comme l'ont fait tous ses prédécesseurs, d'ignorer ce deuxième corps qui, croyait-il, engonce et empêche d'être soi-même. Sa faute est de n'avoir pas compris que ce « rôle » n'était pas réductible à la simple comédie, c'était aussi un symbole. « Et symbolique signifie deux choses : ce qui nous rassemble et ce qui nous dépasse », écrit Debray, pour qui « il n'y a pas de chef sans légende, pas de chef terre-à-terre ».

1. « Qu'est-ce qu'un chef ? » Débat Régis Debray-Dominique de Villepin, *Le Nouvel Observateur*, octobre 2007.

Quand le corps physique du souverain prend le pas sur le corps mystique que tout couronnement, même républicain, confère, « quand la personne éclipse le personnage, quand l'acteur fait oublier le scénario, à force de se mettre en scène lui-même, alors on est dans l'obscénité démocratique… C'est notre crise de la représentation, on veut du direct, de l'instantané, du charnel. Du prénom, du tutoiement, des sosies à notre taille. Cette fuite en avant dans la quotidienneté, avec tous les trucages de la fausse familiarité, va coûter cher, même si elle est dans l'air du temps. De Gaulle ignorait Charles, et Yvonne restait en coulisse. La France y a gagné, non ? ».

La deuxième raison tient à la nouvelle donne de la communication, qui impose de toujours tenir son public en haleine, de lui raconter chaque jour une histoire à défaut de la faire. Chaque jour une carte postale. Puisque l'Etat ne peut pas tout, en tout cas plus grand-chose, puisque les résultats mettent du temps à venir, le souverain pare au plus pressé. Il pallie l'efficacité, dont l'affichage est différé, par la visibilité.

Cette omniprésence a son revers lorsqu'elle ne s'attache qu'à la trivialité du corps privé. Mais comment pouvait-il faire autrement ? Pour Régis Debray, le souverain moderne a gagné « parce qu'il a été plus visible que son concurrent, et il gagne pour occuper encore plus les écrans. C'est la conséquence du progrès technique, celui du court-circuit généralisé et de l'accès direct… Toutes les *valeurs* qui sont aujourd'hui celles du gouvernant – l'énergie, l'ubiquité, la réactivité, l'immédiateté – sont celles d'une chaîne d'info en *live.* Le Président est le rédacteur en chef du pays. Il ne faut pas lui imputer les défauts et les vertus de son époque, il en est la photocopie, ou plutôt le DVD puisqu'il faut que ça bouge ».

Malgré son côté Bonaparte, Sarkozy n'est pas *l'esprit du temps à cheval,* comme disait Hegel de Napoléon. « C'est l'esprit du temps en Nike. Pourvu que ça dure, doit se dire sa mère, elle aussi. Parce que le problème du coup, on le sait, c'est le contrecoup. Et le problème de l'instant, c'est la durée. Ou la cohérence, pour employer un mot anachronique. »

Le contrecoup n'a pas tardé. En ayant enterré sa moitié de corps du roi, celle qui élève et qui protège, il s'est retrouvé nu, arborant au ras du bitume sa seule enveloppe profane qui, entre « Pauvre con ! » et « Descends si tu l'oses ! », n'avait rien pour inspirer le respect, tout pour susciter le dépit. Et demain le rejet s'il n'y prenait garde.

L'opinion lui renvoyait en boomerang ce manque de considération envers sa fonction. Les sondages, dont il était si friand, l'entraînaient vers des bas-fonds inconnus de ses prédécesseurs un an après leur installation. Les commentateurs le dézinguaient avec d'autant plus de violence que c'était au corps trivial que les critiques et les quolibets s'adressaient. Sarkozy dénonçait avec raison l'entreprise de démolition. Mais la disgrâce était à la mesure du manquement, du sacrilège.

Quand il s'aperçut de la faute, il était bien tard. Il en avait tant fait dans l'affichage de sa jouissance de parvenu qu'on le regardait désormais autrement. Et si ces premiers mois avaient révélé sa vraie nature ? Lorsqu'il consentit, enfin, à revêtir ses nouveaux habits, on soupçonna la comédie, la part de trucage et de communication. Prenait-il une initiative, multipliait-il les annonces, que chacun y voyait non pas une manière de faire mais un moyen de se refaire.

Le principe chiraquien selon lequel « les emmerdes volent toujours en escadrille » s'appliquait dans son implacable rigueur. Tout se retournait contre lui. Même ses mesures les plus sincères apparaissaient comme de simples coups de com, des diversions.

Perpétuer auprès de la jeunesse le souvenir de la Shoah était nécessaire. Mais quelle idée de faire porter par chaque petit Français tout le poids de l'Histoire et la mort d'un enfant juif ! Simone Veil, déportée à Auschwitz, se chargeait de dire tout le mal qu'elle pensait d'une initiative qui renvoyait plus à l'émotion qu'à la réflexion.

La panique gagnait. Il décidait, puisqu'il faut chaque jour annoncer quelque chose, qu'on enseignerait désormais dans les écoles l'histoire de l'esclavage et de la traite des Noirs. Il ignorait que la mesure existait déjà grâce à la loi Taubira votée sous le gouvernement Jospin (horreur !...) avec le plein assentiment de Jacques Chirac (... et damnation). Une loi du 21 mai 2001 dont l'article 2 stipulait que « les programmes scolaires et les programmes de recherche en histoire et en sciences humaines accorderont à la traite négrière et à l'esclavage la place conséquente qu'ils méritent ».

Sarkozy ignorait l'existence de cette belle loi ! Qu'importe, il avait agi. D'ailleurs, peu importait ce qu'avaient fait ses prédécesseurs – dans la foulée, il les traitait d'incapables avant, sans doute, de considérer son successeur comme un intrigant – puisque l'Histoire, on le sait, commence avec lui.

Dans les deux cas – la Shoah, l'esclavage –, ces annonces aux modalités irréfléchies – étonnantes de la part de celui qui, durant sa campagne électorale, avait pourfendu les repentances tous azimuts – renvoyaient à l'urgence de la communication, au halètement du quotidien gouvernant. Deux fois, le bourdon se fracassait sur la vitre. Qu'importe ! Même pas mal ! Il avait réagi.

Dans le premier cas, il fallait envoyer un signe fort lors du traditionnel dîner du Crif, rompre avec les discours convenus du passé : soutien réaffirmé aux Juifs de France, vigilance contre l'antisémitisme, etc. D'ordinaire, c'étaient les Premiers ministres qui honoraient de leur présence les agapes du Conseil représentatif des institutions juives. Là, le Président lui-même se déplaçait. Ce geste, fort en lui-même, était légitime mais ne suffisait pas. Il ne serait pas dit qu'il se comporterait, lui, comme ses piètres devanciers, il allait faire plus, mieux, autrement et, frappant un grand coup, frapper les esprits. On ne fut pas déçu.

Aussitôt annoncée, la mesure était enterrée. Le ministre de l'Education nationale Xavier Darcos faisait savoir que le Président n'avait pas dit ce qu'il avait dit. Ce n'était pas aux écoliers de huit ans que ce devoir de martyrologie personnalisée serait proposé mais à des élèves plus âgés : ils seraient moins traumatisés par ce poids d'une responsabilité collective qu'on leur demandait d'assumer. Puis, on ne parla même plus de prise en charge personnelle d'un enfant juif déporté et gazé...

Au final, on enrageait que le « grand coup » d'une opération de com'passion ait pris l'Holocauste d'innocents en otage.

Sa sortie sur l'esclavage (re)-enseigné aux enfants renvoyait, elle, à la mort d'Aimé Césaire. Il s'était rendu aux obsèques à Fort-de-France. Il avait écouté avec émotion la lecture des stances du poète de la négritude. Revenu à Paris, il voulut, là aussi, en faire plus, renchérir sur l'hommage silencieux qu'il avait rendu en Martinique. Pourquoi suis-je persuadé que si Aimé Césaire avait vécu quelques mois de plus, on n'aurait pas entendu parler avant longtemps de l'enseignement obligatoire de la traite négrière...

Dans les deux cas, les escadrilles volaient en rase-mottes. Ces annonces, qui devaient concourir au renom de leur auteur, se retournaient contre lui. On en voyait surtout les ficelles, l'instrumentalisation au nom de la réactivité, de l'étourdissement, du réflexe, de la réponse instantanée aux dépens de la mise en perspective. L'action n'était que récupération, et le volontarisme incohérence.

Pour l'incohérence, on avait déjà été servi avec cette idée saugrenue, soufflée par son conseiller Henri Guaino. Pour faire enfin plus président, il annonçait une « politique de civilisation ». Lancée tout à trac, et sans plus d'explications, cette annonce fut un grand moment de surréalisme. Outre que personne ne savait ce que les termes recouvraient, on ressentait la puissante antinomie entre l'idée elle-même et le barbare qui la proposait. Et on souhaitait bien du plaisir au chercheur qui, demain, devrait suer sang et eau pour étayer une thèse sur « Sarkozysme et Civilisation ».

Après l'opinion, ce fut au tour de sa majorité de s'inquiéter, de regimber. A gauche, certains, qui ne doutaient de rien, souhaitaient qu'on profite de la réforme des institutions pour inscrire dans la Constitution une procédure d'*impeachment* ! A hyperprésidence, hypercontrôle et principe de précaution. L'idée n'était pas sotte. Qu'après une seule année de mandat, on en vienne à s'interroger sur la bonne manière de « destituer » le souverain témoignait, au-delà de l'outrage, d'un réel malaise. L'hebdomadaire *Marianne* le traduisait à sa façon en titrant « Putain, quatre ans ! ».

Oui, on avait encore quatre ans à tirer et le krach boursier arrivait. Il était temps qu'il se calme et se ressaisisse. Une belle amazone qui avait beaucoup voyagé, pas seulement comme chanteuse et top-modèle, allait dans un premier temps y contribuer. Il ne disait plus « Elle est belle ma Rolex » mais « Elle est belle ma femme, hein ? ». C'était toujours aussi vulgaire, mais son entourage y voyait un progrès.

« Tu verras… », dit Nicolas

J'ai bien connu Nicolas Sarkozy avant son époque BB, bling-bling et barbarie. J'ai été le témoin de son ascension et de sa double prise de pouvoir. Sur l'opinion dont il épousait les attentes. Sur les médias dont il alimentait fraternellement les ventes. Je l'ai vu grandir et changer.

Nous nous sommes rencontrés de nombreuses fois. Comme beaucoup, j'étais admiratif devant le culot du guerrier sans peur et surtout sans complexes, missionné pour secouer un pays en charentaises qui s'abandonnait. Il était même touchant lorsqu'il romançait sa vie comme s'il était un héros de Dickens. Il assurait : « J'ai beaucoup souffert », et il avait de grandes espérances.

Oui, je l'ai vu grandir mais s'abandonner à la plus forte pente, incapable de se maîtriser à mesure que son pouvoir grandissait, passant du rebelle au rastaquouère. Une erreur, selon Thucydide : « De toutes les manifestations du pouvoir, celle qui impressionne le plus les hommes, c'est la retenue. » Encore un auteur qu'il n'avait pas lu.

J'ai repris mes notes sur nos rencontres et nos conversations. Elles racontent en creux un personnage tout en bosses, avec ses qualités, ses failles et ses excès. Cette esquisse de portrait en pied vous fera les témoins de nos rencontres, de trois moments notamment : le premier vrai tête-à-tête, à Bercy en 1993, une interview au ministère de l'Intérieur en janvier 2003, et un dîner au Cyros, à Deauville, en 2006. La première fois, il proposait la botte. La deuxième, il apparaissait matutinal avec des tics inconnus jusqu'alors. La troisième, il montrait, à moi et à quelques autres qui en resteraient abasourdis, qui était le vrai patron des médias. Il ne ferait pas de quartiers.

1993. Je découvre pour la première fois la forteresse de Bercy. Froide, chic, aseptisée et silencieuse comme tous les lieux de pouvoir. Et le pouvoir, il est là. Combien de projets législatifs, passant sous ses fourches caudines, en sont sortis rabotés, défigurés ou en lambeaux. Nicolas Sarkozy veut me voir. Ministre du Budget dans le gouvernement d'Edouard Balladur, il hérite d'un portefeuille supplémentaire, celui de la Communication que son titulaire, Alain Carignon, vient d'abandonner, contraint et forcé, pour cause d'ennuis judiciaires. La Lyonnaise des Eaux et une filiale du groupe Bouygues figurent dans le dossier.

Pourquoi ce cumul ministériel en faveur de Sarkozy alors que les candidats abondent ? Parce qu'il est l'arme fatale du Premier ministre Balladur qui s'apprête à trahir Chirac ? Parce qu'il est proche du groupe Bouygues (TF1) et d'un Carignon balladurisé, qu'il tentera vainement de remettre en selle, en 2006 à Grenoble, une fois la peine de prison accomplie ? Une chose est sûre : l'intérêt de Sarkozy pour les médias est depuis longtemps avéré. Neuilly abrite le siège de nombreuses entreprises de communication. Quelques-uns de ses « amis », à l'initiative de son conseiller d'alors Thierry Gaubert, ont même fondé l'Association Neuilly-Communication qui atteste du lien. Entreprises de presse et grandes agences de publicité ont un maire-ministre tout à leur écoute.

Et ça tombe bien car « Nicolas » aime vraiment la communication. Il sent et devine les attentes du public. En presse, il serait rédacteur en chef, à la télévision, directeur des programmes. Les saltimbanques, il ne les méprise pas, à l'inverse de la nomenklatura. Il avoue être « bon public ». Il me surprend en parlant autant des émissions de prime time que des finances de l'audiovisuel. Discours nouveau.

C'est la fin du printemps. Il est en forme, heureux, comme libéré. Il sait désormais où il va. En politique avec Balladur. En privé avec la nouvelle femme qui vient d'entrer dans sa vie. Elle s'appelle Cécilia. Il l'a connue en la mariant à Jacques Martin, animateur surdoué, cultivé, à la cloison nasale fragile. A l'époque, Nicolas était marié lui aussi. Les couples se fréquentaient, Nicolas et Cécilia aussi. Lorsqu'il apprit son infortune et la décision de Cécilia de le quitter, Jacques Martin fit le coup de poing avec son rival sur un trottoir de Neuilly, mais l'affaire ne s'était pas ébruitée au-delà des Renseignements généraux.

C'est l'été, le Tour de France approche. Le jeune double ministre – il n'a pas quarante ans – évoque avec chaleur la prochaine Grande Boucle, autant pour la performance des sportifs que pour l'engouement populaire.

« Aucun homme politique ne devrait y être indifférent. Huit millions de spectateurs au bord des routes, tu te rends compte ? »

Surprise d'un premier vrai tête-à-tête, il tutoie. Au fil de la conversation, il appelle les grands patrons par leur prénom.

Un Francis (Bouygues) par-ci, un Jean-Luc (Lagardère) par-là. Il est membre d'une grande famille dans laquelle son tutoiement vous fait entrer. On est d'abord flatté, puis inquiet. J'ai beau être alors directeur adjoint du *Journal du dimanche,* qui appartient au groupe Lagardère, moi, « Jean-Luc », je le vouvoie lorsque je le rencontre. A l'époque, ce n'est pas fréquent. Il doit y avoir méprise. Si je suis attaché au groupe et à son patron, que je connaîtrai bien mieux plus tard, je n'ai pas le sentiment d'être, comme lui, de la famille. En tout cas, je n'habite pas au même étage. Reste sa démonstration subliminale, implacable : puisqu'il me tutoie comme il tutoie mon patron, on est donc tous deux à tu et à toi. Il raccourcit la distance : je te dis tu, tu es à moi. Besoin d'un dessin ?

Nicolas ne cache pas sa fascination pour les gens de pouvoir. Ce gargarisme de connivence avec les puissants sent son nouveau riche. « Pas du tout, assure-t-il. J'aime seulement ceux qui créent, qui se défoncent et qui gagnent. » Bouygues et Fignon, pour lui même combat.

Il tutoie le Cac 40 mais veut rompre avec la suffisance de l'énarchie dirigeante, « abolir la distance », respirer le même air que les Français, partager des joies et des émotions communes. Voilà comment il conçoit l'homme politique nouveau, comment il aimerait qu'on le perçoive. Huit millions de fans qui applaudissent tandis que les grands patrons vous tutoient durant votre ascension, le rêve ! La proximité des riches sanctifiée par la reconnaissance des « vrais gens », comme il dit…

A ce moment, il n'entre aucune stratégie marketing dans cette apologie du frisson populaire partagé. Au côté d'un Balladur qui se monarchise, il a le champ libre pour caresser l'opinion. Et c'est sans honte, avec la sincérité d'un enfant émerveillé, qu'il se ricardise en vantant la caravane du Tour de France. Il cite des noms de champions, évoque les pourcentages déments des pentes qui mènent au sommet du mont Ventoux, compare les braquets. Conversation surréaliste par rapport au lieu où il reçoit, royaume du PIB, de l'Insee, de la fiscalité. Il passe à la variété, à Johnny Hallyday, bien qu'il soit « en pleine période Julien Clerc ».

Fignon ? Johnny ? Un moment, je me demande ce que je suis venu faire à Bercy. Lui aussi s'étonne, mais il s'étonne surtout d'être là !

« Bercy ! Tu te rends compte ! J'ai travaillé dur, j'ai lutté pour être ici. Tu sais ce que c'est... Moi non plus, je ne suis pas né avec une cuillère d'argent dans la bouche. On ne m'a jamais rien donné. »

Il a dû l'entonner cent fois, cette antienne du Petit Chose. Ce qui me surprend, c'est ce qu'il semble savoir de moi, de mon parcours. Ce qui m'étonne surtout, c'est l'embrigadement qu'il propose dans sa confrérie des mal-aimés assoiffés de revanche.

Des cuillères en vermeil, c'est vrai, il n'y en avait pas à la maison. Et celles d'argent, on ne les sortait que pour les communions et les mariages. Oui, je suis fils de petit commerçant, oui j'ai fait les Halles de Baltard, tôt le matin, pour aider mon père à tirer le diable et charger les colis de volailles dans la camionnette fourbue... On a connu des enfances plus sinistrées ! Mes parents m'ont « offert » ces études qu'ils ne pouvaient payer à mes aînés, ma sœur, mon frère. Ils ont payé les trimestres des Francs-Bourgeois, tenus par les Frères des Ecoles chrétiennes. Ils n'ont pas barguigné lorsque je leur ai annoncé ma décision de faire latin en sixième, puis une licence après le bac. Pour eux, la Sorbonne c'était plus loin que la planète Mars. Ils m'ont seulement demandé : « Pour quoi faire ? » Professeur d'histoire. « C'est bien », a juste murmuré mon père.

Ils étaient fiers de donner à leur fils tout ce qu'ils n'avaient pas eu. Un peu inquiets aussi quand je leur annonçai qu'en plus de mes études d'histoire, je m'étais inscrit au Centre de formation des journalistes. Ils comprenaient que c'en était fini des Halles et des livraisons, sauf pour les « coups de feu » de Noël et du jour de l'An. Ils acceptaient la décision : « Si tu penses que c'est bien. »

La suite fut une série d'heureuses rencontres. A *Paris-Presse-L'Intransigeant,* que son directeur, Max Corre, rejoignait en Rolls Royce, j'étais fasciné par un rédacteur en chef trotskiste, Jacques Frémontier. Au service culture, rubrique télévision, je gagnais des ronds de chapeau mais faisais mes classes avec deux pros de l'information, Raoul Tubiana et surtout André Halphen. Scrupuleux, obsessionnel, dénicheur d'infos et de magouilles, André avait été victime de son talent. Ses campagnes contre la corruption et les abus en tout genre lui avaient valu cette promotion-placard au service télé. Trente ans plus tard, un de ses fils, juge d'instruction, poursuivrait Jacques Chirac avec une ténacité qui doit sans conteste à l'atavisme.

J'ai suivi André Halphen lorsqu'il est devenu patron de *Télé Poche.* Il y était aussi pointilleux sur les horaires des programmes qu'attentif à donner du sens au contenu, ce qui, appliqué à cet « hebdomadaire de services », n'était pas évident. Il me soutenait lorsque, contre l'avis général, j'imposais qu'on consacre un développement « exorbitant » à la série de Daniel Karlin « Le bébé est une personne », sur les travaux de Bruno Bettelheim avec les enfants autistes. Six émissions en deuxième partie de soirée, cela pouvait plomber l'audience et, pour nous, faire chuter les ventes. Il n'en fut rien dans les deux cas, preuve que pour le téléspectateur il y avait une vie après « Intervilles ». Si Guy Lux m'avait à la bonne, c'est Daniel Karlin, futur membre de la Haute Autorité de l'audiovisuel, qui devenait mon ami. La télévision, ce n'est pas de la culture, encore moins de la monoculture.

En 1981, Etienne Mougeotte, directeur de la rédaction d'Europe 1, m'avait appelé. « J'ai quelque chose pour toi. » Bettelheim et l'autisme n'étaient pas sa tasse de thé mais il m'avait vu à l'œuvre. A la demande de Jean-Luc Lagardère, il formait un commando pour prendre en main *Le Journal du dimanche* dont il fallait restaurer l'image et redresser les ventes. Douze ans plus tard, mission accomplie et Etienne parti chez Bouygues-TF1, je suis directeur adjoint du « quotidien du septième jour ». Je tiens aussi une chronique dont la télévision est le prétexte et la société le principal sujet. Une chronique que Nicolas Sarkozy lit chaque semaine, qu'il dit apprécier et souvent « redouter ».

A chaque compliment, je pense à Adlai E. Stevenson, diplomate américain de la grande époque, c'est-à-dire bien avant Bush Jr : « La flatterie c'est excellent à condition de ne pas avaler la fumée. » N'empêche, les volutes chatouillaient les narines.

Nicolas a suivi mon parcours depuis notre première interview dans sa mairie et les déjeuners de Neuilly-Communication. Il connaît bien le groupe auquel j'appartiens. Il sait que je viens de refuser la direction de *Télé 7 Jours* pour monter en grade au *JDD*. Il devra supporter la chronique quelques années encore. A cette rencontre de Bercy, il n'a pas convié mon directeur et ami Alain Genestar. Les journalistes politiques, il connaît, il maîtrise. Les voltigeurs, les soutiers du mieux-disant culturel, c'est autre chose, un autre monde. Il a dû se dire à mon propos : « Comment l'attraper celui-là ? » Ce devrait être facile puisque lui et moi, on vient de loin, pense-t-il. La différence est que je n'ai pas de revanche à prendre, ni sur l'argent manquant – ma famille n'a jamais roulé sur l'or – ni surtout sur le père absent. L'une des clés de Nicolas.

Alors pourquoi moi ? Il avoue qu'il a compris une chose « avant tous les autres ». Pour séduire les Français, il lui faut sortir des seules pages politiques de ces éditos qui ont de moins en moins la cote et qui, en tout cas, ne font plus l'opinion. Il ne faut plus négliger ces chroniques adjacentes – on dit « transversales » désormais – qui parlent de la société et de l'air du temps, dont la liberté de ton et de critique s'exerce sans la déférence de mise, quoi qu'on en dise, entre gens du sérail.

« Qu'est-ce que tu lui as mis à Hervé Bourges ! Il l'a bien pris ? », s'enquiert-il à propos d'un article où je me suis gentiment moqué d'un homme que j'apprécie par ailleurs.

L'article date sérieusement. Bourges, alors président de TF1 privatisée, avait écrit une plaquette sur « La télévision populaire de qualité ». Je n'avais pas ironisé sur le concept, seulement souligné que l'auteur avait cru bon de faire numéroter les exemplaires de cet envoi en nombre comme s'il s'agissait d'une édition rare. Des années après, Nicolas en riait encore.

« Chaque dimanche, on se demande ce que tu vas sortir. En espérant que ça ne tombe pas sur nous. »

Clairement, ce n'est pas le responsable d'une rédaction mais le chroniqueur que le double ministre invite. Pas pour une interview. « Pour faire le point, mieux se connaître », dit-il. Mieux se faire connaître, surtout.

Le peu qu'il sait de moi n'a, en fait, pas grande importance. Gaulliste ? Peu importe ! Tendance Le Sillon, de Marc Sangnier, mouvement chrétien-social, illustré par des hommes tels Michel Albert et Jean Boissonnat. La belle affaire ! Ce qui l'intéresse, c'est une influence supposée ! Il est trop malin pour demander qu'on lui tresse des couronnes. Ce qu'il souhaite, c'est qu'on l'écoute, qu'on le comprenne et – par voie de conséquence, c'est fatal – qu'on l'aime.

Va pour les deux premiers, mais l'aimer est impossible. Malgré tous ses efforts – peut-être à cause d'eux –, Sarkozy, tout comme Giscard, n'est pas « aimable ». Il a des qualités, de la vigueur, du courage et du culot, il peut être convaincant dans son désir d'action, touchant dans sa quête d'être et d'en être, il est même parfois sidérant d'audace lorsqu'il déballe tout sur tout et sur chacun, dézinguant comme un tireur fou à la foire. Il séduit assurément, on ne l'aime pas pour autant. Il le sent. Il en souffre. Il lui manque le panache, la profondeur et surtout une part de mystère.

A l'époque, je suis d'abord bluffé par la tchatche de l'Arlequin serviteur de deux maîtres – Chirac et Balladur – qui s'apprête à trahir le premier. Je suis gêné aussi. Il m'accueille comme un « pays », comme un vieux complice dont une nouvelle bataille va sceller l'amitié.

Deux choses indisposent chez le sergent recruteur. D'abord, son raisonnement, tertiaire dans l'énoncé mais primaire par ailleurs. Un journaliste a un patron, ce patron le soutient, donc le journaliste est son allié. Signez là.

Ensuite, sa façon de vous associer à sa geste puisque, c'est dit, on se ressemble. J'ai beau répondre que je ne me considère ni comme un mal-aimé ni comme un compagnon d'infortune, il se complaît dans son mélo, il en rajoute sur le père absent, sa mère courage, les humiliations subies. On se dit que s'appeler Sarkozy de Nagy Böcsa à Neuilly est plus enviable que d'être Mouloud à Sarcelles, il n'en démord pas. Il a souffert. Il s'est fait tout seul. Il a du mérite. Il énumère tous ces handicaps qu'il a dû surmonter. Certains semblent mineurs. Comme son nom de consonance étrangère ou encore sa taille.

« Quand j'allais en boum, je sentais bien que je n'étais pas Apollon. Les filles ne se précipitaient pas. Pour me faire remarquer j'amenais ma guitare. Je pensais que la musique pouvait aider. Au final, mes copains levaient les nanas et moi je repartais avec mon instrument. »

Ses amis de jeunesse – à Neuilly comme à Arcachon durant les vacances – témoignent pourtant qu'avec les filles, il n'était pas manchot à l'époque. Mais non, il a souffert, seducteur injustement éconduit !

Aujourd'hui, tout a changé. Il file le parfait amour avec Cécilia, une femme superbe, riche et cultivée, ambitieuse pour deux. Il l'a conquise. Il l'a ravie à Jacques Martin et semble ne pas en revenir que le pouvoir l'ait rendu si sexy, lui, Nico, l'ado qui, jadis, grattouillait sur sa guitare des scies genre *Jeux interdits*.

Revendiquer l'Hellène et zapper l'Ottoman

D'autres handicaps semblaient plus sérieux. Son ascendance juive, par exemple. Il n'en avait pas honte, au contraire, mais il en parlait rarement. Il fallut une attaque lamentable de Jean-Marie Le Pen sur ses origines « extra-hexagonales » pour qu'il aborde publiquement le sujet lors de deux meetings de sa campagne présidentielle, au printemps 2007.

« Oui, je suis un fils d'immigré, fils d'un Hongrois, petit-fils d'un Grec de Salonique[1]. » « J'ai été élevé par mon grand-père, je l'aimais passionnément. Il avait fait la Première Guerre, et il avait eu peur, lui, le Juif de Salonique[2]... »

Voilà qui devait clore une polémique qui n'avait pas lieu d'être. Tout était vrai dans ces affirmations, sauf que Benedict Mallah, ce grand-père maternel qu'il chérissait tant, qui a beaucoup compté dans sa vie, qui l'emmenait voir le défilé du 14-Juillet sur les Champs-Elysées, n'était pas né grec mais... citoyen ottoman.

En 2007, les journaux turcs, qui n'avaient pas digéré l'ostracisme du candidat Sarkozy envers l'adhésion de leur pays à l'Union européenne, se sont fait un plaisir de rappeler au président nouvellement élu ce petit point d'histoire. A l'époque où les Mallah, vieille famille sépharade, se sont installés à Salonique, qui s'appelait alors Selanik, c'est l'Empire ottoman qui les a accueillis et surtout... protégés. C'est en 1917, avec l'intégration de Salonique à la Grèce, qu'ont commencé les persécutions antijuives, les incendies des commerces et des biens, et les violences physiques bientôt suivies de décrets grecs antisémites qui ont contraint bien des familles juives à l'exil.

Nicolas Sarkozy ignorait-il ces faits qui touchent pourtant à l'être le plus cher de sa famille, avec sa mère ? Un raccourci commode l'avait-il poussé à contracter cette histoire des nations qu'il ne maîtrise pas ? Une raison plus électoraliste l'avait-elle incité à zapper la Turquie de sa généalogie ? Le plus probable est que, dans l'urgence des meetings, il

1. Tours, avril 2007.
2. Montpellier, 3 mai 2007.

avait voulu faire simple. Son grand-père venait de Salonique, aujourd'hui Salonique est en Grèce, donc Benedict Mallah était grec ! Passez muscade.

Curieusement, il semble que Nicolas Sarkozy et ses frères n'aient rien su de leurs racines juives jusqu'au décès de leur grand-père en 1972. Benedict « Benico » Mallah se prénommait en réalité Aaron. Il s'était converti au catholicisme une fois réfugié en France. S'il s'était tu si longtemps, c'était pour protéger sa descendance des ravages de l'antisémitisme dont il avait été le témoin et qui avait coûté la vie à des membres de sa famille.

Nicolas n'a pas vingt ans lorsqu'il découvre ce trou noir dans son histoire. Il se rendra plus tard à Salonique pour vendre la propriété familiale des Mallah afin de résoudre les problèmes financiers auxquels sa mère est confrontée depuis que son époux l'a quittée. Pour échapper aux douanes grecques, le futur ministre du… Budget ramènera en France l'argent de la vente caché dans la doublure de son vêtement. C'est ce qu'affirment deux chercheurs et un journaliste hellènes dans *Ego o eggonos enos ellina,* un livre consacré aux origines grecques du nouveau président et présenté en grande pompe à Athènes, en janvier 2008, par la ministre des Affaires étrangères en personne, Dora Bakoyannis.

Curieuse bataille gréco-turque pour revendiquer non plus un territoire mais les racines maternelles d'un président français ! On attend que l'Espagne s'y mette : les Mallah y ont longtemps vécu avant d'en être chassés et de trouver refuge à Selanik !

Que Nicolas Sarkozy fasse l'impasse sur la citoyenneté ottomane (de circonstance) de son grand-père – un Empire ottoman pourtant protecteur pour les familles juives persécutées –, n'est qu'une entorse vénielle à son histoire personnelle mais témoigne de sa méconnaissance de l'Histoire, et d'une grande désinvolture. Entre 1972, quand lui fut révélée sa filiation sépharade, et les meetings de la présidentielle

2007 au cours desquels il revendiquait une ascendance grecque, il avait pourtant eu tout loisir de s'informer.

Comme le répète chaque jour à midi un brillant chroniqueur sur Europe 1, « Il est comme ça, mon Nicolas » : il dit ce qui l'arrange et réécrit l'Histoire à la marge. Il ne ment pas vraiment, il gomme, il survole, il arrange, il adapte. Sans doute pense-t-il qu'un CV de candidat est plus glamour aux yeux de l'électeur français s'il mentionne l'Hellène et omet l'Ottoman.

C'est puéril, bien éloigné du sentiment de fierté dont son élection m'a rempli. Oui, de la fierté ! Elle ne renvoie, vous l'avez deviné, ni à la victoire d'un camp, ni aux mauvaises manières du lauréat, mais au symbole inouï que représente l'entrée à l'Elysée d'un fils d'émigré hongrois, petit-fils d'un Juif qui était un membre respecté par la communauté grecque de Salonique dans l'Empire ottoman, et dont les ancêtres, trois générations auparavant, étaient établis en Espagne. Oui, ce jour-là, j'étais fier de la France, vieux pays qui par cette élection exorcisait ses vieux démons. J'étais fier d'être Français. Comme lui. Pour le reste, évidemment, chacun aurait l'occasion de déchanter.

Revenons à 1993. Nicolas double ministre se présente seulement comme un fils d'émigré hongrois. Il est d'évidence un modèle de l'intégration républicaine. La seule question qu'il me pose, rapportée à ses origines, va me surprendre et révéler son ambition :

« Est-ce qu'en France aujourd'hui un Juif peut devenir président de la République ? »

Il note que la IVe République a connu des présidents du Conseil juifs. Mais sous la Ve ? Il n'en trouve nulle trace ni à Matignon, ni à l'Elysée. Cela ne le tourmente pas, il pose quand même la question. L'opinion est-elle prête ?

Je le rassure. On n'est plus au temps de l'affaire Dreyfus, ni à la dénonciation abjecte du « sémitisme cosmopolite » des journaux de la collaboration. Une origine juive, foi d'élève des bons Frères, n'est plus discriminante, les mentalités ont évolué. Evidemment, on trouvera toujours un quarteron d'imbéciles, xénophobes et antisémites pour réclamer d'un candidat qu'il justifie de quartiers de noblesse ou d'ascendants du terroir sur cinq générations. Mais leurs attaques ne rencontreront qu'indifférence ou désapprobation.

J'ajoute que, dans son cas, le problème ne se pose pas. Son image dans l'opinion n'est pas celle d'un descendant de Juif extra-hexagonal : il incarne le Français-tradition, comme les baguettes du même nom, élevé dans la religion catholique comme il se doit pour un fils de hobereau hongrois. Il est attaché aux symboles de la République. Il n'a rien à prouver. Que redoute-t-il ?

Rien, mais il pressent qu'il se trouvera bien un préposé à la provocation pour, s'il est un jour candidat, poser le problème des origines. Une question légitime, mais qui sonne comme une invitation au rejet selon celui qui la soulève.

Il s'interrogeait sur le chemin qui restait à parcourir.

« Nous serons vraiment un pays moderne le jour où, sans que ça pose problème, on verra un Noir, un Beur, voire une femme, candidat à l'Elysée. Ce n'est pas gagné. »

Pour les deux premiers, il avait raison. Pour la troisième, il allait être rapidement exaucé.

« Moi, je n'en croque pas »

L'autre handicap, c'était l'argent. Une fixation depuis sa jeunesse. Il y avait le père défaillant, il y avait l'argent qui avait manqué à sa mère, puis l'argent des riches qu'il côtoyait – on regarde, on ne touche pas –, il y avait les sommes colossales des commissions sur les gros contrats, un argent censé rémunérer les intermédiaires à l'étranger mais dont une partie, il le savait, revenait en France. Il était bien placé pour le savoir, il était ministre du Budget. Il y avait les rémunérations annuelles à six (et parfois sept) chiffres, en euros, des P-DG qui le tutoyaient.

Evidemment, il bénéficiait, comme tous les autres ministres à l'époque, de fonds secrets à discrétion. Mais qu'est-ce que cela représentait ? Peanuts. De l'argent de poche. Rien de comparable aux millions qui valsaient sous ses yeux.

« Or moi, je n'en croque pas. Je suis clean. Je n'ai pas de magot caché ni de comptes secrets à l'étranger. »

Certains avaient beaucoup de mal à croire à la profession d'intégrité, surtout depuis que l'équipe Balladur avait brisé les anciennes habitudes en s'intéressant aux signatures des gros contrats avec l'étranger. Une partie des commissions autorisées par l'Etat devait bien être revenue quelque part, dans des mains amies. Mais Nicolas affirmait que lui n'en « croquait » pas, et aucune enquête ne le démentait. Sur l'argent, il n'en était que plus à l'aise pour tenir un discours nouveau, quasi provocateur, dans un pays qui considère le sujet comme tabou.

« Aux Etats-Unis, on n'a pas cette fausse pudeur. Lorsqu'on se présente, on dit son nom, sa fonction, son salaire. Cela fait partie de la carte de visite. Il n'y a pas de honte à gagner de l'argent. Le profit n'est pas un péché. Chez nous, plutôt que d'envier le salaire du voisin, on serait mieux avisé de tout faire pour l'égaler, le dépasser, gagner plus. »

Sur ce sujet, plus que sur tous les autres, il voulait être le grand « déculpabilisateur ». Pour l'heure, il constatait surtout que, rapporté à ce qui s'étalait alentour, la politique, avec ses journées de dix-huit heures et le médiocre crédit qu'on en retirait, « ça ne paie pas ». « Je gagnerais dix fois plus dans le privé… »

Prononcée à Bercy, la phrase étonnait. Moins que la suivante :

« Moi, j'ai le courage de le dire : le métier politique, député ou ministre, n'est pas assez rémunéré en France. Il n'est pas normal qu'un ministre gagne deux fois moins qu'un directeur de journal, cinq fois moins que le présentateur du Journal de 20 heures. Je ne dis pas que le salaire de ce dernier est scandaleux : il le mérite sans doute puisque son patron en juge ainsi et y trouve lui aussi son compte. Mais quand même... »

On était en 1993, je le rappelle. En prenant comme mètre-étalon le salaire (de base) de son « ami » Patrick Poivre d'Arvor à TF1, il voulait dénoncer la mésestime dans laquelle on tenait le travail du politique. Cette affaire d'argent avait de l'importance pour lui. Personnellement, parce que les attributs financiers du pouvoir étaient liés à sa fonction, pas aux talents de l'homme, c'était frustrant pour l'ego du ministre. Parce qu'on le considérait comme un nanti alors que ses fréquentations et les avenants de commissions qu'il pouvait être amené à signer ne lui renvoyaient, chaque matin en se rasant, qu'une image de gagne-petit.

Et de raconter, comme un gamin ébloui, le dîner où il avait été convié quelques jours auparavant chez un capitaine d'industrie : les serviteurs en livrée, les tableaux de maîtres comme au musée, les couverts en vermeil, les torchères, le grand dais blanc qui abritait la table dressée près de la piscine aux reflets bleutés, les cigares millésimés. Une description digne de *Gala*. Et lui était à la place d'honneur, adoubé par un aréopage du Cac 40 – proche par le tutoiement, si lointain par les émoluments – que les stock-options délivraient des contingences.

« C'était incroyable ! Un autre monde. »

Un jour, il faudrait mettre aussi de l'ordre là-dedans. Non pas déposséder les riches, mais réduire cette blessante fracture. Il ne pensait pas à supprimer les stock-options qu'il considérait à la fois comme la juste récompense de services rendus et comme une manière de fidéliser le management, mais la soirée l'avait conforté dans l'idée de la nécessité de se mettre à niveau. « En être », lui aussi, dans ce monde enchanté.

Il n'était pourtant pas à plaindre, avec sa voiture de fonction, son bel appartement à Neuilly, mais on sentait chez lui, au-delà de la fascination, un inattendu sentiment de précarité !

« Moi, je n'ai pas de villa sur la Côte d'Azur. Si l'électeur me désavoue, je ne touche pas de somptueuses indemnités de départ ! » Il avait un autre argument pour justifier son combat. « Mieux rémunérer un ministre dans la transparence, c'est une prime donnée à la vertu, ça évite de succomber aux tentations. »

Transparence et secret-défense

La transparence, il voulait l'imposer partout, disait-il.

A l'époque, je ne doutais pas de sa sincérité, je trouvais imprudent qu'il s'avance ainsi, faisant mine d'ignorer la part de secret que tout pouvoir réclame. Que les patrimoines des élus soient plus lisibles, c'était légitime, le mouvement était d'ailleurs en marche, on ne l'avait pas attendu, même s'il restait des progrès à faire. Mais la transparence est aussi l'ennemie du politique et de son action. Le service de l'Etat requiert parfois une part d'ombre et de silence. Il y a des contacts, des négociations qu'on ne raconte pas. On les tait, et parfois on les nie, par souci de sécurité et d'efficacité. Lors d'une prise d'otages, par exemple, on négocie en secret avec les ravisseurs, avec les terroristes, et au final, le plus souvent, on verse la rançon. Le Premier ministre en poste nie évidemment que l'Etat ait payé, mais personne n'est dupe. L'opinion comprend ces mensonges et ces secrets qui sauvegardent l'image d'un Etat fort qui ne transige pas.

Je m'interrogeais cependant. Que ferait-il quand, dans bien des cas, on invoque le secret-défense moins pour protéger l'intermédiaire qui a facilité un contrat d'armement que pour enterrer une magouille ou pour rendre quasi impossible la traçabilité des rétro-commissions ? Oui, où placerait-il le curseur, notre chevalier blanc, alors ministre du Budget ? Je n'eus pas à attendre qu'il habite l'Elysée pour avoir la réponse.

Ministre des Finances, il prendra garde de ne pas toucher au curseur. Comme tous ses prédécesseurs, de droite comme de gauche, il refusera de lever le secret-défense attaché aux commissions versées pour les contrats et avenants des « frégates de Taïwan ». On ne livrera aux juges que le strict minimum, déclassifié, d'une affaire où l'on recense quand même cinq morts peu naturelles. Du militaire taïwanais dénonçant les pots-de-vin qu'on retrouve noyé dans la baie de Taïpeh, au fils d'un ancien patron du contre-espionnage français qui tombe du cinquième étage, un soir de grand vent. Il a fait un faux mouvement en réparant – à 23 h 30, et toutes lumières éteintes – le store d'une fenêtre de son appartement parisien, conclut sans rire le rapport officiel.

La transparence dont il parle en 1993, c'est celle du patrimoine des élus. Et du sien en particulier, si maigre, si injuste en comparaison de..., etc. En repensant à cette conversation, je crois qu'on s'est mépris, en partie, dans l'affaire de son augmentation votée après son installation à l'Elysée. Cette décision, c'était d'abord pour lui la réparation d'une injustice. Il était anormal qu'un président soit moins payé que son Premier ministre. C'était aussi donner un signe fort de probité. Un président payé à son juste prix – comme ses homologues européens –, c'était une manière d'affirmer qu'il n'aurait pas besoin de « subterfuges » pour améliorer l'ordinaire ou asseoir une fortune. L'augmentation n'était qu'une régularisation. D'autant qu'il ne cessait de répéter que lui, il « n'en croquait pas ». Il le répétait tant et tant qu'à la fin, on trouvait ça bizarre.

Il ne citait aucun nom de ceux qui en « croquaient ». Alors, forcément, on était déçu. Mais forcément il savait, il avait à connaître tant de dossiers. Et il repartait en boucle : « Moi, on peut toujours chercher, je suis clean, transparent. Et cette transparence, elle est nécessaire pour redonner confiance à l'opinion. Il faudra l'imposer dans tous les domaines, pas seulement sur les patrimoines. »

En 2007, hélas, cette transparence bienvenue eut des effets dévastateurs lorsqu'elle s'appliqua à la revalorisation de son salaire présidentiel alors que, dans le même temps, on retardait l'augmentation du Smic. Dans leur majorité, les Français ressentaient le timing comme choquant. Ils ne voyaient dans cette substantielle augmentation (170 % !) que l'appât du gain d'un parvenu, ce qui était exagéré, ou une fixation sur l'argent comme symbole du pouvoir, ce qui n'était pas faux. Comme cette culbute soudaine survenait en pleine époque de jouissance bling-bling, alors que se creusait la dette publique et que les prix du gaz, de l'essence, des pâtes et des yaourts s'envolaient, la mise à niveau tournait à la provocation, donnant un goût amer au « Je ne vous décevrai pas ».

De même, son plaidoyer pour la transparence des frais de fonctionnement de l'Elysée allait lui revenir plein pot dans la figure. Un thème pourtant porteur, démago à souhait. Durant la campagne, il avait prêté la main, *via Le Canard enchaîné,* à la dénonciation des frais de bouche du palais présidentiel, aux factures de thés et de confitures réglées à une grande enseigne du luxe parisien. C'était une pierre jetée dans le jardin de Bernadette, mais qu'importe, tout était bon pour atteindre Chirac président ! Au-delà d'une mise en cause qui touchait d'abord sa bienfaitrice, le combat était légitime. Sarko rêvait d'un véritable régime présidentiel, avec un budget de l'Elysée qui ne doive ni au trompe-l'œil ni aux accommodements de jadis.

Sur le modèle américain, il fallait pour la présidence française un vrai budget, celui d'une administration de plein droit. Jusqu'ici, les conseillers du Président, dans leur immense majorité, étaient détachés de leur administration d'origine et rémunérés par elle. Le conseiller culturel émargeait au budget de la rue de Valois, celui des Finances à Bercy. Un détachement qui ne nuisait nullement à leur cursus au sein du corps d'origine. Le budget de l'Elysée manquait de sincérité puisqu'il vivait aux crochets des autres adminis trations. Foi de Sarko, ça changerait !

Un an après son élection, le budget de l'Elysée était effectivement augmenté (8,4 %), mais sans qu'aient été réduites les mises à disposition. Les effectifs élyséens passaient de 957 personnes en 2006 à 1 045, cinq mois après son installation. Les nouvelles embauches touchaient principalement à la correspondance présidentielle et à la sécurité du président, domaine ultra-sensible pour Claude Guéant.

A l'époque de son plaidoyer, Nicolas Sarkozy ne parlait pas du renforcement de la sécurité présidentielle. Le double ministre ne se sentait pas menacé, cela viendrait plus tard, tournant à l'obsession. On retenait surtout son audace de vouloir foncer, tête baissée, sur le tabou de l'argent, lever l'hypocrisie, décomplexer les Français.

Dans ce domaine, je notais qu'il ne prenait ses références que dans le monde visible, celui des stars du sport et du cinéma, des P-DG et des journalistes vedettes. Il ne s'évaluait jamais par rapport aux chercheurs, aux professeurs ou aux savants dont les travaux méritaient tout autant une mise à niveau. C'est qu'il s'agissait là d'une autre famille, d'un autre monde où il n'avait pas ses entrées.

C'était là son troisième handicap, il manquait de culture.

« Ah ! ces connards ! Ces connards ! »

Son appétit d'action avait eu la peau de la soif de connaissances. Il se vantait d'être « arrivé là », à Bercy, sans être passé par ces grandes écoles qui, si elles forment des têtes bien pleines, ne prédisposent pas au courage, à l'imagination, à la remise en cause. Il enviait ces élites. Il dénonçait le piètre usage que l'énarchie faisait de son savoir.

« Pour gouverner, il faut du courage et des idées simples. Pas la peine d'invoquer Platon, Marx, Marcuse ou Heidegger. »

Il daubait sur l'intellectualisme, caricaturait les « penseurs de guéridon » du Flore et des Deux Magots. Forcément, il n'était pas de la famille. Et puis, il y avait la consanguinité de ces élites qui se cooptaient et confisquaient les postes…

« Regarde, moi, je n'ai pas fait l'Ena, et pourtant… »

Il était le symbole de la méritocratie, son ascension ne devait rien à la naissance, à la richesse, au corporatisme des clercs. Il avait réussi après avoir redoublé sa sixième, avec en poche un baccalauréat B et une maîtrise de droit privé à Nanterre. S'il n'était pas diplômé de l'Institut de sciences politiques de Paris, c'était en raison de notes éliminatoires en anglais. Il n'allait pas s'améliorer, comme en témoignerait le sublime « *magnifical* » adressé, à Buckingham Palace, à une reine d'Angleterre qui accueillait la créative novation avec un flegme remarquable, on l'a vu.

Son handicap ne touchait pas au manque d'intelligence. Il était, il est intelligent, mais d'une intelligence tournée en priorité vers le visible, l'immédiat, l'utile et le profitable. S'il devient un jour président, son grand œuvre ne sera pas d'édifier une pyramide ou un musée mais de remodeler la France, en finir avec les superpositions sclérosantes. Il s'enflamme.

« Pourquoi continuer avec les départements, alors qu'existent maintenant les régions ? Pourquoi toujours ajouter des strates aux strates et ne pas se poser la question du prix à payer de ces doublons, de l'ankylose ? Tout change ailleurs et nous, nous continuons de rêver à notre grandeur enfuie. Il faut réveiller la France avant qu'il ne soit trop tard. »

Il ne dit pas « du passé, faisons table rase » mais « vite, construisons demain ». Il tempête contre cette glorification du souvenir et se rêve en dynamiteur. On est séduit par le discours chamboule-tout. On est gêné par ce refus de filiation, cette volonté d'inscrire son action dans la seule rupture. Un mot qu'il ne prononce pas alors, il parle seulement de

« changement » bien que le terme ne le satisfasse qu'à moitié. « La gauche l'a préempté et dévoyé. »

Qui sommes-nous ? D'où venons-nous ? Autant de questions qui ne l'intéressent guère. Du temps perdu. Pourquoi s'interroger alors qu'il faut foncer ! L'art, la peinture, la littérature sont des territoires étrangers. Ce n'est pas son truc. Alors, comme tout provocateur, il se moque et ridiculise ce qu'il ne comprend pas. Ce n'est pas à lui qu'on fera prendre pour de l'art des bouts de ferraille tordus, un tableau tout noir, pauvre Soulages, ou « un poste à galène placé sur un tas de charbon » dans une salle de musée.

« Tu aimes ça, toi ? Pas moi, ça me fait rire. On nous prend pour des gogos. Et dire que certains s'extasient ! »

Voilà Nicolas : il veut aimer, il ne cherche pas à comprendre ce qui ne lui parle pas. Treize ans plus tard, il fera le même coup, devant témoins cette fois, en attendant de rencontrer Villepin à Matignon. Bruno Le Maire raconte.

« Vendredi 26 août 2006. Debout dans le fumoir, Nicolas Sarkozy observe une statuette africaine, un guerrier nu avec sa lance. Il examine de près la statuette, il se penche, du bout du doigt, il fait basculer le sexe du guerrier rattaché au bas du corps par un bout de ficelle. Il recule : "Franchement, Bruno, vous n'allez pas me dire que vous trouvez ça beau ! J'espère que votre fidélité à Dominique de Villepin s'arrête où commence votre lucidité ! En plus, vous avez vu – il fait basculer à nouveau le sexe du guerrier du bout du doigt –, ça bouge !" Claude Guéant sourit, les bras croisés dans le dos. Le guerrier en bois d'ébène nous fixe tous les trois silencieusement, impassible, il en a vu d'autres, lui et son sexe mobile. Dominique de Villepin entre :

« Nicolas ! Pardon de vous avoir fait attendre ! Je suis sûr que vous n'aimez pas cette statuette.

– On peut le dire ! »

Voilà, il ne goûte pas l'art africain, il n'aime pas cette statuette, c'est son droit. On admirerait sa franchise s'il ne voulait, en plus, vous faire partager son rejet, s'il ne soupçonnait une quelconque déficience mentale, plus sûrement un snobisme intello chez ceux que ces arts passionnent. Il ne lui vient pas à l'esprit de s'interroger. Quelle est l'origine de l'objet ? Qui représente-il ? Quelles coutumes raconte-t-il ? On ne la lui fait pas. Si un sexe mobile actionné par une ficelle témoignait d'une civilisation, il le saurait.

J'ai guetté avec curiosité sa première visite officielle dans un musée. C'est tombé sur l'exposition Gustave Courbet, vite expédiée, pas commentée, lui qui a pourtant un avis sur tout. C'est que l'Elysée veillait à éviter le moindre dérapage et, notamment, qu'aucun photographe facétieux ne puisse « shooter » le Président devant *L'Origine du monde,* les cuisses charnues d'une femme, l'offrande de son sexe touffu. Pas d'images pour le 20 heures. Dommage, car le figuratif lui « parle ». Je doute, en revanche, qu'il se rende à la rétrospective Rauschenberg, il doit croire que c'est l'avant-centre du Herta Berlin. Sans culture ? La belle affaire, on peut être élu président sans cela.

Une autre fois, Bruno Le Maire raconte le rendez-vous manqué de Sarkozy avec Rodin.

« Venez, on va faire quelques pas ensemble », dit Nicolas en prenant par le bras Bruno qui le raccompagne sur le perron de Matignon.

On est un mardi de juillet. Les deux hommes s'éloignent, tournent à gauche, empruntent le trottoir étroit qui mène au boulevard des Invalides. Le ministre de l'Intérieur pratique à l'air libre, loin des micros et des caméras, son sport favori : le braconnage sur les terres de l'ennemi. Il comprend mal qu'on puisse rester fidèle à un de ses adversaires, c'est encore le cas de Le Maire avec Villepin. Incompréhensible ! Alors, il séduit pour « retourner », comme on dit chez John Le Carré. Une opération en trois temps : découplage, séparation, ralliement.

Bruno laisse venir. Nicolas n'en est qu'aux préliminaires, la reconnaissance du terrain. Il constate, comme étonné, que, « finalement, ça ne se passe pas trop mal avec Dominique ».

Il y a bien leurs divergences, leurs caractères et ces incorrigibles médias qui les opposent, mais « cela reste correct ». Puis, comme pour s'en assurer : « Personne ne franchit la ligne jaune, hein ? »

Le Maire en Saint-Simon est à son meilleur.

« Quand il s'appuie sur mon épaule, je remarque que le rythme syncopé de sa démarche épouse le rythme de ses phrases, comme un léger déséquilibre, un déhanché qui le porterait toujours, lui et sa parole, en avant. Il regarde à droite, à gauche, me donne parfois de légères bourrades dans les côtes. Nous sommes arrivés à l'entrée du musée Rodin. "C'est pas mal ici. On peut rentrer, non ? Allez, on rentre." Il me parle et il ne me parle pas, il évalue l'adversaire et ses conseillers, il séduit, questionne, affirme, avance au pas de charge sans un regard pour *La Porte de l'Enfer* ou *Les Bourgeois de Calais.* »

Gibier honnête, Bruno Le Maire n'en conclut pas que Nicolas n'aime pas la sculpture en général et Rodin en particulier, il note seulement qu'il n'en a rien à faire, qu'il « se soucie comme d'une guigne » du jardin, de l'artiste et de ses œuvres. Quelle utilité pour sa conquête du pouvoir ? Il avait l'occasion de se poser un court instant, de regarder au-delà. Il ne l'a pas fait, tout entier consacré à son combat. « Il sacrifiait, assure Le Maire, ce que Dominique de Villepin ne sacrifiera pas, que je ne saurais définir, qui n'a pas de nom sans doute, la part de soi-même qu'on abandonne sur le chemin du pouvoir. »

Bruno Le Maire se trompe. Pas sur Villepin qui – plusieurs fois, au grand dam de ses conseillers s'inquiétant du retard – déroutait un convoi officiel pour s'arrêter en chemin dans la demeure d'un écrivain ou d'un peintre, pour humer l'atmosphère, s'en imprégner et s'en nourrir. Il se trompe sur Sarkozy qui, en zappant Rodin, n'a rien « sacrifié » du tout.

On sacrifie ce qu'on aime, ce qui vous est important, nécessaire. Nicolas ne sacrifie pas la culture, qui est du temps perdu pour l'essentiel, la gagne. Sur ce point, l'avenir lui donnera raison ; la conquête du pouvoir est exclusive. Il faut ne penser à rien d'autre, s'y consacrer exclusivement, à chaque instant. Normal que, dès le retour dans la cour de Matignon, le combat continue.

Tandis que les photographes le mitraillent de loin derrière le cordon rouge, il lâche entre ses dents : « Ah ! ces connards ! Ces connards ! »

Nicolas n'est pas inculte, il manque d'éducation.

Pas seulement la bonne manière de se conduire en société, on l'a vu, mais surtout cette soif d'apprendre et de connaître, d'aller au plus profond, par-delà le miroir. La culture n'est pas la connaissance, c'est mettre deux idées en balance, deux tableaux en relation, distinguer chez Picasso l'ombre de Goya. Il est vrai qu'il faut d'abord connaître l'un et l'autre. La culture n'est pas affaire de connaissances mais de résonances.

Or, chez lui si tout sonne et vibre, rien ne résonne. Il picore, il consomme, il n'assimile pas. Il a horreur de l'abstraction, il lui faut toujours, et dans tous les domaines, s'appuyer sur un exemple concret. Je me souviens de l'exemple qu'il donnait à propos… d'un tueur d'enfant.

« Hier, quand j'ai entendu l'avocat qui tentait d'expliquer ce crime, racontait que son client avait eu une enfance difficile, moi je pensais surtout aux parents de la victime, au petit garçon, martyrisé, violé, étranglé. »

Il ne voulait pas qu'on rétablisse la peine de mort, il refusait qu'on transforme le bourreau en victime. Il disait qu'il fallait « raconter les sévices, ne rien cacher ». « A force de ne pas nommer les choses, elles finissent par ne plus exister. On banalise, on virtualise, on intellectualise, et le crime ne devient plus qu'un acte odieux. » Lui, il dirait les choses, et les nommerait au risque de choquer. « Moi, au moins, je suis entendu. »

J'ai repensé à cet épisode quand, treize ans plus tard, il a traité de « racaille » les fauteurs de troubles de banlieue.

Qu'avait-il dit d'extraordinaire, cette nuit-là ? Rien de plus, en somme, qu'un de ses prédécesseurs. Mais là où Jean-Pierre Chevènement avait évoqué de littéraires « sauvageons », comme s'ils étaient les descendants des bons sauvages de Jean-Jacques Rousseau, lui les avait « appelés par leur nom », des fripouilles, des méprisables, la lie des quartiers. Peu importait la provocation qui déboucherait sur des nuits chaudes et des voitures incendiées, il avait dit la chose. Et ça plaisait…

La lettre de Guy Môquet

Il a d'ailleurs un don inné pour sentir ce qui va marcher, toucher l'opinion, parler aux tripes. Il voit tout le parti qu'il peut tirer d'une histoire qui l'a touché, ou dont lui a parlé Max Gallo, son historien de chevet chez Fixot. Il s'en empare et la récupère. Parfois ça marche. Mais quand l'opération tourne à sa confusion, on découvre le coup média d'un surfeur d'émotions ignorant le fin mot de l'histoire qu'il met en scène. Ce fut le cas avec la lettre de Guy Môquet qu'on lirait désormais lors de chaque rentrée dans les écoles.

Emotion, précipitation, consternation.

Cette décision, il l'avait prise le soir de sa première journée de président qu'il avait voulue comme un hommage à la Résistance. L'après-midi, on l'avait vu ému en écoutant, au bois de Boulogne, le beau discours de Max Gallo, un hymne aux soldats de l'ombre, aux anonymes comme ces étudiants du Carré des Fusillés, comme Jean Moulin, comme les martyrs de Châteaubriant, dont Guy Môquet, fauché à dix-sept ans.

Avant d'être amené devant le peloton d'exécution, le jeune homme avait laissé pour ses parents un simple et terrible mot écrit au crayon : « Ma petite maman chérie, mon tout petit frère adoré, mon petit papa aimé, je vais mourir… » Nicolas savait qu'on enseignait la période 1939-1945 en fin de scolarité, mais d'une manière factuelle, comme on feuillette de vieilles photos sépia : Jean Moulin et son écharpe blanche autour du cou, la maison de Caluire, le sabotage des trains, les parachutages, les messages codés de Radio-Londres. Avec Guy Môquet, il allait rajeunir auprès des jeunes l'image de la Résistance, lui donner un nouveau visage, raviver l'émotion avec, comme dans un film, la séquence émotion de l'adolescent écrivant son testament.

Sa passion pour la Résistance, surtout pour ses combattants anonymes, était sincère, elle renvoyait aux opinions de ce grand-père Mallah tant aimé. L'ennui est qu'il allait se comporter en publiciste, en metteur en scène d'émotions, pas en historien. Il n'avait pas écouté Max Gallo jusqu'au bout. Si Guy Môquet avait bien été un martyr, il n'avait jamais « résisté » !

Cette histoire tragique, dont on ne sait s'il la récupérait par méconnaissance ou par tactique, la voici. Guy Môquet est né le 26 avril 1924 à Paris. Son père, Prosper, est syndicaliste cheminot, député communiste du XVIIe arrondissement. C'est un titi gouailleur que décrit Pierre-Louis Basse[1], sportif, poète, il plaît aux filles. Comme son père, il est communiste et milite pour un monde meilleur débarrassé de ces « deux cents familles » qui confisquent les richesses.

Il suit la ligne du parti. Or, en 1939, Staline et Hitler s'entendent. Le PC français s'aligne, comme toujours à l'époque, sur le parti frère de Moscou. Tenus par ce pacte germano-soviétique, les communistes français refusent la guerre contre le régime nazi, allié provisoire de Staline. Une guerre jugée « impérialiste » car dirigée, affirment-ils, contre les intérêts de la classe ouvrière. Quelques jours plus tard, le gouvernement Daladier dissout le PC français en raison de son soutien au pacte Molotov-Ribbentrop. Il en interdit la propagande. Dès octobre, des militants sont arrêtés, dont Prosper Môquet. Après la défaite des armées françaises,

1. Pierre-Louis Basse, *Guy Môquet, une enfance fusillée*, Stock, 2000.

l'occupant laisse en prison les communistes incarcérés par la IIIe République.

La défaite et surtout la détention de son père décuplent l'ardeur militante clandestine du jeune Guy au sein des Jeunesses PC. Il colle des « papillons », il distribue des tracts qui reflètent la ligne du parti. Il n'y est pas question de résistance à l'occupant (qui est alors l'allié de l'URSS) mais du combat anti-capitaliste des prolétaires.

« Des magnats de l'industrie (Schneider, de Wendel, Michelin, Mercier) […], tous, qu'ils soient juifs, catholiques, protestants ou francs-maçons, par esprit de lucre, par haine de la classe ouvrière, ont trahi notre pays et l'ont contraint à subir l'occupation étrangère […]. De l'ouvrier de la zone, avenue de Saint-Ouen, à l'employé du quartier de l'Etoile, en passant par le fonctionnaire des Batignolles […], les jeunes, les vieux, les veuves, tous sont d'accord pour lutter contre la misère. »

Guy Môquet n'a que seize ans lorsque, le 15 octobre 1940, il est arrêté par trois policiers français, métro Gare de l'Est, dans le cadre du décret-loi Daladier interdisant la propagande communiste. Cette propagande n'appelle nullement à la résistance – le pacte germano-soviétique ne deviendra caduc que huit mois plus tard avec… l'attaque de Hitler contre l'Union soviétique – mais à la lutte contre les nantis, les traîtres. Sur Guy Môquet, on trouve un poème évoquant trois amis militants incarcérés.

« Les traîtres de notre pays / Ces agents du capitalisme / Nous les chasserons hors d'ici / Pour instaurer le socialisme / Pour vous sortir de prison / Pour tuer le capitalisme. »

Incarcéré à Fresnes, il attend son jugement. Son jeune âge doit lui éviter une peine de prison. C'est l'avis du tribunal pour enfants de la Seine qui, le 23 janvier 1941, ordonne qu'il soit « remis à sa mère, en liberté surveillée ». C'est sans compter sur le zèle d'un fonctionnaire du gouvernement de Vichy qui, immédiatement, prend un arrêté préfectoral à son encontre : internement administratif. Après deux autres prisons (la Santé et Clairvaux), Guy atterrit en mai 1941 au camp de Choisel à Châteaubriant, alors en Loire-Inférieure, où sont détenus d'autres militants du PC.

20 octobre 1941. Karl Holtz, commandant des troupes d'occupation de la Loire-Inférieure, est exécuté. Des représailles sont inévitables. Horreur, Pierre Pucheu, ministre de l'Intérieur de Pétain, propose aux Allemands une liste de soixante et un noms, des otages communistes, « pour éviter de laisser fusiller cinquante bons Français ». Le 22 octobre, vingt-sept otages sont fusillés par groupes de neuf dans la carrière de la Sablière. Ils ont refusé qu'on leur bande les yeux. Devant le peloton d'exécution, ils ont crié « Vive la France ! ». Guy Môquet est abattu à 16 heures. Avant d'être aligné au poteau, il a écrit une lettre à ses parents. « Ma petite maman chérie… »

J'ai été surpris par la réaction d'Odette Nilès, présidente de l'Amicale de Châteaubriant, après l'annonce de la décision présidentielle de faire lire dans les classes la lettre du jeune disparu : « C'est dévaloriser la valeur de ce qu'était Guy Môquet. Il serait fou de voir tout ce que l'on peut faire en se servant de son nom. »

Ne faisons pas parler les morts, constatons seulement. Si Nicolas Sarkozy a jugé important que soit proposé à la jeunesse française cet exemple de sacrifice pour la patrie, il s'est – par ignorance, on y revient – fourvoyé en voulant faire de celui qui n'a jamais résisté que contre le grand capital un symbole de la résistance à l'occupant. Guy Môquet, vrai martyr et symbole d'une « enfance fusillée », raconte une autre histoire.

L'histoire d'un jeune garçon brillant et poète à ses heures, d'un militant courageux et discipliné. Un pur, un juste qui voulait combattre la misère, mais aussi un militant abusé par son parti qui refusait en 1940 de faire la guerre à l'Allemagne nazie, suivant aveuglément Staline, le petit Père des peuples, dans son deal avec Hitler.

L'histoire d'une France défaite qui, n'ayant pu vaincre l'ennemi, se retournait contre les siens, embastillait les communistes pour délit d'opinion. L'histoire d'une ignominie légale, celle du fonctionnaire zélé de la préfectorale qui faisait interner un gamin qu'un juge venait de libérer.

L'histoire nauséeuse de la collaboration, lorsqu'un ministre sans honneur ni conscience se vante de faire le tri entre les bons et les mauvais Français, entre ceux qui doivent vivre et ceux qui doivent mourir, et qui livre à l'occupant une liste de soixante et un otages, tous communistes.

L'histoire d'un enchaînement de faits dramatique, comme si Guy Môquet ne devait pas échapper à son destin. Il aurait dû être en liberté surveillée et il se retrouvait au camp de Choisel. Il n'aurait pas dû être exécuté car il ne figurait pas sur la liste des soixante et un noms proposée par l'ignoble Pucheu. Les Allemands avaient ajouté son nom au dernier moment.

Enfin, l'histoire d'une « construction », celle du parti communiste s'écrivant, après coup, un passé de résistant de la première heure. De nombreux communistes ont payé de leur vie leur amour de la patrie, mais avant l'été 1941 ils étaient peu nombreux dans la clandestinité A l'époque, la revendication nationale antiallemande n'était pas le mot d'ordre du PC. Dès le mois de juin, des communistes en grand nombre formaient ou intégraient des réseaux : l'accord Staline-Ribbentrop venait d'être rompu. Pour l'historien Jean-Pierre Azéma, les fusillés de Châteaubriant ont été utilisés par le parti communiste à la Libération pour faire oublier que le PC ne s'était pas massivement opposé aux Allemands avant la rupture du pacte germano-soviétique.

Alors Guy, avec son jeune âge, son sacrifice, sa lettre déchirante, est devenu la figure lumineuse d'une réécriture, un enjeu de mémoire. Son arrestation en 1940 n'avait rien à voir avec un fait de résistance, son exécution un an plus tard en faisait le héros d'une retouche accréditant la thèse de la lutte précoce du PC contre l'occupant. Curieux destin qui, même après votre mort, ne vous appartient pas.

Pour autant, il faut lire la lettre de Guy Môquet en classe. Sans faire de son auteur, comme y invite le Président, le symbole de la Résistance Parlons surtout de Guy. Son histoire est plus forte, plus terrible et plus émouvante que sa lettre et que sa légende.

Pourquoi m'attarder si longuement sur cette initiative de Nicolas ? Moins, finalement, pour dénoncer une opération basée sur l'émotion et la récupération. Plus sûrement parce que la mémoire confisquée et embaumée du jeune martyr renvoie à une question que je me suis posée, que je me pose encore, sans doute comme tous les gens de ma génération.

« Et moi, qu'aurais-je fait en 1940 ? Dans quel camp m'aurait-on trouvé ? » Au PC, à Londres, à Vichy, ou dans ce marais qui survivait en attendant des jours meilleurs ? Pas à *Je suis partout*, j'en suis sûr. Mais pour le reste ? La question me hante toujours.

Le coup de la redevance

Nicolas 1993. Il s'est assis sur une chaise en face de moi (« C'est mieux que derrière le bureau, non ? »). Il veut qu'on soit proche, comme pour abolir une distance qui risquerait d'atténuer les messages. Pour pouvoir toucher aussi. C'est fou ce qu'il aime toucher, un bras, une épaule, contact physique qui le rassure sur votre degré d'attention. Il est détendu, sans aucun de ces tics qui apparaîtront plus tard, concentré comme un sprinteur dans les starting-blocks, prêt à bondir, numéro deux du gouvernement Balladur et non plus énième lieutenant de la meute chiraquienne. En route pour l'émancipation.

Son enthousiasme est contrarié par un caillou dans sa chaussure, ce sentiment qu'il lui manque quelque chose. « On » ne l'aime pas comme il le mérite. Il s'inquiète des satires que, chaque soir sur Canal +, « Les Guignols de l'Info » font de lui en porte-coton du monarque Ballamou. Il voit le danger. Il n'imagine pas encore le pire, quand sa marionnette symbolisera bientôt la traîtrise avec tous ces couteaux qu'il plantera quotidiennement dans le dos de Chirac. Oui, comment les amadouer ?

Il sait les bons rapports que j'entretiens avec Canal, avec André Rousselet, avec Pierre Lescure, alors il s'interroge à voix haute. « Intervenir auprès de la direction de la chaîne, c'est délicat, hein ? » Je déconseille effectivement. « Et rencontrer les auteurs des "Guignols" ? » Pas mieux. Je doute qu'un déjeuner les amène à se contraindre. Ils sont très chatouilleux quant à leur liberté de ton. « Mais moi aussi, jure-t-il, je suis pour la liberté de critique. Reste que cette caricature, elle est profondément injuste, non ? Bruno Gaccio, tu le connais ? »

Je réponds prudemment que le père des « Guignols » a un talent fou, qu'il a trouvé un angle savoureux pour le croquer, que se plaindre n'est pas une attitude positive, et qu'à tout prendre il vaut mieux être moqué qu'ignoré. « Tu as raison. D'ailleurs, j'en connais beaucoup qui souhaiteraient exister comme moi aux "Guignols". Mais enfin, c'est outrancier, non ? Et si je participais à l'émission en direct qui précède les sketches ? Oui, c'est ça, apparaître tel que je suis… »

Il est jeune, plein d'idées, il renouvelle l'image de la droite et, surtout, il ne doute de rien. Apparaître et parler : emballez c'est pesé, on l'aimera. La séduction, il connaît. Depuis peu, il rode sa rhétorique fondée sur le truisme interrogatif et la tautologie prudhommesque. Truisme et tautologie sont deux mots dont il ignore le sens mais qu'il pratique avec un rare talent lorsque, les yeux dans les yeux, son questionnement vous prend à témoin d'une évidence.

« Pourquoi attendre quand on a la volonté d'agir ? », « Est-ce parce qu'on n'a rien fait hier qu'il ne faut rien faire aujourd'hui ? », « Ce n'est quand même pas un crime de gagner sa vie par le travail. » Autant de prédicats – il en fera une marque déposée – qui ne peuvent qu'emporter l'adhésion, au pis laisser coi ! A ses questions, une seule réponse, celle du bon sens de Joseph Prudhomme.

A Bercy, il veut ouvrir les chantiers qu'on a laissés en friche. « J'en ai assez qu'on trouve toujours de bonnes raisons pour ne pas agir. S'il faut bousculer, bousculons. Dans l'audiovisuel aussi, tu verras, ça va changer. »

Il trouve illogique que le service public ait recours à la publicité. « A chaînes publiques, fonds publics, à chaînes privées, fonds privés », mais il convient que, dans sa position, il serait dangereux d'ouvrir ce chantier. Il est aussi ministre de la Communication et il doit veiller à son bon financement. De plus, une présidentielle s'annonce, ce n'est pas le moment d'agiter le chiffon rouge devant les syndicats.

« En revanche, il y a des domaines où l'on peut agir tout de suite. La redevance télé par exemple. » Il évoque un de mes articles sur le service de la redevance audiovisuelle. Il l'a lu, et dit l'approuver. Avant de songer à augmenter cette redevance, pourquoi ne pas s'attaquer d'abord au coût exorbitant de sa perception, alors que ce coût serait nul si la taxe parafiscale était recueillie avec la facture d'électricité ou inscrite sur la feuille d'impôts. Ce serait autant d'argent économisé à consacrer aux chaînes et radios du service public.

L'idée n'étant pas neuve et tout article sur le sujet s'apparentant au marronnier, j'avais surtout souligné que cette mesure pourtant reconnue de bon sens à droite comme à gauche n'avait jamais pu être menée à bien malgré les ministres successifs. Bercy avait toujours réussi à enterrer le projet. « Irréalisable », « Négatif en termes d'emplois », « Et qui traquerait les fraudeurs ? » Ma conclusion touchait à la force d'inertie de Bercy lorsqu'il s'agit de rétrécir son pré carré, à l'incapacité de réformer en dépit des discours, bref, celui qui dompterait Bercy n'était pas encore né.

« Je te prends au mot. Tu verras, ça va changer. Dès cet automne ! », assure Nicolas en me tapant sur le bras. A l'automne, je n'ai rien vu. Pourtant, il avait essayé. Cet échec allait lui confirmer que le véritable moteur de l'action n'était pas dans un ministère mais au-dessus. Et que c'était là qu'il fallait être...

C'est sous Giscard en 1978 que, pour la première fois, l'idée de supprimer le service de la redevance audiovisuelle avait été lancée. Georges Fillioud, ministre de la Communication de la gauche arrivée au pouvoir, en avait fait, dès l'été

1981, l'un de ses chevaux de bataille, avec l'introduction de la publicité sur les radios libres. Brave parmi les braves, Georges. Je l'entends encore, dans son bureau, rue Saint-Dominique, jurer, croix de bois croix de fer, que ce service coûteux sera supprimé et promettre, au franc près, que l'argent épargné « irait aux programmes ».

On est en 1993, une douzaine d'années ont passé. Une bonne demi-douzaine de ministres de tutelle aussi, certains plus motivés que d'autres mais, comme dans le sketch de Robert Lamoureux, force est de constater que « le canard est toujours vivant ». Heureusement, le petit Nicolas, tel Zorro, va réussir là où tous ont échoué. Il en a la volonté. Il a surtout un avantage inédit sur ses prédécesseurs titulaires de la Com. Eux devaient batailler avec Bercy pour faire passer une réforme. Lui, cumulant les maroquins, est aux deux bouts de la chaîne. Qui peut mieux que le ministre de la Communication convaincre son confrère du Budget, puisque c'est le même homme ? On a connu des arbitrages plus tendus.

Trois mois plus tard, nouveau petit déjeuner. On est en septembre. Nicolas a passé un été studieux. Durant deux mois, il a potassé son dossier audiovisuel. Il ne téléphone pas à son dircab ou à son conseiller Christopher Baldelli, futur patron d'Antenne 2, pour répondre aux questions, apporter une précision chiffrée. Il sait que pour le service de la redevance, avec les centres de Rennes et de Toulouse, il ne s'agit que de mille cinq cent cinquante fonctionnaires à redéployer.

Pourtant, de suppression, il n'est plus question ce jour-là ! « Du moins dans l'immédiat. » Alors, zéro pour Sarko-Zorro ? Non, car il a soulevé un couvercle à Bercy, il a osé parler de corde dans la maison du pendu. Reste qu'en dépit de sa volonté, il n'a pas réussi à dompter une forteresse pourtant sous ses ordres. La réforme qu'il m'avait promise attendra... treize ans ! Elle sera finalisée en 2006 lors de son retour à Bercy, après que Francis Mer l'eut débloquée.

Deux conclusions. *Primo*, Nicolas Sarkozy tente de faire ce qu'il dit. *Secundo* : la France est réfractaire au changement.

Etonnant pays où il faut près de trente ans pour qu'aboutisse une réforme que chacun, tous partis confondus, juge nécessaire. Trente ans d'ankylose et de frilosité. Pourtant, en cette fin d'été 1993, l'incorrigible n'en démord pas : « Un jour, tu verras, ça changera vraiment. Avec moi. »

Pour impulser toutes ces réformes dont la France a besoin, plus importantes encore que le mode de perception de la redevance télé, il lui faudrait être ailleurs que dans un ministère. Plus haut. Etre le chef. Pour être franc, je n'y croyais pas, persuadé qu'il se ferait bouffer avant. Comme les autres. Erreur.

Georges Fillioud ou l'interview « retournée »

Un ministre, Nicolas le vérifiait avec sa réforme avortée de la redevance, doit savoir manger son chapeau. Pour le consoler, je lui racontai un cas d'école dont j'avais été le témoin privilégié.

Un jeudi de l'automne 1982. Un appel de Nicole Covillers. « C'est fait. Il t'attend demain à 15 heures. » Il, c'est Georges Fillioud, ancien journaliste à Europe 1, député de la Drôme, nommé sans surprise ministre de la Communication dans le premier gouvernement de la gauche au pouvoir. Ce bon soldat a obtenu son bâton de maréchal. A ses côtés, son directeur de cabinet, Bernard Miyet, un énarque cultureux et ingénieux venu du Quai d'Orsay, travaille en secret à la création d'une chaîne révolutionnaire, cryptée et… privée, Canal +. André Rousselet la lancera sans lui.

Georges, lui, espère naïvement tenir toutes les promesses de campagne, dont l'introduction de la publicité sur les radios libres. Le candidat Mitterrand avait apporté un soutien appuyé à ces nouveaux médias. Au nom de la libération des moyens de communication, il avait même bravé le pouvoir giscardien finissant en participant à une émission d'une de ces stations « illégales ». Pour Fillioud, aujourd'hui, il s'agit d'assurer la pérennité de ces petites entreprises qui ont fleuri par dizaines en permettant leur accession au marché publicitaire. Un projet de loi est « dans les tuyaux ».

« Lorsque l'affaire sera bouclée, tu l'auras ton interview », a promis le ministre. Le moment est venu. Le lundi, un conseil interministériel a étudié les dernières modalités de la mesure. Georges va triompher. Le vendredi midi, contretemps. Nicole, sa chargée de com, dynamique, efficace et « protégée » de Mitterrand – la secrétaire Marie-Claire Papegay lui passe sans filtre le Président au téléphone – me prévient : « L'interview n'aura lieu qu'à 17 heures, Georges est convoqué à Matignon après le déjeuner. »

A l'heure dite, je suis prêt à recevoir le scoop. C'en est un, pas celui que j'attends. « Non, le gouvernement n'autorisera pas les radios libres à ponctionner le marché publicitaire. » Je fais répéter cette annonce qui contredit son vœu le plus cher et enterre une année de travail. Aucun trouble. Il assume. Pour convaincre, il avance tous les arguments qu'il combattait hier. Ministre a beau signifier « serviteur », il y a des limites à l'avalage de couleuvres. Je suis abasourdi par la volte-face et admiratif devant l'exercice de soumission gouvernementale.

Le soir, j'ai l'explication de l'incroyable retournement. Après l'« interministérielle », le lobby des radios privées, emmené par Jacques Rigaud (RTL) et Pierre Barret (Europe 1), est monté au créneau. D'abord avec un argumentaire, ensuite avec l'esquisse d'une menace...

L'argumentaire : « Pas question de partager le gâteau publicitaire avec des stations qui n'ont pas à supporter nos contraintes financières, avance Rigaud, visage rond, éternel nœud papillon, ancien directeur de cabinet d'un grand ministre de la Culture, Jacques Duhamel. Nous rendons un service public avec nos journaux d'information, nos envoyés spéciaux, nos bureaux à l'étranger. L'entretien d'une rédaction est coûteux et les radios libres ne font pas d'infos. Certes, dans un premier temps, le transfert de ressources ne sera pas colossal compte tenu de la faible audience de ces "petites radios" et de leur morcellement, mais que se passera-t-il demain si deux ou trois d'entre elles montent en puissance ? Pourquoi déstabiliser un secteur sensible [*tous les secteurs qui se découvrent une nouvelle concurrence sont "sensibles"*] au profit de nouveaux entrants qui ne rendent pas les mêmes services ? »

La menace. « Cette mesure n'est pas opportune. En France, on est toujours entre deux élections. Elles arrivent plus vite qu'on ne le croit. Pourquoi pénaliser les grandes radios privées qui, avec leur information, sont de précieux partenaires, garants du bon déroulement du jeu démocratique ? » Comme on est entre gens de bonne compagnie, ce dernier argument n'est pas un chantage mais un simple rappel...

Matignon, passant outre le résultat de l'« interministérielle », s'est donc rendu aux arguments du lobby privé. Fillioud n'en a été averti qu'au dernier moment. Deux heures plus tard, il est admirable, endosse avec une mâle autorité ce retournement qui fait une croix sur ses promesses. Moins au nom de la raison d'Etat que d'un marché audiovisuel bien encadré.

Deux ans plus tard, les radios libres accèdent au marché publicitaire. Cette fois, les « privées » ne trouvent rien à redire. Et pour cause, RTL et Europe, qui avaient manqué le premier train de l'ouverture – traitant avec condescendance les petites stations qui essuyaient les plâtres d'une nouvelle liberté des ondes –, ont mis à profit ce répit pour créer leurs propres filiales (RTL 2, Europe 2) et pour racheter de petites stations musicales. Compte tenu de leur puissance, les deux groupes sont désormais aux premières loges pour participer au festin publicitaire.

Ce jour-là, Georges Fillioud réécrit l'histoire devant moi. Il se réjouit que « ses » nouvelles radios – enfin, les rescapées, celles qui ne sont pas mortes à cause de deux années de disette ! – aient bel et bien accès à la pub. Le temps a effacé jusqu'au souvenir de son retournement. « Tu vois, finalement je l'ai fait. On l'a bien ouvert, ce paysage radiophonique. Et sans le déstabiliser. »

Sacré Georges ! L'interview « retournée » conforte l'amitié que je lui porte. Comme on estime davantage celui qui, obéissant aux ordres venus de l'Elysée *via* Matignon, a dû marcher droit au supplice de ses convictions. Sous les lambris dorés, ministre est parfois un boulot de chien, toujours un rôle de comédie.

« Georges », qu'on présente alors comme sectaire, est surtout un bon soldat. Tout son cabinet, dévoué, joyeux, ouvert à tous vents dans l'euphorie de la victoire, l'adore. Il va bientôt former avec Danielle Evenou un couple improbable et attachant, atypique et peu protocolaire. Côté comédie, le couple flirtera parfois avec le vaudeville. Quand l'Elysée charge Fillioud d'aider à l'intrusion de Silvio Berlusconi dans le Paf, pour créer feue La Cinq, on voit, aux premières lueurs de l'aube, le condottiere, futur président du Conseil italien, sonner à la porte de l'appartement de « Georges » pour un conciliabule secret.

Et c'est Danielle qui ouvre. Toute nue. Comme un avant-goût des programmes de la chaîne.

La piste Georges Mandel, « novateur et provocateur »

Si, en 1993, le Sarkozy de Bercy se rêvait déjà ailleurs, plus haut, dans le sillage d'Edouard Balladur, il ne s'attendait pas à se retrouver nulle part deux ans plus tard. La cinglante défaite d'Edouard, devancé par Chirac au premier tour, le plaçait dans la pire des positions. Il avait perdu, ce qui n'est jamais agréable, il était le « traître », ce qui allait laisser des traces.

Il allait faire preuve d'un joli courage en affrontant, tête haute, les « amis de la famille », les députés RPR qui, en congrès, l'accueillaient avec sifflets et quolibets. On lui avait conseillé de ne pas se rendre à ce congrès. C'était mal le connaître. Il allait assumer et braver le hourvari.

Il prouvait qu'un homme politique n'est jamais mort avant d'être enterré. Paradoxalement, cet échec qui aurait dû l'abattre fut pour lui une chance. Il est probable que si Balladur l'avait emporté, ou s'il avait simplement passé le premier tour pour affronter Jospin, en se réservant pour 2002, en véritable leader de la droite, Nicolas aurait encore dû passer son tour pour la présidentielle 2007.

Restait le quotidien, qui ne s'annonçait pas rose. La traversée du désert allait durer deux ans, jusqu'à ce que la victoire de la gauche aux législatives, en 1997, favorise son retour en grâce. Un retour auquel Dominique de Villepin avait grandement contribué, ce qui était méritoire de la part du secrétaire général de l'Elysée car Chirac n'avait toujours pas digéré la félonie de Nicolas. Villepin avait fait valoir qu'après la pâtée électorale, le RPR devait battre le rappel de tous les talents. « Nicolas n'en manque pas », plaidait-il.

Voilà comment, après la démission brutale de Philippe Séguin, Nicolas se retrouvait président (par intérim) d'un RPR… qu'il conduisait à la défaite aux élections européennes de 1999. Une Berezina. Non seulement la liste RPR était largement battue par la gauche, mais encore elle n'arrivait qu'en troisième position (12,82 %), derrière la liste menée par Charles Pasqua et Philippe de Villiers (13,05 %). Villepin avait raison, l'Histoire avance par séquences et pour Nicolas c'était celle des scoumounes. « Tu as de la chance, Philippe, confie-t-il alors à Villiers, toi tu aimes la France, son histoire, ses paysages. Moi, tout cela me laisse froid. Je ne m'intéresse qu'à l'avenir. »

Et là, c'est lui qui décroche. Vaincu et meurtri, il se retire de la vie politique nationale, renonce à toute responsabilité au sein du parti. A-t-il, comme Juppé, la « tentation de Venise » ? Pas longtemps. S'il revient à son cabinet d'avocats, il réfléchit à son avenir, il lit (si, si) et il écrit.

Entre la proclamation exagérée de Catherine Pégard sur un Sarkozy qui « lit beaucoup » et ses détracteurs qui moquent sa méconnaissance des lettres, il convient de dire ce qu'on sait, ce qu'on a vu, ce qu'il en dit. Une chose est sûre : lors de nos rencontres, je n'ai jamais vu un livre sur son bureau, ce qui ne saurait prouver un désamour de la littérature, simplement qu'il n'était pas accro. Dans sa jeunesse, en revanche, des romans l'avaient marqué, assurait-il, citant les *Illusions perdues* de Balzac – sans doute s'identifiait-il à Lucien de Rubempré partant à la conquête de Paris, des femmes et de la fortune – et le *Voyage au bout de la nuit* de Louis-Ferdinand Céline. Il citait sans convaincre quelques grands auteurs américains, Hemingway et Faulkner, mais ce qui l'intéressait surtout c'était l'histoire, ses récits, ses biographies. Dans ce domaine, il était plutôt André Castelot-Alain Decaux que Georges Duby-Emmanuel Le Roy Ladurie. Il voulait qu'on lui raconte des vies, pas qu'on le bassine avec la géostratégie ou la sociologie de la France prérévolutionaire dans le Berry. Les romans contemporains, les essais, ce n'était pas son truc. Pour conclure, on dira qu'il lisait utile quand il avait le temps. Et qu'au fil de son ascension, il aurait de moins en moins de temps.

Il était lui-même un auteur et il en était fier. En 1994, il avait publié *Georges Mandel, un moine de la politique*[1]. Si l'éditeur ne mentionnait pas le nom du nègre historien qui l'avait aidé à écrire la biographie de cet homme politique injustement oublié, il ne faisait aucun doute que Nicolas Sarkozy n'avait besoin de personne pour éprouver une réelle admiration pour Mandel, « tout entier dédié à la France et à la politique » et dont la mort tragique grandissait l'image. Comme j'étais l'un des rares dans les environs qui connaissait le destin de Mandel (1885-1944), on avait abordé le sujet. A travers l'hommage qu'il lui rendait – « Mandel, un authentique novateur et un vrai provocateur » –, on devinait que pour lui c'était un modèle.

En comparant leur itinéraire respectif, vous serez sans doute surpris des correspondances… Georges Mandel, de son vrai nom Louis Rothschild (rien à voir avec la dynastie

1. Grasset, 1994.

financière), c'est d'abord un journaliste, ce que Nicolas a toujours rêvé d'être. Il appartient à une famille israélite aisée du Sentier. Son père est tailleur mais c'est sa mère, Hermine, si distinguée, si aimante, qu'il préfère. Après un passage au *Siècle*, il entre en 1903 à *L'Aurore* que dirige Georges Clemenceau. Un Clemenceau plein d'humour qui a fait placarder cet avis à l'entrée de la salle de rédaction : « Messieurs les journalistes sont priés de ne pas partir avant d'être arrivés. » Le conseil ne s'adresse pas à Mandel, travailleur infatigable qui se rend vite indispensable. Homme d'influence et conseiller de Clemenceau, c'est lui qui... compose le gouvernement du patron lorsque celui-ci devient enfin, à soixante-seize ans, président du Conseil.

Commence alors une carrière politique exemplaire, député, ministre, encore que certains, jusqu'à Clemenceau, s'interrogent sur l'origine des fonds qui lui permettent de mener sans problème ses campagnes électorales. Ses adversaires affirment qu'il est l'ami des riches patrons (le Comité des forges), ce qui n'est pas faux, qu'il boursicote grâce à des informations privilégiées. On l'accusera même, déchaînement antisémite, d'un trafic de lingots d'or, et d'être un agent stipendié de la Grande-Bretagne. Aucune enquête, elles seront nombreuses, ne confirmera ces accusations mais Mandel refusera toujours de révéler l'origine de sa fortune. « Une affaire privée », disait-il. Ce refus de répondre à la meute ne fera qu'attiser les attaques. Il joue même la provocation avec son train de vie qui suscite des jalousies. Il a acheté un luxueux rez-de-chaussée avenue Mozart, puis un appartement avenue Victor-Hugo (toujours dans le XVIe arrondissement), mais toute sa vie il adorera résider au Ritz. Et il partage la vie d'une artiste, pas une chanteuse, une comédienne célèbre, Béatrice Bretty, sociétaire de la Comédie-Française.

Ministre des PTT en 1935, Mandel se révèle un véritable innovateur. Il décoiffe en affirmant que « l'Administration doit être au seul service de l'usager et dirigée avec les mêmes critères d'efficacité qu'une entreprise industrielle ». Il traque les dysfonctionnements, impose la transparence en publiant toutes les réclamations dont les PTT sont l'objet et les sanctions qui s'ensuivent. C'est nouveau, démago, ça fait la une des journaux. Chaque jour, il se fait communiquer les réclamations des personnalités auxquelles il tient à répondre personnellement. C'est ainsi qu'il fait la connaissance de Béatrice Bretty : en répondant à sa lettre de réclamation d'une manière encore plus personnelle que d'habitude.

Ce qui ne pouvait manquer de séduire Sarkozy, c'était le Mandel pionnier de la télévision. « Alors que tous les hommes politiques de l'époque s'intéressaient surtout à la presse écrite, rappelait-il, il fut le premier à pressentir l'influence des médias audiovisuels sur l'opinion. La radio végétait, la télévision balbutiait à peine, il allait permettre leur développement en dotant la France de puissants émetteurs. Grâce à lui, on allait pouvoir capter les ondes radio sur l'ensemble du territoire. Il suivait de près les premiers essais de la télévision. » On comprend que Nicolas lui doive beaucoup.

Tout aussi important pour lui était le Mandel qui n'avait cessé d'alerter ses pairs sur le danger allemand, la montée du nazisme. « Il voulait réveiller la France, lui ouvrir les yeux. Il ne fut pas écouté. » En juin 1940, il est ministre de l'Intérieur du gouvernement Paul Reynaud. La défaite consommée, il annonce dans un communiqué à l'agence Havas, qu'il « a pris le pouvoir, que l'armée coloniale et la flotte poursuivront la guerre jusqu'à la victoire ». La Résistance se fera sans lui. Arrêté, il est d'abord incarcéré en France, avec Reynaud, Daladier, Blum, puis assigné à résidence en Allemagne, en bordure du camp de Buchenwald où il retrouve Léon Blum. En juillet 1944, la Milice de Darnand demande son rapatriement. Le 7 juillet, quatre miliciens l'extraient de la Santé pour le transférer, assurent-ils, dans une prison près de Vichy. Mandel n'y arrivera jamais, exécuté en chemin, dans la forêt de Fontainebleau.

Dans son introduction, Sarkozy parle de la « fantastique réhabilitation du personnel politique » et de « la France au rythme d'une vie. D'une vie qui fut martyrisée. D'une vie qui a compté. D'une vie qui m'a passionné ». Quatre ans plus tard, son *Mandel* était adapté pour la télévision par l'historien Jean-Michel Gaillard. Réalisé par Claude Goretta, interprété par Jacques Villeret et Catherine Frot, tous deux remarquables, *Le Dernier Eté* remportait un succès mérité.

Avec Jean-Michel Gaillard, il écrirait le scénario d'un autre téléfilm historique : *Leclerc, un rêve d'Indochine.* Ils étaient devenus amis. L'attelage semblait curieux entre Nicolas, le ministre de droite-maire de Neuilly et Jean-Michel (Normale sup, Ena, doctorat d'histoire), ancien conseiller de François Mitterrand à l'Elysée et militant socialiste proche du couple Ségolène Royal-François Hollande… Après l'Elysée, Jean-Michel s'était retrouvé directeur général d'Antenne 2, c'est là que je l'ai fréquenté. C'était un être rare, énarque et saltimbanque, cultivé et pudique, travailleur et drôle, un long corps, un visage émacié au profil d'aigle, seules de petites lunettes cerclées à la Trotski pouvaient laisser penser qu'il était de gauche, c'était avant tout un honnête homme. Ceux qui avaient cru, lors de sa nomination en 1989, que l'Elysée avait envoyé un commissaire politique pour diriger la deuxième chaîne avaient dû en rabattre, ils avaient découvert une personnalité attachante, ouverte, généreuse.

Et modeste. Je le taquinais en disant que son association avec Nicolas était contre nature, qu'il était le dindon de la farce puisque c'était lui qui faisait tout, la recherche historique et le texte. Il souriait et démentait : « Non, non, je t'assure, c'est du piano à quatre mains. » Jean-Michel est parti trop tôt, emporté par un cancer, il avait cinquante-neuf ans. Je cherchais aussitôt à joindre Nicolas Sarkozy pour lui demander d'écrire un texte dans le *JDD* en hommage à son ami. Je trouvais intéressant de publier le salut d'un homme de droite à l'adresse du militant PS, témoignage d'une réelle fraternité et d'une démocratie décrispée. Je laissais le message à Franck Louvrier, son chargé de presse. J'étais quand même inquiet. Deux mois auparavant, j'avais dit tout le mal que je pensais du « Karcher » que le ministre d'Etat voulait employer pour nettoyer les banlieues. Dix minutes plus tard, Franck, le plus efficace des dircom, taillable et corvéable à merci, m'informait que Nicolas était touché de l'attention, qu'il était débordé mais qu'il trouverait le temps, j'aurais mon texte le lendemain, à l'heure convenue.

On était fin juillet 2005, le championnat de football recommençait. Le dimanche soir, dans la loge de Canal+ au Parc des Princes, je croisai Nicolas, on parla de Jean-Michel, il était triste mais heureux d'avoir pu évoquer une dernière fois son ami avec ce texte paru le matin même. Je lui disais de remercier Franck pour son efficacité. Il se méprenait :

« Mais non, ce texte je l'ai écrit moi-même. Jeudi, à 2 heures du matin. »

Voilà, il était aussi comme ça Nicolas, veillant tard et sans nègre – le style s'en ressentait – pour honorer un homme de bien qui n'était pas « pipole », que le grand public ne connaissait pas, mais qui était son ami. Je me demande pour qui il prendrait lui-même la plume aujourd'hui. Clavier ? Bigard ?

Nicolas rebondit et fait son marché

Lors de sa traversée du désert, replié sur Neuilly, ses vrais amis ne l'ont pas lâché. Le fidèle Martin Bouygues le pousse à remonter en selle. « On a besoin de toi. » Pour Nicolas, ce retour à la vie civile est bénéfique. Oui, il va revenir mais avec son propre programme, ses propres méthodes. Il va « tous les niquer ». Un livre – *Libre* – dira tout de ses ambitions et de sa nouvelle posture.

Il s'est libéré de ses chaînes, il a pris son destin en main et il a des idées. Il participe au dispositif de campagne de Chirac pour l'élection présidentielle de 2002. Il est de ceux, avec Raffarin et Fillon, à qui le candidat demande de proposer un programme de gouvernement. Villepin, alors secrétaire général de l'Elysée, est chargé de les relire. « Il n'y avait pas photo. Le projet de Nicolas dépassait les deux autres de cent coudées », assure Villepin qui, une fois l'élection gagnée, plaide pour la désignation de Sarkozy comme Premier ministre. Refus catégorique de Chirac. Sarkozy se retrouve à l'Intérieur dans le gouvernement Raffarin. Par souci d'efficacité ? Plus sûrement parce que « Nicolas, il vaut mieux le savoir à l'Intérieur qu'à l'extérieur », confie Chirac. Mais le Président se trompe s'il croit pouvoir « contrôler » Nicolas comme par le passé. L'homme a changé, bien décidé à ne pas se laisser ligoter ni à laisser passer sa chance. Lors de l'interview qu'il accorde au *JDD* en janvier 2003, c'est un autre Sarkozy que je rencontre.

Samedi matin, rendez-vous à 8 heures place Beauvau. L'hiver est clément. La table du petit déjeuner est dressée sur la terrasse devant le parc. Il arrive, ou plutôt il déboule, très tonique. Costume bleu nuit, chemise sans cravate, il marche, à droite, à gauche, salue, s'assoit, se relève, on a le tournis matinal. On le sent pressé et, pourtant, il prend le temps de converser avant l'interview. Une chose me frappe, un tic jamais vu jusque-là : un mouvement des épaules, haussement spasmodique qu'il accompagne du geste d'un tailleur rajustant le col d'une veste qui tombe mal. En entrant dans son bureau, j'ai vu deux petites boîtes de pilules. Je ne sais ce qu'elles contenaient. S'il s'agit d'un traitement ou de la cause de ces signes d'une nervosité incontrôlée, il y a soit une erreur de dosage soit des effets collatéraux. Combien de fois rajusta-t-il sa veste ce matin-là ? Quinze, vingt fois ? En tout cas, c'est surprenant. Mais il était content de nous voir. Nous, pareil.

C'est lui qui, la veille, avait suscité l'interview. Le vendredi, il avait arraché une décision à l'Elysée. Son scoop ne pouvait attendre. Il faisait gentiment comprendre qu'il m'avait fait une fleur en choisissant le *JDD* plutôt que *Le Parisien dimanche*. Il ne disait pas « à charge de revanche », mais enfin... Et le scoop lui tenait à cœur puisqu'il s'agissait de la Corse, un référendum. « Tu vas faire de bonnes ventes avec ça », concluait le journaliste rentré.

Ce qui révélait le nouveau Nicolas, ce n'était pas l'interview en elle-même mais tout ce qui l'avait entourée. Il était libre de son action, et de sa parole, notamment sur l'immigration, sur l'ordre à rétablir sans écouter les cris d'orfraie des laxistes et des pusillanimes. Il parlait de tous les sujets d'actualité, livrait des infos en vrac, preuve qu'il n'avait rien à cacher, rien à craindre. Et tout à coup, passant du coq à l'âne, il lance :

« Et vous savez la meilleure ? Mon nom figure désormais dans l'affaire Baudis ! »

Non, personne ne savait. On était estomaqué. L'« affaire Baudis » – bien mal nommée puisque Dominique Baudis, ancien maire de Toulouse et président du Conseil supérieur de l'audiovisuel, en était la victime – avait commencé par des témoignages de prostituées dénonçant des orgies auxquelles avaient participé, assuraient-elles, des personnalités toulousaines, des soirées sado-maso qui auraient débouché sur un meurtre ! Le président du CSA, en direct au journal de TF1, avait eu beau protester de son innocence et dénoncer une manipulation, l'infâme rumeur prospérait, alimentée par la divulgation de délirants morceaux choisis de l'enquête de gendarmerie.

Nicolas dans l'« affaire Baudis » ? On avait beau connaître sa réputation de « speedy » séducteur et, selon un ami, « ses performances quasi priapiques », on le voyait mal dans une soirée SM simplement armé d'un fouet et d'un string en cuir. Il expliquait devant l'assistance abasourdie :

« Le week-end dernier, j'étais au Maroc. Claude [Guéant] m'a appelé. Il m'a dit que les gendarmes de Toulouse étaient bien embêtés : ils avaient recueilli le témoignage d'un des protagonistes de l'affaire, un certain Djamel, qui m'accusait de l'avoir violé lorsqu'il avait douze ans ! »

Il rit : « J'ai rassuré Claude ! Nous avons jugé préférable de ne pas démentir les affirmations de ce déséquilibré. On aurait été ridicules. D'autant que dans son délire, Djamel mettait aussi en cause Tony Blair. N'importe quoi ! »

Aucun journaliste jusqu'alors n'avait eu vent de cette mise en cause farfelue, preuve qu'être ministre de l'Intérieur protège des procès-verbaux baladeurs. S'il donnait ce matin la primeur de l'« information », c'était pour bien montrer que lui n'avait rien à cacher. C'était aussi pour nous prévenir... d'être prudents dans le traitement des suites de cette affaire, comme de toutes les autres le concernant... Pour l'« affaire Baudis », qui sentait le mensonge et la manip, il conseillait d'y regarder à deux fois avant de publier les « révélations » d'accusateurs dont la santé mentale semblait compromise.

Dans les semaines qui suivirent, il fit connaître à quelques autres le récit de sa mésaventure. Son nom apparut brièvement dans des articles consacrés à « l'affaire Baudis » – qui devenait chaque jour davantage « la rumeur de Toulouse », voire de *La Dépêche du Midi* –, pour illustrer le caractère affabulatoire des déclarations de Djamel.

Curieusement, « Le Vrai Journal » de Karl Zéro allait continuer à accorder de l'intérêt à la piste des soirées chaudes toulousaines et du meurtre mystérieux, suscitant même un livre de la prostituée, amie de Djamel et principale accusatrice. Elle allait bientôt être condamnée. Un an après, « Le Vrai Journal » s'arrêtait.

Comme on n'était pas venu pour parler prostituée et bondages, on changea enfin de sujet. Après la Corse, Florence Murraciole posait la question que tout le monde attendait : sa candidature à l'Elysée, c'était pour quand ? Il se préparait, mais « la » décision n'était pas prise, tant de choses pouvaient arriver. Il disait seulement : « En tout cas, il faudra compter avec moi. »

Deux ans plus tard, lors d'un petit déjeuner en tête à tête au ministère des Finances, sa réflexion avait bien progressé.

Il faisait à haute voix devant moi son marché, citait les noms des jeunes politiques qu'il allait « piquer à Chirac ». Trois femmes notamment, qu'il avait repérées : Albanel, Pécresse, Kosciusko-Morizet.

« Il faut rajeunir et féminiser le personnel politique. Ces trois-là sont des toutes bonnes, crois-moi. Elles me rejoindront. Je leur donnerai la chance de prouver leur talent. » Le côté déplaisant c'était – puisqu'il disait tout sur tout – son côté pipelette lorsqu'il faisait allusion à la vie privée de l'une d'elles. « Et puis, tu sais ce qu'*ils* lui ont fait ... » Je ne savais de laquelle il parlait, ni qui étaient *ils*, mais la dame avait souffert. Séduite, trompée, abandonnée, ou simplement débarquée ? J'ai oublié.

Il faisait le compte de ses soutiens, les Bouygues, Dassault, Lagardère (Arnaud après la mort de Jean-Luc) et un nouveau venu dans les médias, Bolloré. Tous pouvaient compter sur lui. « Parce que moi, je ne veux pas les taxer, je suis le seul à connaître vraiment leurs problèmes. Ils le savent. »

Il s'imaginait en parrain, en arbitre d'un grand Meccano politico-industriel, pour que chacune des entreprises de ses amis capitaines d'industrie atteigne dans son domaine la taille critique nécessaire pour affronter la mondialisation. « Qu'ils arrêtent de se tirer dans les pattes, de se disputer un marché ou une entreprise. Ils doivent s'entendre. » Finalement, il se comporterait en politique comme un avocat d'affaires, organisant un Yalta des médias, aidant aux deals industriels ou bien les imposant. « Tout le monde y gagnera, les entreprises, les patrons, le pays. » Lui aussi, évidemment, pour peu qu'il soit aux commandes, qu'on l'aide à y parvenir. Pour les patrons, pas de problèmes, il les avait déjà dans sa poche.

« Et toi aussi tu vas m'aider. »

Ce n'était pas une question mais, pour lui, une constatation d'évidence. Pouvait-il en être autrement pour un salarié de son ami Lagardère, pour un média comme *Le Journal du dimanche* ? Et moi, pauvre imbécile qui venais de déjeuner avec Elisabeth Guigou à *La Closerie des Lilas* ! « Enfin, si ça t'amuse », soupirait-il. En me raccompagnant, il redisait qu'il comptait sur moi. Je m'en tirais par une pirouette.

« On sera impeccable, comme d'habitude. »

Je compris à son regard qu'il n'était rassuré qu'à moitié. Je constatai l'apparition d'un nouveau tic. Au relevé de col, s'ajoutait désormais une crispation nerveuse des lèvres.

J'ai longtemps cru que ces tics, qui se produisaient aussi en public, traduisaient moins une forme de nervosité qu'une manière de se contraindre, de canaliser une excitation, une angoisse. Peut-être qu'il s'automédicalisait, et qu'une thérapie chinoise avait des effets pervers. Je l'ai vu devenir anxieux au fur et à mesure que s'affichaient ses ambitions au grand jour et que, partant, croissait le nombre de ses adversaires. Il se radicalisait, voyait des ennemis et des complots partout. Si on n'était pas avec lui, on était contre lui, il s'en souviendrait. La récré était finie.

Un dîner au Cyros

« Dis-leur, mais dis-leur que tu as viré Gergorin ! »

Dimanche 17 avril 2004. A la table du restaurant *Le Cyros* à Deauville, les invités sont abasourdis par la charge soudaine. Ils restent pétrifiés devant l'ordre que le ministre d'Etat intime au jeune patron qui lui fait face et qui garde le silence. Les convives, cinq responsables de médias ou d'édition du groupe Lagardère, se croyaient réquisitionnés pour faire de la figuration, participer à un de ces subtils jeux de rôle au cours desquels chacun, rivalisant de familiarité ou simple observateur, attend quelque chose de l'autre – une confidence, une complicité ou simplement que ça se passe –, et voilà que le ministre attaque en piqué, les prend à témoin autant qu'en otages d'une affaire qui les dépasse mais que, pour sa part, il n'entend pas laisser en l'état, mieux : qu'il peut faire fructifier.

« Dis-leur, mais dis-leur !… »

Arnaud Lagardère se tait. On conclut que l'information, jusqu'à présent connue d'eux seuls, est embarrassante. A tout le moins prématurée. Le ministre n'en a cure. D'un geste brusque, marqueur familier de fébrilité, il rajuste le col de sa veste.

« Et tu as vu la tête de Joulin quand, dans le hall du Normandy, je lui ai dit que j'étais au courant pour Bauer. Il était blême… »

Les dîneurs qui entament les hors-d'œuvre sentent qu'on entre dans le dur. Comme le temps alentour, le décorticage des langoustines est suspendu. Moi, je ne sais de quel Bauer il s'agit. Alain ou Frédéric, tous deux versés dans le conseil aux entreprises et autres officines d'« intelligence économique » dont le but est de renseigner et de protéger les grandes firmes ?

Je penche d'abord pour Alain, maçon chauve et médiatique dans un secteur où la discrétion est pourtant de règle, ancien maître du Grand Orient de France, auquel le ministre d'Etat remettra quelques mois plus tard, personnellement, les insignes de la Légion d'honneur. Pour services rendus ? N'est-ce pas plutôt Frédéric Bauer, dont l'enseigne a également travaillé pour le groupe Lagardère, et pour bien d'autres dont France Telecom sous Thierry Breton ? Alors, ABC ou SSF ? Alain Bauer Consultants ou Sécurité Sans Frontières ? Dans les deux cas, on regarde sous la table pour chercher les micros.

Pour l'heure, dans le doute, je ne retiens qu'une chose : pour Nicolas, un « Bauer » est lié à deux conseillers du jeune patron, Gergorin et Joulin, dont les noms apparaissent dans le dossier Clearstream mais à des titres bien différents. Jean-Pierre Joulin fait figure de victime : son nom figure sur le listing truqué des personnalités possédant un compte à la banque de compensation. Jean-Louis Gergorin, lui, est soupçonné d'être au centre de la manœuvre en ayant apporté à Dominique de Villepin ce listing explosif censé démasquer pêle-mêle les mafieux russes, les fraudeurs du fisc et les bénéficiaires de rétrocommissions liées au contrat « Bravo », celui des frégates de Taïwan. Perdus au milieu du listing, deux patronymes, Nagy et Böcsa, renvoient à Nicolas Sarkozy. Un kamikaze demande au ministre s'il voit dans ce « complot » la main de Dominique de Villepin, son rival Premier ministre dont les deux mis en cause sont des proches. On attend la rafale. Déception.

« Pour l'heure, je n'ai pas de preuves. »

Des soupçons à tout le moins. Villepin, en diligentant de multiples vérifications sur les fameux listings, a laissé l'affaire prospérer. Hypothèse basse, croit-on comprendre. En revanche, le ministre déchaîné cite Philippe Massoni, ancien préfet de police de Paris sous Mitterrand, devenu conseiller pour la Sécurité intérieure à l'Elysée sous Chirac, et contre Yves Bertrand, ancien patron des Renseignements généraux. Ces deux-là, il l'assure, c'est le fameux « cabinet noir ». Ils ne perdent rien pour attendre.

Ces « deux-là », il les a à l'œil. Bertrand, fusible ou complice, reste à portée de fusil à l'Inspection générale des services au ministère de l'Intérieur. Pour Massoni, c'est une autre paire de manches. Le ministre rodomont peut y laisser des plumes. Il sait beaucoup de choses, le maçon Massoni, bien au-delà des affaires sur Neuilly. Surtout, le mettre en cause, c'est impliquer directement l'Elysée. Donc Chirac. S'il bâtit à l'époque sa stratégie sur la rupture avec ce président dont il montre tout au long de la soirée qu'il ne le considère guère, le ministre hésite à ouvrir ce front à l'issue, pour l'heure, incertaine.

Chirac, qui ne manque ni d'expérience ni d'humour, lui a d'ailleurs conseillé de ne pas se « focaliser sur Clearstream », n'y voyant qu'une « affaire de cornecul ». Abracadabrantesque, en somme.

Alors, à quoi rime ce tintouin ? En citant le nom de Bauer, le ministre d'Etat avoue qu'il sait déjà tout de l'affaire Clearstream, qu'elle a fait pschitt ! qu'une note datée du 9 décembre, rédigée par Pierre Bousquet de Florian, directeur de la DST, a démonté le montage grossier. Il pourrait se contenter de ridiculiser une opération de bras cassés. Non, il tempête, réclame des têtes avec une violence inouïe.

« J'irai jusqu'au bout. Je n'ai rien à perdre. Il y aura du sang sur les murs. Lorsque je serai au pouvoir, on les pendra tous à des crocs de boucher… »

Il est « la victime ». Contrairement aux suppliciés des archers de Mantegna, il n'entend pas rester inerte, il veut pousser son avantage en tirant parti de ce « complot qui a voulu l'abattre » et dont, affirme-t-il, il « n'apprend les développements que par la presse ». Ce qui est faux, évidemment. Il « sait pour Bauer » alors que ce nom n'apparaîtra dans la procédure que huit mois après, et… un jour plus tard dans un journal comme le veut le secret de l'instruction.

Victime, il le revendique. Encore faut-il que le « complot » ne soit pas réductible à une manipulation vite éventée de seconds couteaux bidouillant un fichier informatique, ajoutant son patronyme à une liste hétéroclite fleurant bon le règlement de comptes industriels entre clans rivaux. Alors, il en rajoute… Bientôt, certains le préviendront des limites d'un exercice auquel sa nature ne l'incite guère : aller très loin sans aller trop loin. Par exemple jusqu'aux rétro-commissions générées par la vente des frégates à Taïwan que Gergorin traque obsessionnellement. Comme le fit avant lui le juge Thierry Jean-Pierre. On ne sait sur quels comptes sont revenues ces rétro-commissions, terme dont Gergorin revendique la paternité[1], on sait, en revanche, les ministres qui étaient en charge lorsque commissions et avenants ont été légalement autorisés. Inutile de remuer les fonds, chacun respire mieux en surface. Tous les ministres des Finances successifs, de gauche (Fabius) comme de droite (Mer, Breton) qui ont été sollicités par le juge Van Ruymbeke, ont refusé de lever le secret-défense sur ces commissions.

1. Jean-Louis Gergorin, avec Sophie Coignard, *Rapacités*, Fayard, 2007.

Reste la manipulation. Véhément, le ministre ne s'attarde pas sur le côté bricolo du montage dont *Le Point* de Franz-Olivier Giesbert fut le premier publiciste. Franz, dont la compagne participe au dîner, se rachètera bientôt aux yeux de Nicolas en publiant un brûlot anti-Chirac, anti-Villepin et, on se demande encore pourquoi, peu amène pour Balladur. Déchaîné, Sarkozy jure qu'il « fera rendre gorge aux faussaires » et à ceux qui ont guidé la souris des ordinateurs. Il incite Arnaud Lagardère à être son bras séculier, à faire sans attendre le ménage dans son groupe, à confirmer devant des collaborateurs qu'il a « viré » Gergorin, qui n'est pour l'heure que simple témoin dans l'affaire.

Arnaud Lagardère est mal à l'aise. Il a bien dû promettre à Nicolas de virer « Gergo », mais que le ministre annonce la nouvelle à sa place suscite la gêne des convives. L'information est largement prématurée, Gergorin est toujours à son poste et le restera huit mois encore. Jusqu'à ce qu'il quitte le groupe « pour assurer sa défense » après avoir reconnu qu'il était bien le « corbeau » qui avait adressé le fameux listing au juge Van Ruymbeke, mais qu'il en ignorait le bidouillage.

Huit mois plus tôt, on n'en est pas encore là. D'où l'embarras d'Arnaud sommé, devant témoins, de confirmer, avant même une mise en examen, le limogeage de celui qui fut l'un des plus proches conseillers de son père, celui qui déjoua bien des pièges tendus au groupe, qui fut l'artisan de l'accord avec l'allemand Daimler-Benz aboutissant à la création du deuxième groupe mondial d'aéronautique et d'espace (EADS). Un Gergorin qui assurait chercher dans le listing Clearstream les responsables de mouvements de Bourse suspects sur le cours des actions Lagardère dans la quinzaine qui précéda la mort soudaine – et mystérieuse, soupçonnait-il – du fondateur du groupe.

Que Gergorin ait adressé les listings Clearstream au juge c'était, dès ce mois d'avril et malgré ses premières dénégations, la rumeur qui courait le Tout-Paris du renseignement, autant dire un secret de polichinelle. Mais demander à son patron de le sanctionner avant même qu'il soit entendu par les juges d'Huy et Pons, c'était le désigner non pas comme un simple correspondant de justice mais comme le complice ou l'organisateur d'une manipulation. Le licenciement vaudrait dénonciation. C'était beaucoup demander, manquer à la présomption d'innocence. Gergorin, qui ne siège plus au comité stratégique du groupe depuis que son nom a été prononcé dans l'enquête, demeurera vice-président d'EADS après le dîner du Cyros.

Ce qui choque ce soir-là à Deauville, outre l'annonce prématurée et comminatoire du ministre d'Etat, c'est le mutisme d'Arnaud. Jamais son père, Jean-Luc, dont les affaires imposaient pourtant une « proximité » avec les politiques de tous bords, n'aurait accepté que soit étalée une telle vassalité envers un tiers devant des tiers.

« Dis-leur. Mais dis-leur... »

Nicolas et Arnaud sont très proches. « Plus qu'un ami, c'est mon frère », lance le jeune patron le lendemain à ses cadres réunis en séminaire, en introduction au débat qui réunit Nicolas Sarkozy et quatre journalistes du groupe dont je suis. Curieuse situation qui me fait questionner le « frère » du patron ! Nicolas est particulièrement brillant, sa colère est tombée, il joue à domicile. Le mardi, Ségolène Royal lui succède. Ainsi, avant qu'acun des deux ne se soit déclaré, ce sont les deux futurs candidats à la présidentielle qui planchent devant les cadres Lagardère. Le groupe a déjà son ticket. L'impartialité est respectée : un invité de droite, une invitée de gauche. Il est clair cependant que la madone du PS n'est pas la « sœur » du patron.

« Nicolas, c'est mon frère... » La veille, au dîner, personne ne pouvait en douter. Tant le ministre, à coups de confidences, faisait valoir cette proximité. Tant et si bien qu'on en venait à douter de quel côté de la table se tenait le vrai dirigeant du groupe. Car après la sommation, on eut droit aux conseils stratégiques.

« C'est le moment de bouger sur Canalsat. »

On est en avril 2005. Le ministre annonce que la fusion des deux bouquets de télévision par satellite – Canalsat (dont Lagardère est actionnaire minoritaire derrière Canal+) et TPS (TF1-Bouygues) – est dans les tuyaux. On n'a que six mois à attendre. Chaque analyste financier sait qu'un jour les deux bouquets finiront par fusionner mais, au Cyros, et sans rien demander, on apprend que la décision est prise et le compte à rebours arrêté. La décision ? Celle de Martin Bouygues, propriétaire de TPS *via* TF1, autre ami et témoin au mariage du ministre qui fut son avocat-conseil lors du raid manqué de Vincent Bolloré sur TF1.

« C'est le moment de t'entendre avec Martin, d'autant que son groupe réfléchit à d'autres investissements. » Le nom d'Areva n'est pas prononcé.

Vient surtout le rappel des services que le ministre a rendus au jeune Lagardère, le récit d'une entrevue à l'Elysée entre « le Président » et les deux amis dont on ne sait lequel accompagnait l'autre.

« Tu as vu ce que je lui ai dit… », lance le ministre à Arnaud qui ne pipe mot. Décidément, ce n'est pas sa soirée.

En deux occasions importantes, Nicolas Sarkozy a apporté une aide précieuse à son ami, son « frère ». D'abord en débloquant la succession de son père auprès de Bercy et de Bethy, sa belle-mère, que soutenait le couple Chirac. Ensuite, à propos de la gouvernance d'Airbus, qui aboutit à la nomination de Noël Forgeard. A l'époque, beaucoup se sont étonnés que Sarko-la-rupture, si prompt à contester Chirac, appuie le choix de Forgeard, un protégé du Président. Rétrospectivement, les mêmes y ont vu le résultat du marchandage à l'Elysée : la succession Lagardère réglée contre une nomination imposée à EADS.

Dans *La Tribune,* Sarko vantait alors les mérites de Noël Forgeard. La veille du premier tour de l'élection présidentielle, c'était une autre musique. Le candidat à l'Elysée, constatant les ravages d'une gouvernance qu'il avait contribué à mettre en place, se disait scandalisé par les huit millions d'euros attribués au P-DG d'Airbus remercié. Il conseillait même à Forgeard de restituer ses indemnités ! Le deal avait fait une victime : Philippe Camus, le président d'EADS. Il n'avait pas démérité, il avait été contraint de céder la place, victime du deal de l'Elysée. Plus tard, Nicolas ferait venir Camus, s'excuserait de l'avoir sacrifié, lui promettrait que la République n'allait pas l'oublier. Camus l'enverrait sur les roses, lui et sa drôle de République.

Au Cyros, on n'eut pas droit au *verbatim* de la rencontre de l'Elysée où se joua cette partie de billard à trois bandes mais, à écouter le ministre, le Président n'y avait pas le beau rôle ! Nicolas avait – « n'est-ce pas Arnaud ? » – gagné sur toute la ligne, sauvant son poulain d'une longue et aléatoire bataille avec Bercy, distribuant les rôles dans le secteur aéronautique au prix d'un moindre mal nommé Forgeard.

Les convives étaient partagés entre plusieurs sentiments. D'abord l'admiration devant le culot de celui qui n'a peur de rien, décide de tout, balance comme on brûle ses vaisseaux. Ensuite la terreur, car on se demandait si l'herbe repousserait après l'exercice au lance-flammes du Gengis Khan antiracaille. Evidemment on était flatté, c'est humain, de l'importance qu'accordait le ministre d'Etat, attablé sans cravate, vous associant à des confidences dont la hauteur stratosphérique n'excluait ni vantardises ni vachardises.

Il y avait aussi cette volonté, que je connaissais déjà, de prendre ses interlocuteurs à témoin de son histoire qui se confond – « tu en doutes ? » – avec l'Histoire. S'il racontait à tous vents sa discussion avec « le Grand », n'était-ce pas parce qu'il était grand lui-même ? Mais pourquoi ce besoin, comme dit Shakespeare, « d'abaisser pour conquérir » ? Est-il si peu sûr de lui ? A-t-il tant souffert ? Quel compte secret règle-t-il devant nous ? Hypersensible, hypersuggestible, il fonce, énonce, prononce. Il ne quête jamais une approbation : il l'arrache, associant connivence et évidence . « N'est-ce pas que j'ai raison ? », « C'est quand même extraordinaire qu'on me reproche… », « Qui peut soutenir le contraire ? »

Avec, au final, me regardant droit dans les yeux, cette ultime interrogation délicieusement démago qui fait frissonner l'ego : « Ce n'est pas à toi que je vais faire un dessin. »

On a envie de lui dire qu'il est trop, en fait trop. Trop pressé : Gergorin. Trop brutal : ah ! ce Karcher pour nettoyer les banlieues, même Le Pen n'a pas osé. Il n'a pas apprécié mon édito, moi, son « ami ». Trop inquiétant : « On les pendra tous à des crocs de boucher. » La vie est un combat, mais peut-on vivre éternellement dans l'affrontement, le clash et la castagne ? Faut-il qu'il s'étonne d'inquiéter quand il lance aux journalistes qui le suivent en campagne : « C'est curieux, je connais tous vos patrons », sans qu'on sache s'il s'agit d'une blague ou d'une menace ?

Au Cyros, c'était pire. Il n'y avait aucun rapport de force, il ne pouvait s'empêcher de le créer. Il dînait avec son ami et, tout au long du repas, devant des salariés, il soulignait son emprise sur ce « frère » soudain mutique. On se croyait à la table d'honneur, on se retrouvait dans les cuisines d'une dépendance.

« Parce que c'était lui, parce que c'était moi » ? A minuit passé, en regagnant l'hôtel Normandy, les convives étaient moins sonnés par le pouilly-fuissé que par la réécriture à laquelle ils venaient d'assister de « moi c'est lui, lui c'est moi », la réécriture de Montaigne par la rue La Boétie, alors siège de l'UMP.

Après un tel dîner, qui délivrait ce lumineux message de connivence-dépendance, tout le groupe Lagardère ne devait-il pas se sentir aux ordres du ministre-frère ? Disons que chacun réagit selon sa nature.

Au *Journal du dimanche*, je continuai, jusqu'à mon départ, sans que la holding inspire l'éditorial. Merci Arnaud. Quant à Claude Durand, le patron de Fayard, il resta lui aussi droit dans ses bottes, envoyant même une triple salve comme réponse du berger à la bergère.

Il publia trois livres : celui sur Cécilia Sarkozy qu'un autre éditeur, First, avait soudainement renoncé à faire paraître après convocation chez Nicolas, puis une bande dessinée à succès sur *La Face karchée de Nicolas Sarkozy*[1] et enfin le document de... Jean-Louis Gergorin, *Rapacités*[2], sur « l'argent gris », les mystères des circuits financiers et les fortunes inexplicables.

Deux hirondelles pour faire croire au printemps ?

« On les pendra à des crocs de boucher »

« La mémoire, c'est comme l'écho qui continue à se répercuter après que le son s'est éteint », écrit Samuel Butler dans ses *Carnets*.

J'ai beau relire mes notes, me souvenir comme si c'était hier du dîner au Cyros, entendre la voix de Nicolas promettant la boucherie à ses adversaires, j'ai un doute. La scène s'est-elle déroulée ainsi ? Etait-ce si violent, comminatoire et, pour tout dire, insultant pour Arnaud Lagardère ? Le mieux est de demander le sentiment d'un autre témoin.

Paris, 13 mars 2007. Rencontre avec Claude Durand, P-DG de Fayard, dans son bureau, au cinquième étage de la rue du Montparnasse. A l'évidence, nous avons vécu le même cauchemar. Sur la manière dont fut traité Arnaud, que Nicolas Sarkozy sembla toujours tenir en laisse, il lance un mot fort. J'ai ressenti de l'accablement, Claude Durand parle d'« humiliation ». Si choqué, confie-t-il, qu'il a « écrit lui aussi quelques pages sur ce dîner ». Vivement ses Mémoires !

Même constat partagé sur le ton employé, sur les noms cités, dont celui de Bauer (sans le prénom), sur la phrase rageuse – « on les pendra tous à des crocs de boucher » – destinée à Gergorin et consorts. Cette phrase, Nicolas ne l'a pas inventée, quelqu'un la lui a soufflée, il l'a reprise à son compte, il l'a faite sienne tant elle traduisait la haine qu'il

1. Vent d'Ouest-Fayard, 2006.
2. Jean-Louis Gergorin, avec Sophie Coignard, *Rapacités*, Fayard, 2007.

vouait ce soir-là à ses ennemis. Il l'avait lancée avec une brutalité inouïe, sans précaution, sans en connaître l'origine.

Deux ans après, Claude Durand, patron d'une maison d'édition réputée pour son fonds historique, s'étonne toujours. Non pas de l'image du châtiment choisie mais de son origine. Il hésite entre l'« inconscience » et le « manque de culture » du ministre.

« Qu'il ne sache pas grand-chose de l'histoire des idées et du monde, c'est regrettable mais, bon, on ne peut tout savoir. En revanche, il est surprenant qu'il ne se soit trouvé personne dans son entourage pour le mettre en garde, pour lui révéler l'origine nauséeuse de cette phrase. Elle a une histoire. Elle renvoie au régime hitlérien. Les *crocs de boucher*, c'est le supplice que les nazis promettaient à leurs ennemis, le châtiment qu'ils voulaient réserver à Claus von Stauffenberg et aux conjurés de l'attentat du 20 juillet 1944 contre Adolf Hitler. »

Sarko n'est pas facho, il était simplement ce soir-là impulsif, imprudent, outrancier. Comme d'hab. Il pouvait cependant dormir tranquille, Anastasie veillait, qui allait bientôt gommer la référence hideuse au châtiment nazi comme outil de sa vengeance. Mars 2007. Guillaume Durand, rien à voir avec Claude, invite Jean-Louis Gergorin pour présenter *Rapacités* dans son excellent magazine « Esprits libres » qui, comme son nom l'indique, est alors diffusé vers minuit sur France 2.

Courageux d'inviter « Gergo », le protagoniste de l'affaire Clearstream, en période électorale. Téméraire de lui demander s'il est vrai que Sarkozy a promis sa mâchoire au croc du boucher. Sur le plateau, Gergorin répond avec une ironie qui révèle l'ignorance de son bourreau. Il ne croit pas, non, il en est même certain, que le ministre-candidat ait pu prononcer une telle phrase, ni faire siens ces mots qui « renvoient à un supplice que les nazis réservaient aux ennemis du IIIe Reich ».

Miracle de la campagne présidentielle : question et réponse sont coupées au montage.

« *L'affaire Genestar* »

« Je ne suis pas un héros. Ni une victime. Les victimes du journalisme sont dans les prisons. Moi, j'ai juste eu un problème avec Nicolas Sarkozy[1]. »

Trop gentil, Alain Genestar Et trop naïf aussi, victime de la vindicte du ministre et d'un lâchage rétroactif par un jeune patron humilié. Alain n'a fait que son boulot. Il savait qu'il jouait gros. Il a perdu, il a payé, expulsé de *Paris Match* un an après son forfait. Pour ceux qui, comme moi, connaissent un peu l'affaire, le plus surprenant est qu'il ait tenu si longtemps.

Mais revenons sur l'horrible forfait. Eté 2005. La rumeur du printemps est devenue un fait. Le couple Sarkozy bat de l'aile, Cécilia a quitté son ministre de mari pour le publicitaire Richard Attias, patron de Publicis Evénement. Les amoureux ne se cachent pas. Ils s'affichent à Cannes, main dans la main sur la Croisette. A Paris, ils dînent sans se cacher dans des restaurants branchés, notamment sur la peu discrète terrasse de *L'Esplanade*, près des Invalides. A l'évidence, ce n'est pas une simple liaison. Dans l'entourage de Nicolas, certains, qui ne sont pas mécontents de voir s'éloigner la future présidente, confirment la crise conjugale « brutale » qui déstabilise leur candidat. Des échos paraissent dans les médias, des articles relatent le croustillant feuilleton de l'été, mais on attend toujours les photos.

1. Alain Genestar, *Expulsion*, Grasset, 2008. Cet éditeur appartient au pôle Livre de Lagardère Médias, ce qui prouve son entière liberté éditoriale. Réflexion de Nicolas Sarkozy à Arnaud Lagardère en apprenant que c'est une maison d'édition de son ami qui publiait ce livre : « Je croyais qu'on avait réglé le problème. Et voilà que c'est par tes tuyaux que la merde remonte. Décidément... »

Des photos, justement, il en existe à foison. Les paparazzi n'ont pas manqué de shooter la romance et de « passer à la banque », c'est-à-dire à *Paris Match* qui achète leur production, parfois à prix d'or même si le magazine ne l'utilise pas immédiatement. Aucune censure dans cette rétention provisoire. *Match,* comme le rappelle son slogan, c'est « le poids des mots, le choc des photos ». Pour garantir le « choc », encore faut-il que les photos soient exclusives, qu'on ne les ait pas déjà vues ailleurs. Alors, comme de coutume, *Match* achète des productions entières, les bloque jusqu'au moment opportun. Les paparazzi font des affaires, ça coûte bonbon au journal, c'est le prix à payer pour demeurer le leader du marché.

La question qui se pose est pourquoi *Match* s'est tu pendant si longtemps ? Par crainte d'empiéter sur la vie privée ? L'hypothèse ne tient pas. Nicolas Sarkozy, comme il est désormais de coutume pour un homme politique, n'a rien caché de sa vie familiale, il l'a même soigneusement utilisée dans sa campagne. Plus qu'aucun autre avant lui. Il a même fait apparaître son fils Louis, dix ans, au final du film projeté lors de sa prise de pouvoir de l'UMP. Plein cadre, le petit Louis à la bonne frimousse avait lancé un « Bonne chance, mon Papa ! » qui avait ému le cœur des Français les plus endurcis et fait soupirer de dépit les publicitaires du camp adverse.

Rien de tel que la photo d'un couple jeune, souriant, dynamique, entouré de ses enfants, pour rassurer l'électeur. *Match* n'avait pas lésiné jusque-là, racontant la belle histoire de la famille recomposée de Nicolas et Cécilia. Et voilà que tout à coup le couple vacillait, entraînant avec lui le plan de communication. Que fallait-il faire ? Ne rien dire et déchirer les photos qui témoignaient d'une rupture ? L'ennui est que Cécilia était une personne publique, elle allait devenir la Première Dame de France. Le fait qu'elle quitte le navire et son mari ne ressortissait plus au seul domaine du pipole, c'était une information politique. Autant de raisons pour *Match* de traiter l'information.

Alors pourquoi ce silence ? Pour éviter de traumatiser le petit Louis qui verrait s'afficher au dos des kiosques l'intimité de sa famille, la rupture de ses parents ? Mais le fils de Nicolas et de Cécilia est au courant. Sa mère ne lui a rien caché, elle vient de l'emmener en croisière au large de la Côte d'Azur… avec Richard. Alors pourquoi ? Par crainte qu'un journal ami, propriétaire du « frère » du candidat, ne lui porte préjudice en révélant, au-delà d'une infortune somme toute banale, que la belle machine de conquête du pouvoir risquait de se gripper ?

Le mardi 23 août 2005, le directeur de *Paris Match* prend sa décision. Plus question d'attendre ou de tergiverser, le *Sunday Times* de Londres s'apprête à publier des photos. Pas question de se laisser griller. Il est journaliste, pas gardien d'un monceau de documents qui dorment dans un coffre. A quelques heures de la fin du bouclage, il change la couverture, commande un dossier de six pages. Il fait son métier et signe son arrêt de mort.

La photo de couverture date de quelques semaines : Cécilia et Richard marchent côte à côte dans une rue de New York. Banal. Ce qui l'est moins, c'est le document que Cécilia tient à la main, apparemment les plans d'un appartement dans lequel le couple envisage d'emménager. Le lecteur comprend d'emblée qu'il ne s'agit pas d'une idylle sans importance, la future ex-Première Dame de France a décidé de quitter son mari.

Le pire est à l'intérieur, si l'on ose dire à propos de Nicolas. Une photo s'étale sur une double page. Elle est censée montrer le moment où tout a commencé, comment Cécilia, sous les yeux d'un Nicolas qui a sa tête des mauvais jours, a succombé au charme de Richard. Ce qui n'était hier qu'une simple photo de travail à l'UMP, dont Richard assiste la communication, devient le symbole d'une infortune. Sur ce même cliché, le mari, la femme, l'amant ! Une photo-faute « impardonnable » pour Sarkozy transformé en cocu de vaudeville.

La seule erreur de Genestar est de ne pas avoir préparé le terrain. On comprend qu'il n'ait pas prévenu Sarkozy, c'était se condamner à subir une pression, des menaces et, devant le tintamarre, à ne rien publier sans doute. En revanche, il aurait dû baliser, se montrer aussi malin que son illustre prédécesseur Roger Thérond avec la parution de la photo de François Mitterrand et de sa fille cachée Mazarine.

Depuis dix ans, Thérond accumulait les photos de Mazarine, les bloquait, les gardait en lieu sûr. Il ne voulait pas les publier car ce qui compte, me disait-il, « c'est moins la photo en elle-même que l'histoire qu'elle raconte. Il faut toujours qu'une photo en dise plus que le sujet qu'elle représente. Sinon, c'est seulement une illustration, et *Paris Match* n'est pas un illustré ». Une photo de Mazarine seule ne disait rien de sa filiation. De plus, c'était une atteinte à sa vie privée. Il fallait donc attendre. Evidemment, ça coûtait cher, comme des actifs immobilisés, mais *Match* avait les moyens.

Lorsque François Mitterrand invite Mazarine Pingeot à déjeuner chez *Le Duc*, réputé restaurant de poissons des Invalides – le bar dans sa croûte de sel est une spécialité –, deux paparazzi sont en planque. Ils shootent la sortie présidentielle, le geste tendre du Président envers sa fille sur le trottoir, le regard de Mazarine. Le soir même, les photos sont sur le bureau de Roger qui ne publie rien la semaine suivante. Il faut baliser, tâter le terrain. Roger passe en revue les personnes susceptibles d'approcher l'Elysée dans la plus grande discrétion : le journaliste et romancier Stéphane Denis dont il apprécie le talent, l'ancien ministre des Affaires étrangères Roland Dumas, ami de longue date de Franck Ténot, vice-président de HFM.

Par qui François Mitterrand a-t-il été averti de l'existence des photos de Mazarine, Stéphane Denis ou Roland Dumas ? Roger préfère populariser la version Dumas, plus à même de clouer le bec aux détracteurs de *Match* qui dénoncent une atteinte à la vie privée du Président. Voici donc la version officielle. C'est Franck Ténot qui a confié à son ami Dumas les tirages des photos lors d'un déjeuner au Pichet, un restaurant de la rue Pierre-Charron qu'ils fréquentent tous deux. Et Dumas, parfois au-delà de minuit, après la fermeture, pour faire, j'en ai été témoin, des parties de… belote coinchée avec les patrons, Gaël et Jean-Paul, le quatrième partenaire étant soit l'écailler soit le chef de cuisine !…. L'avocat Dumas n'était pas chargé de plaider la cause de *Match* mais de montrer les tirages au Président, et de rapporter sa réaction.

Roger Thérond aurait-il fait sa une sur Mazarine si François Mitterrand avait fait connaître à Roland Dumas sa colère ou son refus ? Je ne sais. Roger me disait qu'il l'aurait fait quand même. « Mais ça aurait été plus délicat, il aurait fallu convaincre Jean-Luc Lagardère… Heureusement la question ne s'est pas posée. » Au sortir de l'Elysée, Dumas a raconté à Franck Ténot l'attitude de Mitterrand découvrant les photos, s'attardant sur l'une d'elles, puis disant en les reposant : « Quand même, c'est une belle histoire ! »

Lors d'un dîner au Pichet, Franck Ténot m'a raconté la même « histoire officielle » et confirmé la phrase rapportée par Roland Dumas. « J'étais soulagé en écoutant le récit de Dumas, en apprenant la manière dont Mitterrand avait réagi, mais nous n'étions pas plus avancés : le Président avait découvert les clichés avec plaisir, ce qui ne signifiait pas qu'il veuille qu'ils soient publiés. J'ai demandé à Dumas ce qu'il en pensait, il m'a simplement répondu : "La presse sait ce qu'elle a à faire", une belle phrase de diplomate qui voulait aussi bien dire "faites votre métier" que "publiez mais à vos risques et périls". Compte tenu de notre amitié, j'ai conclu qu'il ne nous dissuadait pas… »

Huit jours plus tard, *Match* publie le scoop. Les bons confrères qui dénoncent l'offense faite au Président en sont pour leurs frais : l'Elysée ne proteste pas. « La vérité est que, sur ce coup-là, on est passé à l'orange, conclut Thérond. Formellement, Mitterrand n'a rien autorisé du tout. Mais il était informé et je suis persuadé qu'il n'était pas mécontent que soit publiquement révélé un secret qui devenait plus intenable au fil des ans. Il se savait condamné par son cancer, il mettait ses affaires en ordre, et cette belle photo installait Mazarine là où elle devait être. Au final, on a bien fait notre métier et notre scoop l'a aidée. »

Pourquoi suis-je toujours persuadé que la belle version Dumas n'exclut pas la version Stéphane Denis ? Sacré Roger !

Alain Genestar n'est pas un benêt mais un pur à sa manière. Il n'a pas la ruse dans le sang, il ne pratique le billard qu'à deux bandes. Il aurait pu faire passer un message, faire dire que *Match* avait « la » photo de Richard et Cécilia, que la presse britannique allait la publier, qu'il valait mieux pour tout le monde traiter l'affaire ensemble. Nicolas ne devait pas cacher la rupture mais la mettre en scène lui aussi, pour ne pas être confiné dans le rôle du mari cocu. Pourquoi ne pas le persuader de la nécessité d'un contrepoint, par exemple d'une photo de lui place Beauvau, imperturbable, courageux, continuant de travailler, ce qui était la vérité, tandis que Cécilia donnait dans la visite immobilière new-yorkaise ? Evidemment, Sarkozy aurait refusé, mais il aurait été prévenu.

Il aurait refusé parce qu'il est fier. Parce qu'il tente alors de faire revenir Cécilia sur sa décision. Par tous les moyens. Parce que ses communicants s'inquiètent de l'image négative sur l'opinion d'un candidat-président délaissé à quelques mois de l'élection. Parce qu'il pense qu'il n'est pas un homme que l'on quitte. Cécilia, dont la décision de divorcer semblait irrévocable à New York, cédera, reviendra pour ne pas nuire à la candidature de son mari et pour protéger son fils, notamment de l'emballement médiatique. Elle jouera, non sans déprimer, le rôle convenu jusqu'au terme qu'elle s'est fixé. Ce qui, entre-temps, livrera aux médias la fausse image d'un couple réconcilié. Triste palinodie quand on songe que Cécilia, après un nouvel affrontement, n'ira pas voter au premier tour de la présidentielle. L'obligation ne figurait sans doute pas dans le protocole de rabibochage.

Donc Genestar n'a pas prévenu Sarkozy. Pas plus que sa hiérarchie directe qui n'est avertie du changement de couverture qu'une fois les rotatives prêtes à démarrer. « Pas la moindre remarque, objection ni réticence n'est formulée », affirme-t-il. Aurait-il averti quelques heures avant la hiérarchie de Levallois-Perret que le téléphone se serait mis à sonner. De partout, de la rue de Presbourg, siège du groupe, du siège de l'UMP. « Si j'ai agi ainsi, c'était pour être sûr de la faire », écrit Genestar qui rend hommage au travail et au soutien de sa rédaction mais refuse de nommer les pleutres et les tourne-casaque. Il ne parle pas de ce responsable administratif qui, après s'être réjoui du scoop en voyant sa une – « On retrouve la tradition des grands *Paris Match* » –, dénoncera son « inconscience » une fois constatés les ravages de la déflagration. Tous aux abris ! Je ne citerai pas le nom du jean-foutre. Retenez plutôt celui de Jean Cavé, le rédacteur en chef, fidèle parmi les fidèles, qui quittera le magazine six mois plus tard, la tête haute.

Déflagration, car sitôt *Match* imprimé, Genestar informe Arnaud Lagardère du contenu du magazine. Le patron est à New York. Au téléphone, il cache sa colère mais fulmine d'être mis devant le fait accompli. Le plus urgent est de prévenir Nicolas. Il s'en charge, il s'attend à une sérieuse remontée de bretelles. C'est un tsunami qui s'abat.

« Tu ne tiens pas ton groupe. Tu te dis mon frère et tu me trahis, moi qui ai tant fait pour toi. » Nicolas est dans une rage folle. « On me poignarde dans le dos et ça vient de chez toi. Je me fous de tes excuses. Qu'est-ce que tu dirais si on te faisait ça à toi, à ta famille ! Après ça, viens toujours me demander quelque chose ! »

Tout y passe, « ces cons de journalistes, ces charognards » qui vous mangent dans la main à vent portant mais dégainent dès qu'ils vous sentent affaibli. Aveuglé, il dénonce même un complot politique. « Tu sais ce qu'ils me font endurer. » Sûr, Genestar et *Match* roulent pour Villepin ! « Tu me ridiculises et tu te ridiculises. Je ne veux plus entendre parler de Genestar. »

Il est probable que le récit de cette avoinée mémorable qu'Arnaud confie à l'un de ses proches soit incomplet et qu'il ne dise pas tout du raz de marée de reproches et de fatwas qui s'est abattu sur lui. Toujours est-il qu'après ce monologue d'imprécations, le sort d'Alain Genestar est scellé.

Durant deux mois, Arnaud Lagardère refuse de le recevoir ou de le prendre au téléphone. Le virer immédiatement, c'est avouer qu'on lui fait payer son audace, qu'on cède au diktat du candidat-frère. Mauvais pour l'image du groupe et de son président. Trois mois plus tard, Arnaud propose à Alain un débarquement en douceur. Il quitte *Paris Match* et se voit proposer la présidence d'un « machin » regroupant les participations et sociétés audiovisuelles du groupe. « Avec l'intéressement, tu gagneras plus. » Têtu comme un Catalan, Alain refuse. Accepter, c'est avouer qu'il a commis une faute, il n'a fait que son boulot. Il reste donc directeur du magazine mais sous haute surveillance, dont celle du jean-foutre, et surtout en sursis.

Moi, je m'employais pour celui qui reste mon ami. Je ne téléphonais pas à Sarko mais à sa garde rapprochée. J'avançais qu'il était contre-productif pour l'image de leur candidat d'apparaître comme un coupeur de têtes, que le débarquement ou le licenciement d'Alain serait la preuve du contrôle et de la mise sous tutelle des médias. Conscients des ravages, Franck Louvrier et Pierre Charon semblaient s'être donné le mot : tous deux me répondaient la même chose. « Nicolas n'est pas fou. Il n'a jamais demandé la tête de Genestar, mais il n'oublie rien. C'est à Arnaud Lagardère de savoir ce qu'il doit faire… »

La thèse officielle est en marche, Nicolas n'a pas formellement demandé la tête du journaliste, il est trop respectueux de la liberté des médias. Aux patrons de faire le ménage chez eux. Après l'avoinée mémorable, et sa légitimité de dirigeant mise en cause, Arnaud Lagardère n'a guère le choix. Il ne résistera pas à l'appel d'un frère qui vient de traiter son collaborateur de tous les noms d'oiseaux possibles dont les moindres étaient

« irresponsable », « connard » et « dangereux ». Il fallait que le ménage soit fait à l'été 2006 pour que les derniers mois de campagne ne soient pas perturbés par des zozos incontrôlables.

L'exfiltration en douceur ayant raté, Alain Genestar était licencié au 30 juin 2006. Timing respecté. Devant la mini-vague provoquée par la publication, deux ans plus tard, du livre de Genestar racontant son *Expulsion*[1], le groupe Lagardère faisait donner son secrétaire général, homme affable, discret et cultivé, fin connaisseur de Rimbaud. Dans une tribune au *Figaro*, Pierre Leroy récusait l'idée que Genestar ait été sanctionné pour sa une sur Cécilia, et surtout que le candidat devenu président était pour quelque chose dans ce pénible dénouement ; la raison du licenciement était la baisse des ventes de *Paris Match !*

L'embêtant est que neuf mois plus tôt, au lendemain même du forfait et alors que les ventes de l'hebdomadaire étaient excellentes, le plus proche collaborateur d'Arnaud Lagardère m'affirmait que le sort de Genestar était scellé, Arnaud allait le prier de quitter *Match*, il citait même le nom de son successeur.

Le départ du confrère est donc directement lié à la publication des photos. Sa mise à l'écart a mis plus de temps que prévu. Elle aurait pu être discrète, dans un placard doré. Par fierté, Genestar ne l'a pas voulu, c'est son honneur. Il a fallu attendre une autre occasion. Quel que soit le prétexte invoqué, son ticket n'était plus valable au-delà de l'été.

Si Nicolas est à l'origine de cette expulsion, c'est Arnaud Lagardère, tout seul, qui l'a décidée. Il ne pouvait pas faire autrement. Davantage que Nicolas, c'est lui, pensait-il, que Genestar avait trahi en le mettant en porte à faux vis-à-vis de son ami, son frère. Dans le passé, son père avait soutenu Genestar dans l'affaire des vacances de Chirac à l'île Maurice. Jean-Luc n'avait pas précisément apprécié cet article ravageur et l'avait fait savoir. Pour autant, il avait soutenu et protégé son collaborateur comme si c'était lui qu'on attaquait. Il est vrai qu'à l'époque, les rapports entre Chirac et Lagardère

1. Alain Genestar, *Expulsion, op. cit.*

père étaient – comment le dire poliment ? – distendus, c'est ça, très dis-ten-dus. Avec Nicolas et Arnaud, les temps avaient changé, les comportements et les règles aussi, apparemment.

Chacun dans le groupe allait devoir en tenir compte. En prenant ses fonctions, en mars 2003, la veille de l'enterrement de son père, Arnaud avait tenu à rassurer ses troupes : « Chacun agit en toute liberté, écoutant sa conscience, et c'est bien ainsi. » Désormais, après l'épisode Genestar, chacun avait surtout conscience que sa liberté s'arrêtait aux portes de Sarkozy. Et que ce n'était forcément pas bien ainsi.

Il n'en fallait pas plus pour que revienne sur le tapis la connivence des grands groupes de communication – Dassault, Bouygues, Bolloré, Lagardère – avec le pouvoir. S'il existait toujours chez Lagardère des plages d'irrespect et de liberté (sur Europe 1 avec Frédéric Bonneau et Laurent Ruquier, notamment), d'autres événements allaient malheureusement accréditer la thèse.

Le premier fait sourire, c'est la photo retouchée que *Match* publie du Président en villégiature. Grâce à Photoshop, ses petits bourrelets ont disparu. Pas de quoi crier au scandale, nombre de photos sont « améliorées » dans les magazines, notamment celles des stars du cinéma dont il faut préserver l'aura. Normal que Nicolas ait été « retraité » comme Isabelle Adjani, n'est-il pas une vedette lui aussi ? Dégât collatéral, *Match* a abandonné son slogan des années de gloire. Adieu « le choc des photos » (celles de Cécilia et Richard ont laissé un trop douloureux souvenir) et bonjour « *Match*, la vie est une histoire vraie ». Vraie comme une photo retouchée ? Depuis, *Match* a de nouveau changé de slogan.

Plus inquiétante est l'autocensure. *Le Journal du dimanche* apprend que Cécilia Sarkozy, revenue au bercail avec son CDD de future Première Dame de France, n'a pas voté lors du premier tour de l'élection présidentielle. Cette volonté de ne pas se rendre aux urnes pour soutenir son mari est une information étonnante. Elle ne paraît pas. Un site internet s'en étonne. Mon successeur, Jacques Espérandieu, est sommé de s'expliquer. Il assure qu'il a pris cette décision tout seul. En fait, il y a été « très fortement encouragé » par un coup de téléphone, comme l'affirme un témoin présent dans son bureau lors de l'appel.

La révélation de l'abstention de Cécilia au premier tour n'aurait rien changé au résultat de l'élection, mais elle aurait nui à l'image du candidat. Alors, « on » a conseillé de ne pas donner l'information. Rien qui fâche avant le deuxième tour. Rien qui fâche non plus après, quand le *JDD* floute le texte d'une lettre que Nicolas Sarkozy porte sous le bras à la sortie d'un Conseil des ministres. Si le texte n'avait pas été flouté, le lecteur aurait pu lire ces quelques phrases : « J'ai l'impression de ne pas t'avoir vue depuis une éternité et tu me manques. Jeudi, on part faire notre virée à Essaouira pour mon [*illisible*]. Mais j'aimerais bien réussir à te voir la semaine ou le week-end prochain. Millions de Besitos. »

On peut comprendre que le *JDD* décide, de sa propre initiative, de ne pas révéler la teneur d'une lettre privée. Ce qui étonne, c'est ce qui est arrivé à cette lettre le mois suivant dans le magazine *Choc*, appartenant alors encore au groupe Lagardère. *Choc*, c'est un magazine irrespectueux, qui révèle ce que certains voudraient cacher, notamment nos « pipoles ». Ayant découvert la lettre floutée du *JDD*, le mensuel se faisait un devoir de publier la photo originale, grossissant même le texte pour qu'aucun de ses lecteurs n'en ignore le contenu. Juste avant le bouclage, l'ordre était donné de supprimer cette double page.

Pas de vagues. Rien qui puisse déplaire. Nicolas a gagné. Il n'a pas besoin de téléphoner, on fait le ménage avant.

Les temps auraient-ils changé ? Durant les sept ans que j'ai passés à la direction du *Journal du dimanche*, j'ai reçu quelques avis, parfois un conseil mais jamais – je sais, ça va surprendre – je n'ai subi de pressions ou de censure. Nicolas n'était pas encore président.

Comme dit Oncle Dan qui, pourtant, aime bien Sarkozy : « Vous avez de la chance, vous êtes parti à temps. »

UN GRAND PATRON

« Jean-Luc »

L'unique mot d'ordre de Jean-Luc Lagardère : « Ne hurlez jamais avec les loups. On n'accable pas un homme qui tombe même s'il est votre ennemi. »

Il y a deux sortes de patrons, ceux qui vous emploient et ceux que l'on choisit. J'ai connu les deux, dont Jean-Luc Lagardère qui m'a d'abord employé avant que je le choisisse.

Rien n'est écrit lorsqu'il s'agit de succéder à Alain Genestar à la tête du *Journal du dimanche.* Je suis le directeur adjoint du journal, le numéro deux, autant dire que j'occupe, comme sur un podium olympique, la place du con. Ces derniers temps, Jean-Luc Lagardère m'a associé à ses entretiens avec Genestar, c'est un signe mais, formellement, il n'a rien promis. Et ça pousse à l'extérieur. Trois prétendants, de « grandes signatures de l'audiovisuel » comme on dit, toujours les mêmes d'ailleurs, qui passent la tête dès qu'elles voient de la lumière, ont fait des offres de service. Flatté, il s'en réjouit, me cite les noms des confrères qui font son siège. Supplice chinois ? Non, car il conclut dans un sourire complice : « C'est fou ce que notre *JDD* est attractif ces temps-ci ! »

« Notre *JDD* » ! Dès ce jour, je sais qu'il a tranché. Et je comprends que s'il a pris un malin plaisir à citer les noms des confrères dont il allait me faire triompher, c'est pour que je n'oublie pas le cadeau qu'il faisait en m'accordant sa confiance. Un mois plus tard, j'étais nommé et « Jean-Luc », que je n'appellerais jamais que « Monsieur », justifiait son choix. « Vous le savez, je vous suis depuis longtemps. Et tout l'état-major du groupe presse m'a conseillé de vous nommer. Voilà cinq ans, j'aurais sans doute été tenté de recruter à l'extérieur, pas aujourd'hui. J'en ai assez des mercenaires. »

Son choix, disait-il, c'était « un signe qu'il adressait à toute la maison, celui de la promotion interne. Il y a beaucoup de gens de talent chez HFM, nous devons les garder. Et puis moi, je fonctionne à la fidélité. Le *JDD* est un journal très particulier auquel je tiens beaucoup. Je vous confie un journal d'influence, pas l'organe d'un parti. Continuez à élever le niveau. Et tâchez, si possible, de me le rendre enfin rentable. »

Parmi ceux qui m'ont soutenu il y avait Roger Thérond, le mythique et florentin directeur des rédactions. Tout en caressant les candidats mercenaires, il me disait : « Ne crains rien, ne t'agite pas, ne fais pas acte de candidature, tu es légitime. Le reste, j'en fais mon affaire. » Je priais quand même qu'il ne tienne pas un discours identique aux autres.

Outre mes éminents mérites, cette nomination, je la dois surtout à Daniel Filipacchi, créateur avec Franck Ténot de HFM, le premier groupe mondial de presse magazine. Paradoxalement, Daniel Filipacchi était sur le point de quitter son empire de papier, il vendait, comme prévu, toutes ses parts à son associé, le groupe Lagardère, mais « Jean-Luc » continuait de le consulter sur tous les sujets importants. Et il l'avait interrogé sur la succession au *JDD*.

J'étais fier de ces parrainages, fier de la confiance que me témoignait « Jean-Luc », et bluffé par sa manière de livrer les clés de la boutique en disant seulement : « Maintenant, à vous de jouer. Ne me décevez pas. Vous pouvez compter sur moi. »

Je n'ai pas abusé. Je ne l'ai jamais appelé quand se posait un problème. C'était à moi de le résoudre sans me tourner vers un patron qui avait d'autres soucis en tête que la gestion éditoriale d'un quotidien. Et puis, pourquoi court-circuiter ma hiérarchie directe de Levallois qui me soutenait ? Alors, c'est lui qui me faisait venir dans son bureau de la rue de Presbourg. La première fois, j'étais inquiet. Qu'avais-je fait ? Qu'allait-il me demander ? C'était seulement pour me voir, me tenir informé, m'écouter et surtout questionner. Sur tout, notamment les médias. Il avait été échaudé par quelques retentissants échecs (la privatisation de TF1, La Cinq qui avait mis son groupe en grand danger), pourtant il ne désespérait pas d'avoir enfin sa chaîne de télévision. Je ne sais qui l'entretenait dans le fol espoir que France 2 serait un jour privatisée, mais il me disait « Tenez-vous prêt » (!) et demandait mon avis sur les animateurs et producteurs. Il avait un faible pour Michel Drucker. Evidemment, on parlait aussi de politique. Parfois, il faisait passer un message. « Que pensez-vous d'Untel. Pas mauvais, n'est-ce pas ? » Il laissait croire que votre opinion lui importait.

Parfois encore, il laissait percer ses préférences. Pour la droite, après le fâcheux épisode du soutien à Edouard Balladur, il rêvait – « derrière le vrai homme d'Etat qu'est Alain Juppé » – d'un ticket Villepin-Sarkozy. Il voulait être le trait d'union entre les deux fringants coursiers. J'indiquais que, pour être séduisante, l'association risquait de faire des étincelles. A gauche, il avait aimé Bérégovoy, ne détestait pas Jospin et promettait un bel avenir à Dominique Strauss-Kahn. Jamais il ne demandait qu'on favorise l'un ou l'autre.

J'ai toujours été étonné par ceux qui affirmaient, péremptoires, que Lagardère roulait pour un parti et en tirait profit. Sûr, il roulait pour la droite, disaient-ils. La preuve ? C'est un banquier giscardien qui, en 1980, l'avait aidé à conquérir Hachette. L'ennui de la démonstration était que, depuis 1981, la plupart des bonnes choses qui lui étaient arrivées étaient advenues sous des gouvernements de gauche, c'est à partir de ces années 80 qu'il put construire son groupe dont les deux piliers étaient la défense et les médias. Durant le retour de la droite en 1986, TF1 lui avait échappé au profit du groupe Bouygues. Sous Rocard, il avait cru prendre sa revanche en se portant acquéreur d'une chaîne de télévision privée, La Cinq. Enfin, c'est sous Jospin, avec l'aide d'un brillant collaborateur de DSK à Bercy, qu'il avait pu créer, avec l'Etat et l'allemand Daimler-Benz, le géant européen de l'aéronautique et de l'espace, EADS.

La vérité est que, si Jean-Luc avait des convictions, il roulait surtout pour lui-même et pour son groupe. Sur tous les dossiers, il avait, directement ou indirectement, l'Etat comme interlocuteur. Il lui fallait être en bons termes avec la puissance publique, avec ceux qui l'incarnaient aujourd'hui comme avec ceux qui, peut-être, l'incarneraient demain. Les personnalités de valeur dont il suivait l'ascension représentaient toutes les couleurs de l'arc-en-ciel, hormis les extrêmes qui saturaient au bout du spectre.

Il n'était ni militant ni partisan et voulait que ses journaux dits d'influence soient à son image : ouverts à tous. Ce n'était pas difficile, puisque le pays s'était engagé dans une longue période de va-et-vient et de cohabitation où le vaincu d'hier était vainqueur le lendemain, parfois ils gouvernaient ensemble. Inutile dans ces conditions de se fâcher avec l'un, avec l'autre. Si « Jean-Luc » parlait d'éthique et d'impartialité, c'était autant par principe que par nécessité ! On n'était pas d'accord sur les mots. Je trouvais « éthique » bien pompeux et l'« impartialité », pour peu qu'elle existe, sentait par trop la comptabilité. Je lui disais que le *JDD* serait « honnête », l'un des plus jolis mots que je connaisse. « Oui, *honnête,* c'est bien aussi », concédait-il, trouvant la querelle byzantine.

Il accordait une grande importance à nos sondages. Aussi bien l'enquête mensuelle sur les deux têtes de l'exécutif, Président et Premier ministre, que la cohabitation rendait encore plus passionnante, que notre semestriel « Top 50 des personnalités préférées des Français ». Qui monte ? Qui descend ?

Pourquoi ? Il s'agissait moins de savoir sur qui miser demain que des bons rapports que le journal devait entretenir avec chacun, pour que l'influence du média s'accroisse encore et encore. Et, pourquoi le cacher ?, que cette influence rejaillisse sur son groupe et sur lui. Autant que *Match*, mais différemment, le *JDD* était une vitrine.

Curieusement, il ne me parlait jamais de Chirac, ni de mes entretiens avec un Président qui, de son côté, n'a jamais prononcé le nom de Lagardère en ma présence ! Il y avait de l'eau dans le gaz. Je sentais l'agacement du patron quand j'évoquais l'un des sujets abordés à l'Elysée. Craignait-il que je succombe au charme présidentiel ? Un jour, n'y tenant plus, il lâcha, cinglant :

« Chirac se dit mon ami. Ne le croyez pas. »

De cette rupture consommée, j'eus la confirmation quelques mois plus tard. François Pinault, l'ami du Président, avait convié quatre journalistes pour les éclairer sur l'affaire Executive Life, le procès que lui intentait la justice américaine, les raisons qu'il avait, lui le Breton têtu, de refuser tout « arrangement » puisqu'il était dans son bon droit. Au château Cheval-Blanc, grand cru classé du Bordelais, il nous faisait visiter ses chais. Le dîner, riche en informations économiques et politiques, s'acheva tard dans la nuit.

Le lendemain, dans le Falcon qui nous ramenait au Bourget, j'étais assis face à François Pinault. On parlait un peu de tout. De l'art, en particulier de son projet d'édifier un musée sur l'emplacement des anciennes usines Renault, dans l'île Seguin. On lui mettait des bâtons dans les roues. Personne ne voulait payer le désamientage du site. Si ça continuait, il installerait son musée ailleurs, à l'étranger pourquoi pas. Un comble que ses « trésors » de l'art moderne soient obligés de s'expatrier. Daniel Filipacchi – jalousie de collectionneur – était réservé sur le terme *trésors* : « Il y a de tout là-dedans. » Bref, ce qui devait arriver arriva. Lassé des atermoiements des administrations, François Pinault allait acheter le palazzo Grassi, à Venise, pour y exposer ses œuvres.

Filipacchi assisterait au vernissage et, beau joueur, m'avouerait au retour, sans se déjuger sur la sélection de son rival, que « finalement, ça avait de la gueule », et que Pinault « avait donné un bon coup de pied au cul » à nos frileux fonctionnaires.

L'art évacué, je parlais boutique, de la situation de la presse, de la bonne santé du *Point,* le magazine qu'il avait racheté et confié à Giesbert. De Chirac qu'il savait que je rencontrais. Je rapportais la phrase de Jean-Luc Lagardère. François Pinault semblait sincèrement désolé.

« Oui, je sais. J'ai tenté de m'entremettre pour les réconcilier. Mais lorsque j'ai prononcé le nom de Lagardère, Chirac a fait un simple geste me signifiant qu'il était inutile d'insister… »

Huit ans après le soutien à Balladur, et quelques autres broutilles, les traces de cette rupture n'étaient pas cicatrisées. Ce qui n'empêchait pas des commentateurs éclairés de perpétuer la fable d'un Lagardère « roulant » pour l'Elysée ! Evidemment, je continuais à voir celui qui n'était pas « l'ami » de mon patron. Rencontrer Chirac n'était pas rédhibitoire.

Et « Jean-Luc » ne semblait pas mécontent de mes débuts de directeur. Plutôt surpris. Il ne s'attendait pas que je reprenne l'éditorial, et voilà qu'il en recevait des échos favorables. Des amis le félicitaient pour la montée en gamme du *JDD*, et il m'en faisait part. Le journal n'avait jamais dégagé de bénéfices et voilà que, ventes et publicité conjuguées, deux années de bénéfices s'annonçaient ! Filipacchi, provocateur comme à son habitude, me ramenait sur terre. « Vous avez eu de la chance. Dites merci à la bulle Internet. » Ce n'est pas avec lui que j'attraperais la grosse tête.

Pour l'éditorial, j'avais hésité. Je ne voulais pas me transformer en juge, en encenseur ou en donneur de leçons. J'inventais une sorte d'ovni, deux feuillets et demi baptisés « édito » mais qui étaient en fait une chronique d'actualité où je m'attachais, avec des fortunes diverses, à fournir une information ou une mise en perspective inédite. Apparemment, ça fonctionnait.

« Trop long votre édito, jugeait Filipacchi, mon supporteur-provocateur. D'ailleurs, je ne lis jamais les éditos, c'est de la place perdue pour l'information. »

« Jean-Luc », lui, disait les apprécier. Il était surtout fier de constater que, malgré un budget serré, de grandes signatures que j'avais sollicitées sans lui demander son avis m'avaient rejoint. Pour la critique littéraire, Bernard Pivot avait préféré le *JDD* au *Figaro*. Pour son « Journal du mois », Philippe Sollers avait dû négocier un bon de sortie avec *Le Monde* et Edwy Plenel. Il y avait aussi Jean-Noël Jeanneney, ancien ministre de gauche sous Michel Rocard et historien que j'apprécie, puis le « professeur » Olivier Duhamel, qui allait décrypter les arcanes de l'Union européenne. Si ces deux derniers n'étaient pas des gauchistes, ils étaient résolument attachés à la gauche. Cela ne posait aucun problème à Lagardère. Il connaissait leur réputation, c'était bon pour le *JDD*.

Un seul nom le fit sursauter : Michel Pébereau, P-DG de la BNP, aussi discret qu'influent, la référence du monde bancaire français. « Jean-Luc » l'admirait, il avait eu l'occasion d'apprécier « sa rigueur et son courage », mais il s'inquiétait que je confie une rubrique économique à un banquier ami dont l'entreprise gérait la participation des salariés de son groupe. « Je connais sa droiture, mais certains vont dénoncer un renvoi d'ascenseur, voire un conflit d'intérêts. »

Je le rassurais, Michel Pébereau allait couvrir l'actualité… de la science-fiction dans les pages littéraires. Je vis tomber sur moi un regard incrédule puis attristé, sûr, j'avais disjoncté. Alors j'expliquais. Chaque mois, je lisais la revue *Histoire*. Dans les dernières pages, Michel Pébereau signait une chronique consacrée aux récentes parutions de SF. Je savais son goût pour la littérature fantastique. Son voisin d'été dans le Gers, Jean-Luc Parodi, consultant Ifop pour le *JDD* et directeur de la *Revue de sciences politiques*, me l'avait confirmé.

« Pour lui, ce n'est pas un simple passe-temps. Non seulement il collectionne les ouvrages d'anticipation, auxquels il consacre une grande place dans sa propriété de Sainte-Radegonde, mais surtout c'est l'un des meilleurs connaisseurs du genre. »

Or, suite à une refonte de sa formule, *Histoire* venait de supprimer certaines de ses chroniques. Pour la première fois de sa vie sans doute, Michel Pébereau se trouvait... remercié. Je lui proposai de faire partager sa passion aux lecteurs du *JDD*. Un petit déjeuner, et topez là ! Sauf qu'il restait à régler le problème financier avec le meilleur banquier de la place de Paris.

Pour Michel Pébereau, c'était vite fait, il refusait d'être payé. Je ne pouvais l'accepter. Il n'était pas sain qu'il travaille *gratis pro deo*, on l'aurait accusé de pratiquer la critique littéraire à compte d'auteur. En revanche, le rémunérer montrait que ce n'était pas le banquier qui rejoignait notre équipe mais le spécialiste reconnu d'un genre littéraire. A ce titre, il serait donc rémunéré au tarif syndical de base des pigistes. Chaque fin d'année, le montant de ses piges serait versé à une œuvre caritative de son choix. Sur ces bases, l'affaire fut vite conclue. Chaque mois, avec ponctualité, Michel Pébereau livrerait sa production. Grâce à ses choix, la SF dépasserait les simples récits d'androïdes surdoués, de voyages intergalactiques et de télescopages des temps. Comme des paraboles, ses retours vers le futur raconteraient aussi le présent des technologies détournées, des populations lointaines asservies par un tyran, des races persécutées et des minorités en danger.

Si « Jean-Luc » ignorait tout de l'*heroic fantasy*, il trouvait excitante l'arrivée de son représentant au *JDD*. Mais il n'en revenait pas que « son » Michel Pébereau, l'énarque distingué, l'équanime inspecteur des Finances, ce parrain de l'establishment bancaire que célébraient les cercles du pouvoir, ait sacrifié, depuis si longtemps et sans qu'il le sache, à la passion dévorante et forcément burlesque des mondes parallèles.

Une dernière fois, il interrogeait. « Vrai ? Il aime réellement la science-fiction ? » A leur prochaine rencontre, sûr, il allait le regarder autrement.

Rue de Presbourg, l'hôtel particulier qui abritait le siège du groupe donnait sur la place de l'Etoile. Dans les fenêtres de son bureau s'encadrait l'Arc de Triomphe. La première fois, les lieux intimidaient. Dans un salon attenant, les visiteurs patientaient entourés de livres rappelant que Lagardère, ce n'était pas seulement les satellites ou la presse mais aussi Hachette, douze maisons d'édition, de grands auteurs. Ce salon, symbole du mieux-disant culturel, je le trouvais glaçant. On n'y sentait pas la vie, seulement l'exposition. Les livres de la table basse étaient disposés en piles d'égale hauteur, chaque pile alignée au carré, et c'était terrifiant. Je songeais que la plupart des visiteurs prenaient garde de déranger, sous peine d'amende, un étalage si rigoureux et si désespérant. Je pensais aux héros de tous ces romans qui passaient leur journée empilés les uns sur les autres dans l'attente toujours déçue qu'une main fraternelle les sorte enfin de ce mitard cossu que rectifiait chaque matin une femme de ménage sans doute éprise d'ordre et fille de militaire.

Quant aux beaux livres reliés, ce n'étaient pas des trompe-l'œil mais eux aussi n'étaient là que pour les yeux. Lors de ma première visite, je les admirais de loin. La deuxième fois, j'en feuilletais un. La troisième, j'insérais ma carte de visite au beau milieu d'un précieux volume en maroquin rouge. La quatrième fois, je vérifiais comment meurt un livre sur une étagère : le ménage avait été fait, mais l'exemplaire était toujours le troisième en partant de la droite et mon bristol toujours à la page 240. Au moment où je le récupérais, la porte s'ouvrait brusquement. « Jean-Luc » m'invitait à passer dans son bureau. Je le précédais, tenant stupidement ma carte de visite à la main.

« Ah les livres ! », disait-il. Je ne sais s'il lisait beaucoup, hormis les productions de son « ami » Bernard-Henri Lévy évidemment, mais il était fier que son nom soit associé aux entreprises culturelles qu'étaient les maisons d'édition. En rachetant le pôle édition de Vivendi, il avait mis la main sur une maison qui lui tenait à cœur : « Plon, l'éditeur du général de Gaulle ! s'extasiait-il. Pour moi, c'est plus qu'un symbole. » Il aurait été bien en peine de citer un seul des auteurs contemporains que Plon publiait, et dont les personnages dormaient pourtant dans la pièce d'à côté. Non, ce qui lui plaisait c'était le poids de l'Histoire, la référence au « Général », son grand homme. Sa joie fut contrariée par Bruxelles. Pour cause de position dominante, la Commission européenne allait le contraindre à se séparer de ses derniers achats.

Qu'importe, il avait un temps possédé Plon. C'est que lui aussi avait une certaine idée de la France. « Je suis gaulliste », m'avouait-il, précisant qu'il ne faisait pas référence au parti. Son gaullisme, c'étaient l'indépendance, la grandeur et le rayonnement du pays, un état d'esprit, l'union qui transcende les clivages. Comme sur un stade quand des supporteurs si différents et venus de partout vibrent à l'unisson d'un club, d'une région. Il avait la métaphore sportive, appliquant à l'entreprise les vertus de l'esprit d'équipe. Le Gascon aimait la compétition et l'odeur de la poudre, le panache, les victoires et le drapeau qui monte le long d'un mât olympique quand retentit *La Marseillaise.*

Certes, il faisait des affaires, et n'était pas manchot. « Mais ma grande affaire à moi, c'est la France », assurait-il, grandiloquent. Il voyait comme un signe du destin l'étonnante cohérence du groupe qu'il avait construit au fil des ans. A la Bourse, les analystes financiers tempéraient la cohérence et parlaient plutôt de « conglomérat ». Qu'importe ! Du missile à la fusée Ariane, de la presse à la littérature, son groupe portait haut le drapeau, défendait son pays et son patrimoine. L'équation ainsi subtilement posée, il s'étonnait que l'Etat ne le soutienne pas plus fermement, lui dont les intérêts étaient, en définitive, ceux de la France !

Je pensais que le groupe n'était pas mal loti, je n'avais rien compris : « On ne nous donne rien. Il ne suffit pas de se montrer les meilleurs, il faut persuader, convaincre, se battre. » Il prêtait à ses concurrents les plus noirs desseins auxquels il fallait répondre. « Nous devons déjouer les chausse-trappes, surveiller ceux qui nous surveillent. *Ils* ne reculent devant rien. » Je pensais aux premiers signes de paranoïa, mais quelques mois plus tard je comprenais : la justice ouvrait une information suite à la découverte d'une opération de déstabilisation lancée contre le groupe Lagardère. Nom de code : « Coupez les ailes à l'Oiseau. »

Tout cela ne me concernait pas directement. Il voulait seulement informer (sans trop en dire), mobiliser et surtout entraîner. « Ne baissez jamais la garde. Il faut toujours se battre. Ayez l'esprit commando. Soyez solidaire, fidèle, fier d'appartenir à un grand groupe. On ne nous passe rien parce qu'on nous croit puissants. Comparés à nos concurrents internationaux, nous ne sommes que des nains. »

Se battre ? Un vendredi de l'an 2000, notre rencontre dura deux heures au lieu d'une. Ma conversation n'y était pour rien, il voulait que je suive avec lui, à la télévision, la demi-finale de David Douillet aux Jeux olympiques de Sydney. Ma secrétaire s'inquiétait de mon retard. Elle pensait – allez savoir pourquoi ? – que je me faisais remonter les bretelles, alors que j'étais confortablement installé sur un canapé à côté d'un « Jean-Luc » en bras de chemise, excité comme je ne l'avais jamais vu. On avait attendu une demi-heure. Une minute suffit à David pour éliminer l'Estonien Indrek Perelson, vice-champion du monde. Le boss se leva d'un bond, me donna une grande claque dans le dos, puis, devant l'écran qui affichait l'image du vainqueur, il lança un « yeah » tonitruant, repliant le bras sur sa poitrine, le poing serré, comme il avait vu faire les joueurs de tennis après un point miraculeux. « C'est beau, c'est grand ce qu'il fait, non ? » Pas le temps de répondre, il jaillit hors du bureau, portant la bonne nouvelle à tout l'étage. « Il est en finale ! Il est en finale ! »

Le sport était une de ses passions. Il en avait retiré de grandes joies en automobile quand ses Matra bleues gagnaient les 24 Heures du Mans. Il avait connu l'humiliation en football avec l'échec du Matra Racing. Il avait rêvé de créer le grand club que la capitale méritait, n'avait pas lésiné sur les moyens, acheté des joueurs à prix d'or, constitué une *task-force*. Il visait une qualification dans une Coupe d'Europe, et le club végétait sans gloire dans le ventre mou du championnat national. Il aimait beaucoup l'entraîneur Luis Fernandez (« C'est un battant ! ») et refusait de le rendre responsable des piètres résultats. Il avait soutenu le Matra plus que de raison. Par fierté, parce qu'il refusait d'avouer qu'il s'était trompé. Mais là, il avait pris un grand coup sur la tête. En attendant le triomphe de Douillet, il m'avait confié :

« Jamais, vous m'entendez bien, jamais plus je n'associerai mon nom au football. C'est un monde pourri. »

Il s'était fait arnaquer comme au coin d'un bois, il avait surpayé des joueurs, enrichi leurs agents, refusé de flirter avec des intermédiaires douteux, et voilà que des résultats médiocres plombaient l'image de Matra. Tout cela pouvait expliquer le renoncement, la vraie raison était ailleurs. Il avait découvert un peu tard, et à ses dépens, les pratiques mafieuses qui régnaient dans le monde du foot. Le mal avait un nom : corruption. Il acceptait de perdre de l'argent pour constituer un grand club moderne, si en plus il fallait acheter un arbitre ou un joueur adverse pour que son équipe gagne, alors là, il ne jouait plus.

Bernard Tapie considérait Jean-Luc comme « un grand naïf » pour s'être avancé sans armes dans le marécage. Nanard, lui, avait compris très vite « comment fonctionnait le bouzin ». Il se proposait même de lui servir de guide dans ce monde qui ne tournait pas rond. Prudemment, Lagardère avait décliné l'offre. Quand la gangrène menaça de gagner sa *task-force* – « puisque que ça se fait ailleurs, faisons-le aussi », disaient certains –, il décida qu'il était grand temps de jeter l'éponge et d'arrêter les frais.

Dix ans après, « Jean-Luc » l'admettait, le ménage avait été fait et les mœurs du football semblaient redevenues convenables, mais il n'avait pas changé d'avis. « Jamais, plus jamais. » Il restait mortifié d'avoir été trahi, et le sport avec lui. « Sans éthique, il n'y a pas de sport. » Le boss avait sa fierté, des principes aussi.

L'un d'entre eux renvoyait à la chevalerie. « On ne tire pas sur un homme à terre. On n'accable pas un homme qui tombe, même s'il est votre ennemi, surtout s'il est votre ennemi. » Il ne disait pas cela parce que lui-même était déjà tombé mais parce qu'il avait « toujours refusé de hurler avec les loups. C'est lâche, c'est médiocre ». Il voulait qu'on informe, jamais qu'on s'acharne. La première fois qu'il avait donné ce conseil, qui ressemblait furieusement à un ordre, c'était lors d'un des entretiens à trois avec Alain Genestar. On était en 1993. Le Premier ministre Pierre Bérégovoy peinait à s'expliquer sur le prêt que lui avait consenti Roger-Patrice Pelat, impliqué dans l'affaire Pechiney et ami de François Mitterrand. Un prêt de un million de francs sans intérêts, qui n'avait été que partiellement remboursé « sous forme d'objets d'art et de meubles » dont on ne connaissait ni la nature ni la valeur.

Après la révélation de l'affaire par *Le Canard enchaîné*, la presse ne lâchait pas Bérégovoy, suivant pas à pas l'instruction du juge Thierry Jean-Pierre qui mettait au jour d'autres libéralités accordées au Premier ministre et à sa famille : vacances offertes par Pelat, « faramineux » découverts bancaires consentis par une filiale du Crédit lyonnais. Ce n'était pas le scandale du siècle, aucune action judiciaire n'était engagée, et rien ne dit qu'il y avait matière en l'état, mais le soupçon était insupportable pour un Premier ministre qui se voulait exemplaire en ce domaine.

« S'il y a un fait nouveau important, publiez-le, donnez la parole à l'accusation et à la défense mais ne participez jamais à l'hallali. J'ai vu Gilberte [Bérégovoy] la semaine dernière, elle est très inquiète pour son mari. Il ne dort plus, cette campagne l'affecte profondément. »

Quinze jours plus tard, le 1er mai 1993, l'ancien cheminot Bérégovoy, que la nomenklatura du PS ne soutenait que du bout des lèvres, se suicidait au bord d'un canal du Nivernais. C'était un samedi, jour de bouclage. Dix ans plus tard, à propos d'un autre homme politique épinglé par la justice, le patron réitérait son conseil : « Celui-là, il n'est pas mon ami. Mais rappelez-vous, vous êtes journaliste, ni justicier, ni bourreau. »

Je n'ai jamais entendu « Jean-Luc » me donner un autre ordre que celui-ci : « Jean-Claude, ne hurlez jamais avec les loups ! » Je le concède, il est difficile de croire que, pour faire avancer ses affaires, un marchand de canons, également marchand de papiers, n'intervienne pas dans l'orientation du média qu'il possède. C'est pourtant ce qui est arrivé, jamais il ne m'a imposé de publier une interview ou de censurer un article. Je n'étais pas naïf. J'ai vite découvert que s'il ne se servait pas du journal, il savait s'en servir. Parfois, quand il dînait avec un homme politique qui venait d'avoir les honneurs du *JDD*, il lui disait : « Vous avez vu, vous avez été bien traité ! » Il n'y était pour rien, mais pourquoi lui en vouloir ? L'article aurait-il déplu, c'est à lui qu'on serait venu se plaindre. S'il était bien reçu, autant qu'il profite d'un moment de satisfaction.

L'essentiel pour moi était que le contrat soit respecté : on m'avait confié les clés du camion, donné une feuille de route, pas une liste d'affidés à satisfaire. Certains, qui se gargarisaient d'être des « amis de Jean-Luc », avaient du mal à comprendre la situation.

Avec ma hiérarchie directe de HFM, je discutais du positionnement du journal, de son évolution, de ses ventes et de ses finances. Pour la manchette, pour l'éditorial, personne ne regardait par-dessus mon épaule. « Jean-Luc » ayant publiquement déclaré qu'il me faisait confiance et que c'était à moi de jouer, chacun se le tenait pour dit. Ce qui n'empêchait pas le téléphone de sonner régulièrement le samedi lors du bouclage. Au bout du fil, Anne-Marie Couderc, ancienne ministre du Travail d'Alain Juppé et directrice adjointe du groupe HFM...

Anne-Marie s'intéressait de près à la marche du journal, par amitié et par fonction. Comme directrice de la publication, elle nous représentait devant la justice. Elle risquait donc d'être condamnée dans les affaires de diffamation, recel du secret de l'instruction et autres joyeusetés qui tempèrent ou corsettent la liberté de la presse. On lui disait que si ça se passait mal on lui apporterait des oranges à la Santé, elle ne souriait qu'à moitié. Il allait peu lui en coûter : nos affaires étaient rares, notre avocat brillant et le juge de la 17e chambre d'une rare équité.

Un matin, Anne-Marie m'avait appelé dans son bureau. Elle était embêtée. « Désormais, il faut que je sache ce qu'il y a dans le *JDD* avant qu'il paraisse. Surtout lorsqu'il s'agit de politique. » Légère inquiétude. Depuis ma prise de fonctions, un an auparavant, jamais elle n'avait émis une telle demande. Quelque chose avait-il changé qui justifie la rupture du contrat de confiance ? « Jean-Luc » l'avait-il promue commissaire politique ? Si la raison qu'elle me donnait était désopilante, elle était la seule à ne pas en rire.

Le dimanche précédent, elle avait été réveillée par un coup de téléphone de l'un de ses amis, député RPR. Il lui demandait d'emblée si elle avait lu l'article du *JDD* le concernant.

« Je n'avais pas encore reçu le journal. Je croyais qu'il voulait remercier. J'étais à peine réveillée, il parlait fort, il avait une drôle de voix, j'aurais dû me méfier. Au lieu de quoi j'ai répondu que "oui, oui j'avais bien lu l'article". J'ai même ajouté "Il est bien, non ?" Il m'a prise pour une folle et j'ai eu l'air d'une conne. »

L'article révélait que le brave homme allait être mis en examen, ce qui arriva la semaine suivante. « Bon, d'accord, c'est ma faute, je n'aurais pas dû lui dire que l'article était bien. Mais je ne passerai pas deux fois pour une idiote, il faut que je sois au courant avant, que je puisse baliser. » Pour éviter toute nouvelle méprise, elle m'appellerait le samedi soir pour connaître le sommaire du journal et les articles, politiques ou économiques, susceptibles de lui valoir un réveil bruyant dès potron-minet.

Ainsi fut fait. Il n'était pas illégitime que la directrice de la publication soit avertie des papiers sensibles qui pouvaient l'envoyer se produire devant la 17e chambre. Des autres articles aussi, d'ailleurs. Le samedi soir, la mise en page terminée, elle demandait : « Bon, qu'est-ce qui m'attend demain matin ? » Quand j'annonçais un sujet délicat où figurait le nom d'une personnalité qu'elle connaissait – et elle en connaissait beaucoup –, j'entendais, parfois venu de la Creuse, tantôt un soupir, tantôt « aïe, aïe » au bout du fil. Et puis c'était tout.

« Jean-Luc » n'appelait presque jamais. S'il n'y avait pas eu nos face-à-face trimestriels, je me serais demandé s'il savait qu'on existait toujours. S'il téléphonait un vendredi, c'était pour connaître la tendance du sondage mensuel sur les deux têtes de l'exécutif, pourquoi Chirac baissait et Jospin montait, ou vice versa. Je brillais à peu de frais. Je répétais ce que Jean-Luc Parodi, le plus fin et le plus perspicace des profs de sciences politiques, m'avait dit quelques heures auparavant, une analyse qui ferait autorité le dimanche dans le *JDD* et qui inspirerait ses jeunes confrères des autres instituts.

C'est Jean-Luc Parodi qui m'a appris à « lire » un sondage, c'est-à-dire l'interpréter et le relativiser. Il m'expliquait par exemple qu'une baisse de quatre points de la cote de popularité du président – chute qui frapperait l'opinion et… fournit un beau titre – est parfois moins significative qu'une baisse de deux points ! Là aussi, il fallait regarder au-delà du miroir. Si les quatre points de chute renvoyaient à des « électeurs touristes » qui, venus des partis d'opposition, rentraient au bercail, ce n'était pas très grave. En revanche, si les deux points perdus venaient du noyau dur présidentiel, il fallait s'interroger. Un pourcentage ne dit pas l'essentiel, ce qui compte c'est la ventilation, le déplacement des opinions d'un camp à l'autre, et surtout dans un même camp.

Faute de place, les quotidiens ne publient pas toutes ces colonnes de chiffres apparemment rébarbatifs, passionnants au contraire. C'est dans ces colonnes que bat le pouls de l'opinion. Heureusement, maître Parodi les décryptait dans son analyse. C'est lui qui avait eu l'idée d'effectuer notre sondage en deux vagues, à une semaine d'intervalle, pour « lisser les émotions », pour que l'enquête ne soit pas uniquement le reflet du dernier coup médiatique ou du plus récent incident. Résultat, réalisé sur plus de mille huit cents personnes, un panel qu'on trouve rarement ailleurs, le sondage Ifop-*JDD* était devenu « la » référence pour qui s'intéressait aux tendances lourdes de l'opinion publique française.

Jean-Luc Lagardère faisait le plus grand cas des analyses du consultant de l'Ifop. Davantage encore depuis que, en 1995, un institut concurrent, la Sofres, l'avait embrumé, lui et *Le Monde,* en laissant entrevoir l'Elysée à Edouard Balladur !

« Bravo ! On ne parle que de vous »

Je me souviens encore de son appel du lundi 2 janvier 2001. Il était en vacances à la neige. Au retour d'une descente à skis, il voulait me dire qu'il était fier du journal… et, accessoirement, vérifier qu'il n'aurait pas à subir un retour de bâton de l'Elysée après le scoop du *JDD.*

« Alors là, bravo ! Hier, on ne parlait que de vous à Courchevel. Vous avez fait un joli coup ! »

C'est fou comme une idée somme toute banale peut déclencher un maelström de réactions, et déboucher sur une mini-affaire d'Etat qui, assuraient les confrères, mettait la cohabitation en péril !

Pour le *JDD*, l'année 2001 avait une particularité remarquable, le 1er janvier tombait un dimanche. Pour nourrir cette édition du nouvel an, il fallait imaginer « quelque chose » qui sorte de l'ordinaire, ne pas se contenter des sempiternelles rétrospectives qui fleurissent partout, nécessaire exercice de mémoire qui permet surtout de combler l'atonie de l'actualité politique durant la trêve des confiseurs.

Mon idée était originale bien que modérément lumineuse : demander aux deux têtes de l'exécutif de présenter leurs vœux aux Français le matin du 1er janvier dans le *JDD*. Dans la première quinzaine de décembre, j'envoyais deux belles lettres officielles, à Jacques Chirac et à Lionel Jospin, je prévenais les services de presse respectifs et... j'attendais. Quatre jours plus tard, Matignon répondait que le Premier ministre était d'accord. A l'Elysée, apparemment ça coinçait.

« Oui, le Président a bien reçu ta demande. Il te remercie pour l'invite. Il n'a rien décidé. Personnellement, je crois qu'il ne donnera pas suite. On se rappelle... », disait Agathe Sanson, chef du service de presse.

Dix jours passaient, pas de nouvelles. Sinon de Matignon qui demandait quelle était la date limite de remise de la copie. Après Noël, je relançais l'Elysée. Agathe donnait les raisons du refus. « La tradition veut que le Président adresse ses vœux lors d'une allocution télévisée, il ne va pas en adresser d'autres le matin même dans un journal, quel que soit l'intérêt qu'il lui porte. Ta belle idée tombe à l'eau. »

Le motif invoqué était recevable. Il en cachait un autre. Le Président ne souhaitait pas partager sa prérogative avec son Premier ministre. Si ses collaborateurs ne m'avaient pas prévenu du refus, c'est qu'ils pensaient que l'absence de réponse me conduirait à renoncer de moi-même à cette opération. Que faire ? Tout laisser tomber ? Téléphoner à Matignon qui venait de confirmer que le texte de Jospin serait bien faxé dans deux jours, présenter nos excuses, dire que, tout bien pesé, suite au refus présidentiel, on mettait les vœux du Premier ministre au panier, navrés de vous avoir dérangé et bonnes fêtes à tous ?

Le procédé étant cavalier – « pas convenable », aurait dit Chirac –, je décidais qu'on publierait le texte de Jospin. Comme tous les interviews et sondages politiques, ce texte était envoyé à l'AFP le soir du bouclage, avec le traditionnel embargo « Ne pas diffuser avant 18 heures ». Une heure plus tard, c'était le branle-bas. Sur le fond, les deux feuillets de Lionel Jospin ne méritaient pas de déclencher un tel hourvari. Dans un style très factuel, sans une once de ce pathos qui lui est étranger, le Premier ministre rappelait les grandes réalisations de son gouvernement. Il souhaitait que ce travail, au service des Français, continue en 2001.

Sans s'attarder sur le contenu, les commentateurs de l'AFP, des télévisions et des radios ne voulaient voir dans cette adresse que le défi : Jospin « grillait » les vœux du Président. Le lundi matin, la presse écrite prenait le relais. *Le Figaro* critiquait la provocation, *Libération* titrait sur « l'accroc à la cohabitation », soulignait l'impatience d'un Premier ministre qui se voyait à l'Elysée avant l'heure ! Bref, on avait déclenché les hostilités, c'était la guerre… Quelques jours plus tard, je recevais un petit mot manuscrit de Jospin.

« Je ne pensais pas – et peut-être vous non plus – que cet article déclencherait de telles gloses sur "la compétition des vœux", qui était pourtant hors de mon esprit en répondant à votre demande. Bien à vous. »

Il savait comment tout s'était déroulé, il ne m'en voulait pas du déchaînement provoqué. Il aurait pu ! Car, sans le vouloir, nous avions contribué à démultiplier l'effet de son « article ». La première version s'achevait sèchement par un simple : « Bonne année à tous. » Avec Florence Muracciole, qui suivait l'affaire avec moi, on avait trouvé que la chute manquait singulièrement de chaleur. On s'en était ouvert auprès d'Aquilino Morelle, la plume du Premier ministre. « Ah, vous avez remarqué, vous aussi. Moi-même, j'ai été étonné par la sécheresse de la formule qu'il a choisie. Je vais voir avec lui... »

Deux heures plus tard, un fax nous avait livré la version finale. Lionel Jospin ne souhaitait plus « une bonne année à tous » mais – sans doute le comble de l'empathie pour lui –, il interpellait ses concitoyens : « A vous, Françaises, Français, je souhaite... »

Je pense encore que ce « Françaises, Français » de dernière minute n'était pas pour rien dans la perception erronée d'un impudent défi présidentiel lancé à Chirac. Je pense aussi qu'il est réconfortant de rencontrer un homme politique droit dans ses bottes qui assume sans chercher à mettre en cause ses conseillers, ni accuser les médias de l'avoir poussé au crime. A l'inverse du Sarkozy première manière, Jospin n'est pas une pleureuse. Sous l'orage imprévu, il ne se défausse pas sur l'entourage, cette bande d'incapables, ou sur les médias, ces irresponsables.

Pour Lagardère, une seule chose comptait : qu'on se soit bien comporté, que nous n'ayons pas joué un camp contre l'autre. Je lui confirmais que l'Elysée avait été sollicité en vain, que l'absence des vœux de Chirac dans le *JDD* n'était pas de notre fait.

« Ah bon, c'est bien. Alors, bravo encore ! »

Tout « Jean-Luc » était là. Chirac n'étais plus son « ami » mais il ne voulait pas qu'un de ses médias le piège. De l'Elysée ne vint qu'une seule réaction, celle d'Agathe, plus amicale que courroucée. « Ne nous fais plus jamais ça. » Les rencontres avec le Président continueraient.

« Aïe ! On va croire au complot »

Par deux fois, deux fois seulement, « Jean-Luc » m'appela pour demander un service. Dans ces cas-là, on le voyait venir de loin. Il commençait par parler de tout, de sports, d'Alain Delon, de ma santé, etc. Il ne manquait que le réchauffement climatique. Etait-ce une tactique, de la pudeur, le plaisir de la conversation ou le respect de l'interlocuteur ? Toujours est-il qu'il semblait prendre avec moi dix chemins de traverse avant d'en venir au but. Ce préambule, aussi long que familier, donnait l'impression que ce n'était pas le patron mais un ami qui appelait, de surcroît sans but précis. Quand, au bout de cinq minutes, il jugeait que le jeu avait assez duré, il lançait un « Au fait... » qui n'avait rien à voir avec le sujet précédent.

« Au fait, vous connaissez le nouvel hôpital européen Georges-Pompidou ? C'est une merveille. L'un des chefs de service est un vrai crack. Le *JDD* devrait s'y intéresser. »

Voilà, il souhaitait qu'on parle de cet estimé professeur qui avait sauvé un ami ou simplement soigné sa parentèle, je ne me souviens pas. Je lançais le sujet qui, malheureusement, ne devait jamais passer. La deuxième fois, le sujet était plus important, problématique. C'était un vendredi soir, début 2003, quelques jours avant sa mort. Même préliminaires chaleureux, puis l'interrogation :

« Au fait, vous avez vu la polémique déclenchée par le livre de Péan ? Tout le monde en parle. Il y a eu les bonnes feuilles dans *L'Express*, les autres journaux en font des tonnes. Qu'avez-vous prévu de faire ? Moi, je serais partisan de laisser tomber. Tout a été dit, non ? »

Pour moi, il était impossible que le *JDD* ne parle pas de *La Face cachée du Monde*[1] qui, dès son arrivée dans les librairies, connaissait un succès fulgurant, inédit pour un livre d'enquête. Les auteurs, Pierre Péan et Philippe Cohen, y analysaient ce qu'ils appelaient les « dérives » du quotidien de référence qui, « usant de son pouvoir d'intimidation, avait insidieusement glissé de son rôle de contre-pouvoir vers l'abus de pouvoir permanent ». Ils attaquaient aussi le triumvirat qui dirigeait le journal : Jean-Marie Colombani, Edwy

1. Pierre Péan et Philippe Cohen, *La Face cachée du Monde*, Mille et Une Nuits, 2003.

Plenel et Alain Minc. Ils avaient, assuraient les auteurs, « détourné » *Le Monde* de la voie tracée par son fondateur Hubert Beuve-Méry, l'installant « au cœur des réseaux du pouvoir français, honorant ou discréditant hommes politiques, patrons et intellectuels selon leurs intérêts propres et leurs choix partisans. » C'était violent.

« Jean-Luc » se doutait bien qu'un article allait paraître. Je le lui confirmais. « Ah ! ça c'est embêtant ! On va croire au complot, on va croire que je suis l'instigateur ou le complice d'un mauvais coup. Ce livre, il est édité par une maison du groupe. Si en plus, le *JDD* s'y met, Colombani va croire au complot, crier à la trahison. »

L'affaire du *Monde* m'intéressait à double titre, professionnellement bien sûr, personnellement ensuite car je me sentais comme un parent éloigné du quotidien. Mon curriculum vitae indique que j'ai collaboré au *Monde,* ce qui n'est pas faux mais sollicite légèrement le verbe « collaborer ». Il s'agissait en tout et pour tout d'une pige et d'une quinzaine de permanence alors que j'étais rédacteur en chef adjoint de *Télé Poche,* rue des Italiens. Claude Durieux, le chef de la rubrique culture-télé, m'avait commandé un long article sur un phénomène nouveau qu'on n'appelait pas encore la vidéo-capture : l'enregistrement par la télévision publique des pièces de théâtre du répertoire, en clair tous les problèmes, artistiques et financiers, que posaient les rapports nouveaux entre la Comédie-Française et la télévision.

J'avais livré l'article et attendais la parution avec impatience. Durieux, s'il s'avouait satisfait, était le digne représentant de l'école Beuve-Méry, le fondateur du quotidien, pour qui un article était comme un « barreau de chaise » que l'artisan polit et repolit jusqu'à la perfection, sans se soucier du temps passé ni du flux tendu. Durieux me demandait d'y ajouter deux encadrés « indispensables » dont la rédaction nécessita plus de travail que l'article lui-même. *Le Monde,* c'était du sérieux. Quand, sur plus d'une demi-page, je vis enfin s'afficher mon « barreau de chaise », mes encadrés et ma signature, le roi n'était pas mon cousin.

Dans la foulée, j'assurais à midi la permanence du service culture. La première édition bouclée, je débarquais quand les rédacteurs partaient déjeuner. Je voyais s'éloigner Yvonne Baby et Claude Sarraute. Elles semblaient s'apprécier modérément. Yvonne qui ne pouvait contester le talent de Claude la trouvait bien frivole, affirmant qu'elle « passait son temps chez le coiffeur » ! Mon travail consistait à surveiller l'actualité pour un éventuel repiquage. Pour la culture, ce n'était pas le goulag, sauf si venait à disparaître un comédien ou un musicien de jazz. Là encore, ma nécro de dix lignes sur un jazzman de Harlem était lue, relue et « peignée » par un rédchef pointilleux. Une belle école.

Autant dire que, bien plus tard, j'avais suivi avec attention l'entrée de Jean-Luc Lagardère dans le capital d'un journal qui me tenait à cœur. Son groupe était venu en aide au *Monde*, prenant notamment une participation dans son imprimerie d'Ivry où le *JDD* est imprimé. Il m'en avait entretenu. Il n'était pas question de prendre le contrôle du quotidien, seulement d'avoir un pied dans la maison avec l'espoir de se voir confier la régie publicitaire. Cela compenserait un investissement sans doute à fonds perdus. « Ensuite, on verra. Selon les opportunités… »

Avec la parution du livre de Péan et Cohen, Jean-Luc se retrouvait dans une position inconfortable, il était à la fois un des gros actionnaires du *Monde* et le patron tutélaire d'une maison d'édition dont un best-seller dézinguait ce quotidien ! Il avait connu des situations moins « embarrassantes ». Pouvait-il ignorer qu'un tel livre allait paraître, que Claude Durand en préparait le lancement dans le plus grand secret, non pas chez Fayard, la maison mère, mais, discrétion et fausse piste obligent, chez sa filiale Mille et Une Nuits ?

« Oui, je savais qu'un livre était en cours d'écriture, mais je ne connaissais rien de son contenu ; je ne pensais pas qu'il serait aussi virulent. Chez nous, les éditeurs et les auteurs sont libres. J'ai bien reçu l'un des premiers exemplaires, mais trois jours seulement avant que *L'Express* en publie des extraits. »

Je reconnaissais dans ce timing tout le talent de Claude Durand. Lui en voulait-il ? « Non, Claude a fait son boulot mais, enfin, toute cette polémique m'embête. Alors, si le *JDD* pouvait ne pas en rajouter… »

J'ai argumenté. Cinq minutes, c'est long. Non, le *JDD* n'allait pas « s'y mettre lui aussi », mais il était impensable de faire l'impasse sur un livre qui soulevait tant de passion. Il y avait bien des manières de traiter l'affaire, sous l'angle de la polémique, du phénomène d'édition, la thèse des auteurs confrontée à la défense de Colombani. Je lui disais qu'il s'était trop soucié de l'indépendance et de l'image du *JDD* pour ne pas sentir combien un renoncement serait préjudiciable à l'une comme à l'autre. Bref, on serait « impeccables, comme d'habitude ». Je proposais de lui faxer l'article pour qu'il juge sur pièce. Il y eut un long silence.

« Finalement, vous avez sans doute raison. C'est à moi de régler cette affaire. »

Sans qu'il l'ait lu, le texte parut le dimanche, en haut de page. Ce n'est pas moi mais lui qui avait gagné. Il aurait été soulagé si j'avais fait passer l'article à la trappe. Il aurait, plus encore, été déçu si je n'avais pas fait mon boulot. L'embarras dure un moment, la déception ne s'efface pas. Trois semaines plus tard, « Jean-Luc » mourait. Je restais comme orphelin d'un patron qui m'avait donné la chance d'exercer librement mon métier.

CONCLUSION

Etat des lieux

Quand je repense au « si vous le répétez, je démentirai » de Chirac – sur le moment j'avais été choqué –, je n'y vois plus aujourd'hui que l'expression d'un cynisme goguenard, celui du pouvoir que Malraux définit par « la possibilité d'en abuser ». La petite phrase présidentielle, délivrée comme en passant, n'était pas une menace mais le simple rappel dans un salon doré de « qui était Raoul », comme disait Michel Audiard. Le patron, c'était lui. Il consentait une confidence et conseillait, pour un temps, pour la tranquillité de chacun, de ne pas en faire état. La démocratie n'aurait pas été mise en péril par la révélation – il y avait depuis belle lurette prescription sur la dissolution –, mais le petit « secret », jeté comme un cadeau, comme un os à ronger, induisait une forme de connivence avec celui qui le recevait.

Il existe une connivence entre le politique et le journaliste. Au risque de surprendre, je dirai qu'elle est normale, inévitable. On ne vit pas des années durant dans les pas d'un homme politique, qu'on interroge, qu'on accompagne parfois en voyage, sans éprouver de l'intérêt, parfois de la fascination, pour l'artiste en action. L'important est que la connivence imposée par la proximité ne conduise pas à la déférence. Evidemment, certains ont du mal à faire la différence, mais la majorité de mes confrères font très bien leur métier. Est-ce leur faute si aujourd'hui Nicolas est l'ami de leur patron ?

C'est que dans ce domaine la donne a changé. Les rapports de Chirac avec la presse étaient ceux du qui-vive et de la paix armée. Quant à Villepin, n'en parlons pas, la presse il ne la sent pas, il s'étonne de la voir aborder mille dossiers avec une docte assurance qui le laisse perplexe, lui pourtant si peu dépourvu d'aplomb. Il ne la sollicite pas, il fait avec, ce n'est pas du mépris, de l'incompréhension sûrement, comme la poule devant un couteau.

Heureusement, il y a Nicolas, le bon client. Forcément, la communication c'est son premier métier, enfin avocat, c'est pareil. Les mauvaises langues diront qu'il applique après d'autres, mais avec beaucoup plus de talent, le principe de George Orwell : « Le discours politique est destiné à donner au mensonge l'aspect de la vérité et l'apparence de la solidarité à un simple courant d'air. » Ce serait en partie injuste. Nicolas est un communicant sincère. Il croit sur l'instant ce qu'il énonce, il doute qu'il puisse réaliser tout ce qu'il a promis mais il croit en sa communication. Il en connaît tous les arcanes, tous les besoins. Il nourrit la bête. Il est le rédacteur en chef d'un pays inquiet pour son avenir mais qu'il faut étourdir d'instants. A chaque jour sa carte postale. Et certaines, comme ses six mois de présidence européenne, ne sont pas en sa défaveur.

Pas besoin de rameuter Bouygues, Bolloré, Dassault et Lagardère pour qu'il fasse la une d'un magazine, il est le premier fournisseur de sujets des journaux. Reste que sa proximité avec ces grands industriels, qui ont eu ou auront un jour recours à ses arbitrages, nourrit les forts soupçons de mainmise sur l'information. La vérité oblige à dire qu'il ne fait rien pour les contrarier, on serait bien en peine de trouver des images ou des photos déplaisant au Président dans leurs publications ou leurs chaînes de télévision. Mais peut-être n'y a-t-il pas lieu.

Et voilà, comme si ce n'était pas suffisant, qu'il propose qu'on supprime la publicité sur le service public de télévision après 20 heures, ce qui s'apparente à un cadeau à ses « amis » de TF1 et de M6. Je suis sans doute l'un des mieux placés pour affirmer que cette décision – certes annoncée à l'improviste et sans consultation de sa ministre de la Culture et de la Communication – est une mesure... légitime à laquelle il pensait depuis longtemps. Je l'approuvais d'ailleurs, lorsque, en 1993, déjà, il martelait « à télévision publique, fonds publics, à chaînes privées fonds privés ». Encore faut-il que le financement de la télévision publique soit pérenne, et pas seulement garanti pour trois ans. Encore faut-il s'abstenir de cette gaminerie monarchique de vouloir nommer soi-même le président de la télévision d'Etat.

A une exception près – le pouvoir l'a fait payer à Philippe Guilhaume –, le président des chaînes publiques n'a jamais été nommé contre l'avis de l'Elysée. Mais il y avait un filtre, la Haute Autorité de l'audiovisuel ou le CSA, qui auditionnait des candidats. C'était un peu hypocrite puisque dans tous les cas de figure on était sûr que l'élu ne déplairait pas au pouvoir, au moins on avait le choix. Désormais le Président nomme, certes après avis « consultatif » du CSA et de l'Assemblée, mais il reste le seul maître de la révocation. Le pouvoir ne s'use que si on ne s'en sert pas.

Devant les récriminations montant de son propre camp, je crois Nicolas Sarkozy assez malin pour préparer une surprise : sortir un candidat consensuel, voire d'ouverture, style un Jack Lang orphelin des forces de la joie mais n'ayant pas dépassé la limite d'âge, ou, à défaut de lui donner une ambassade, de conforter pour le reste de son mandat le président actuel de France Télévisions Patrick de Carolis. L'essentiel est qu'on échappe à un candidat aux ordres, qui propose de rediffuser *Oscar* avec Bernard Tapie ou de distribuer Bigard dans un remake de *Léon Morin prêtre*. D'ores et déjà, la décision du Président a fait une victime, sa ministre de la Culture, Christine Albanel. Pour défendre une réforme dont elle ignorait tout un an auparavant, elle délivra, souriante, devant l'Assemblée, un raisonnement surréaliste selon lequel l'absence de pub sur les télés publiques permettrait à la chaîne privée TF1 de diffuser un film de Fellini en prime time, perspective audacieuse qui ne pouvait, affirmait-elle, que réjouir les téléspectateurs et la représentation nationale réunis ! *Amarcord* à la place des « Experts Miami » à 20 h 50 sur TF1 ? Qui a dit que Nicolas roulait pour Bouygues ? Plus sérieusement, la mesure de bon sens au financement originel temporaire remplaçait une hypocrisie par le fait du prince.

Je vais sans doute surprendre, mais je crois qu'on s'obnubile à tort sur les dangers d'une confiscation des médias par Nicolas Sarkozy et ses Quatre Magnifiques dont les initiales patronymiques BBDL signifieraient Bien Bordé Dans L'audiovisuel. Certes, la proximité, conjonction inédite en Europe, vaut symbole, mais jamais un journal, jamais une télévision n'a fait une élection. Edouard Balladur est bien placé pour le savoir, la sollicitude du *Monde*, de la Sofres et de TF1 n'a pas empêché son échec au premier tour d'une présidentielle qu'on lui promettait gagnée d'avance. Et puis il y a ces journalistes qui ne sont pas tous des « connards » ou des porte-coton et qui font honnêtement leur métier. Il y a les livres, il y a Internet, moyen de communication encore incontrôlable pour un temps. Il y a surtout les Français qui font la part des choses, qu'on croit endormis mais dont on sent monter les craintes.

Il y a enfin Nicolas Sarkozy, trop intelligent pour être liberticide, trop sensible aux signes avant-coureurs de multiples mécontentements qu'une étincelle peut réunir. Il a changé. Le boutefeu, après sa période rastaquouère, est devenu plus Président. On le découvre, selon le mot du démographe Emmanuel Todd, comme « un Chirac lent[1] ». En 1995, son prédécesseur n'avait pas mis plus d'un an pour enterrer sa

1. « Parlons net », France Info, mai 2008.

belle promesse de campagne, la réduction de la fracture sociale. Lui, Nicolas, aura mis deux ans pour reculer sur certaines réformes (l'éducation) ou les conduire *a minima* (le travail dominical). Il aura beau recourir à la sémantique pour affirmer qu'il ne s'agit que d'un report ou d'un aménagement, le fait est là. Le voilà, face à une année terrible, soudain attentif à ce que cet incapable de Chirac surveillait comme le lait sur le feu, la cohésion sociale.

Inutile d'ironiser sur une chiraquisation rampante puisque tant de réformes sont nécessaires. Pour Nicolas, l'heure est désormais au pragmatisme, au doigté plutôt qu'au chiffon rouge. Reste, puisqu'il faut boucler la boucle, qu'il ne pourra échapper à la stupéfiante constatation sortie de la bouche de Chirac, qu'aucune de ses réformes n'est venue à ce jour contester : « Toujours plus pour ceux qui ont le plus, ça ne peut que péter un jour… »

Remerciements

Le lecteur me saura gré de ne pas avoir sacrifié à la mode qui conduit nos auteurs à faire figurer à la fin de leur texte les lieux où il a été écrit. Par exemple : Saint-Pétersbourg/Kuala Lumpur/Le Vésinet. Mon sens du ridicule lui a permis d'échapper à Valparaiso/Téhéran/Levallois-Perret qui sonnait pourtant bien et donnait une pointe finale assez surréaliste et à propos.

En revanche, il n'échappera pas aux remerciement sincères que j'adresse à Marie-Laure, Mimi, Marianne, Gilda, Vincent, Zoé, Jean, Alain, Olivier, Daniel, Dominique, à Gilles, à Joseph et à Tateo, mes partenaires de tennis de table, et à Bernard, un réputé professeur de médecine qui m'a offert quelques années de rab.

Toute ma gratitude encore à mes éditeurs, Olivier, Muriel et leur équipe, et à quatre compositeurs ou interprètes dont les musiques ont accompagné mes nuits. D'abord Georg Friedrich Haendel pour son *Ode pour l'anniversaire de la Reine Anne* dirigée par Alfred Deller. Ensuite, Billie Holiday pour son interprétation de *No Regrets,* le résumé de ma vie, et l'ami Christophe, dit Cricri, pour ses *Mots bleus* et surtout pour *L'un dans l'autre,* un titre inédit enregistré avec Erik Truffaz qu'il m'a gravé sur son ordi une nuit à point d'heure. Enfin, un grand merci à Claude Moine, dit Schmoll, *alias* Eddy Mitchell. J'ai passé *Carla*[1] en boucle. *Carla,* un titre

1. *Carla,* 1968.

oublié, enregistré à Londres en 1968, qui prenait en ces temps nouveaux une saveur particulière. Avec la musique de Papadiamandis et les cuivres qui résonnaient, je pensais à Jean-Luc Lagardère qui confiait qu'il avait la nette impression qu'une certaine Carla, dont c'était la période amazone, lui avait fait du rentre-dedans.

A 8 heures, je quitte ma demeure
Sans penser, moi je pars travailler
Le bureau s'emplit de dactylos
Je suis là, mais mon cœur n'y est pas
Et je pars retrouver
Carla ma bien aimée.

Car mon obsession
Liée à son nom
M'oblige à penser
A elle, à l'aimer
Carla est son nom
Et il correspond
A l'amour entier
Que je veux trouver. Que je veux trouver.

Wouh ! Carla, il faut que je te voie.
Wouh ! Carla, toi tu me comprendras !

Claude Moine/ Pierre Papadiamandis (Barclay/Morris SA). Enregistré le 28 mars 1968 au Studio Pye, Londres.

Table

Cet ouvrage a été imprimé par
CPI Firmin Didot à Mesnil-sur-l'Estrée
pour le compte des Éditions Plon
76, rue Bonaparte
Paris 6e
en février 2009

Composition et mise en page

NORD COMPO
multimédia

Imprimé en France.
N° d'édition : 14421 – N° d'impression : 94114
Dépôt légal : mars 2009